촛불은 우리에게 인간의 자유와 해방의 길을 열어주는 희망적인 사건이었는가,
아니면 스며드는 어둠을 막아낼 수 없는 절망적인 사건이었는가?

촛불,
어떻게 볼 것인가

사회와 철학 연구회 엮음

울력

ⓒ 사회와 철학 연구회, 2009

촛불, 어떻게 볼 것인가

엮은이 | 사회와 철학 연구회
펴낸이 | 강동호
펴낸곳 | 도서출판 울력
1판 1쇄 | 2009년 4월 15일
등록번호 | 제 10-1949 호 (2000. 4. 10)
주소 | 152-889 서울시 구로구 오류1동 11-30
전화 | (02) 2614-4054
FAX | (02) 2614-4055
E-mail | ulyuck@hanmail.net
값 | 15,000원

ISBN | 978-89-89485-73-5 03100

『촛불, 어떻게 볼 것인가』를 출간하며

지난 한 해 우리 사회를 휘몰아쳤던 가장 큰 사건이 있었다면 그것은 바로 촛불집회였다고 해도 과언이 아닐 것이다. 촛불은 본래 인간의 삶에 있어서 스스로를 희생하면서 세상의 어둠을 걷어내는 상징적 의미를 지녀왔다. 지난 무자년戊子年에 발생한 촛불집회 역시 이런 상징성을 유감없이 발휘하고 있었다. 어둠이 있으면 빛이 있듯이, 부당한 삶을 강요하는 권력이 존재하면 이에 저항하는 힘들이 출현하기 마련이다.

지금 우리 사회에는 군사정권 종식 이후 국민의 정부, 참여정부를 거치면서 새롭게 형성되었던 지난 10년의 삶을 '잃어버린 10년'으로 규정하고 이를 씻어내려는 세력과 그 10년의 정신을 계승하려는 세력 사이의 갈등이 지속적으로 이어지고 있다. 지난해 전개된 촛불집회와 관련해서도 전자에서는 이를 위험한 세력들에 의해서 이루어진 불순한 사건으로 규정하고 있는가 하면, 후자에서는 진보의 새 물결을 열어준 희망의 사건으로 규정하거나 목표를 성취하지 못한 아쉬운 미완성의 사건으로 규정하고 있다.

촛불을 둘러싸고 우리 사회에서 펼쳐져온 해석의 양상 역시 이런 양면의 역사관과 세계관을 표출하고 있다. 진정 촛불은 우리에게 인간

의 자유와 해방의 길을 열어주는 희망적인 사건이었는가, 아니면 스며
드는 어둠을 막아낼 수 없는 절망적인 사건이었는가? 촛불에 대한 해석
이 어떠하든, 한 가지 분명한 사실은 이번 촛불집회의 운동 양상이 우리
현대사의 그 어디에서도 쉽게 발견할 수 없는 새로운 형태였다는 점이
다. 지난 촛불집회는 저항과 축제, 투쟁과 놀이가 함께 전개된 매우 독
특한 양상을 보이고 있었다. 또한 이 집회는 온라인과 오프라인을 가로
지르며 전개된 전대미문의 새로운 운동 형태를 보여주었다. 혹자는 이
런 운동 형태와 관련하여 '다중'의 시대가 본격화되었다고 주장하는가
하면, 혹자는 주체적 자각과 합리적 판단 위에서 실천을 효과적으로 수
행하지 못한 '대중'의 순간적 감정 놀이에 불과했다고 주장하기도 한
다.

   과연 어떤 판단이 옳은 것인지, 여기에 대해서 아직도 논란이 지속
되고 있다. 이 문제는 분명히 학문적으로 중요한 연구 가치를 지니고 있
다. 일찍이 프랑스 혁명이나 그 이후의 68혁명을 놓고 유럽의 학자들이
수많은 학문적 논의를 하였듯이, 우리 역시 지난 촛불집회에 대해서 학
문적으로 논의를 해야 할 것이다. 더군다나 정치·사회철학을 하는 우
리들로서는 이 문제에 대해서 외면할 수 없다. 철학이 현실에 매몰되어
도 안 되겠지만, 그렇다고 철학이 현실을 떠나버려도 안 될 것이다. 과
거의 우리 철학이 이런 면을 지니게 됨으로써 우리 스스로가 철학의 빈
곤을 초래한 경우가 왕왕 있었다. 이제 우리는 이런 과거의 불행을 반복
해서는 안 될 것이다.

   이에 〈사회와 철학 연구회〉에서는 학회의 설립 목적이 그러하듯이,
우리의 현실에서 발생하는 중요한 문제들을 철학적으로 반성하고 비판
하며, 새로운 대안을 찾아가고자 하는 취지에 맞게 이번 촛불집회에 대
해서도 반성적 고찰과 대안 모색을 해보고자 한다. 이번에 이 주제와 관
련하여 집필에 참여한 학자는 9명으로서, 이들은 각기 다른 관점에서
이번 촛불집회를 평가하고 있다. 권용혁 교수의 경우, 이번 촛불집회는

우리의 시민운동이 일본처럼 자율적이고 자립적인 풀뿌리 조직에 기반을 둔 생활정치로까지 발전하지 못한 것을 보완하는 계기가 된 것으로 지적하고 있다. 물론 그는 우리의 이번 촛불집회가 개개인의 자율성이 너무 강조되고 참여의 형태가 일회적, 분산적인 형태를 지니게 됨으로써, 또한 온라인의 소통이 지니고 있는 즉시성, 일회성, 개별성이라는 한계를 벗어나지 못함으로써 저항의 터전을 제대로 마련하지 못한 것으로 파악하고 있다.

그리고 김상봉 · 김기숙 교수는 이번 촛불항쟁이 생태적 의미를 지니고 있는 것으로 파악하고 있다. 그는 기존의 운동이 주로 남에 대한 저항에 초점이 맞추어졌다면 이번 촛불집회의 저항은 자기에 대한 저항으로 이어졌으며, 이는 기존의 저항방식을 초월하는 의미를 지니고 있다고 평가하고 있다. "촛불항쟁을 통해 싹튼 생명에 대한 연대는 자기만이 아니라 동시에 자연과 생명 일반을 위해 필연적으로 자기의 욕망을 스스로 제한할 것을 요구하고 있다." 그는 우리의 최종적 저항 형태는 남에 대한 저항을 넘어 자기에 대한 저항으로 이어져야 하며, 이럴 경우에만 참된 자유를 마련할 수 있음을 주장하고 있다.

한편 나종석 박사는 이번 촛불집회를 민주주의의 문화적 조건과 연관을 지어 집중적으로 분석하고 있다. 그는 촛불집회에 대한 최장집 교수의 해석을 둘러싸고 진행된 민주주의에 대한 다양한 입장들의 분출과정을 분석하고, 나아가 '집단지성' 내지 '다중지성'을 둘러싼 논쟁을 분석하고 있다. 그는 이를 통하여 우리 촛불집회의 대중에 대한 지나친 힐난이나 신비화를 견제해야 함을 지적하고 있다. 그는 우리가 인간과 인간 사이의 참다운 우애와 연대성에 기반을 두고 정당정치를 포함한 모든 사회적 제도들이 합리적으로 지속될 수 있는 길을 모색해야 함을 강조한다.

그리고 박구용 교수는 지난 촛불집회가 대의민주주의를 부정하고, 국가를 거부하거나 국가 바깥에서 새로운 가능성을 찾아가는 것으로 해석하는 것은 위험하다고 보며, 또 촛불집회의 주체를 다중지성으로 해석하려는 태도에 대해서도 비판하고 있다. 그는 촛불집회는 대의민주주의와 직접민주주의를 매개하는 것이며, 국가 바깥으로 나가지만 국가 안으로 돌아오는 운동으로 평가하고 있다. 그리고 그는 촛불이 탈주체성의 정치를 지향하는 것이 아니라 상호 주체성의 정치를 지향해야 하며, 시민의 일상적 삶에 뿌리를 둔 생활정치의 길로 나아가야 함을 지적하고 있다.

그리고 박병섭 박사는 이번 촛불축제시위를 세계사적 의미를 지니고 있는 것으로 파악하고 있다. 그에 의하면 이번 촛불집회는 기존의 운동과 달리 생명운동에 초점이 맞추어져 있음을 강조하고 있다. 이번 촛불시위는 기존의 부당한 권력구도를 뒤흔드는 근원적인 생명운동이라는 것이다. 이런 의미에서 이 시위는 분명 세계사적 의미를 지닌다는 것이다.

한편, 선우현 교수는 우리의 08촛불에 대해서 비판적 거리두기를 통해 좀 더 냉정한 독해를 시도한다. 그는 "08촛불은 비경제적·비물질적 이해관계의 치명적 훼손에 대한 염려와 공포, 아울러 그러한 기본적 이해관계를 보장해 주어야 할 책무가 있는 정부의 무책임한 대처에 대한 불만과 분노감에서 비롯되었지만, 차츰 지속적인 자기성찰과 자기비판을 통해 이해관계가 이념에 의해 적절히 조정·제어되면서 이념적으로 계몽된 촛불로 전환되어 나갔다."평가하고 있다. 그는 08촛불에는 대중의 수동성과 민중의 능동성이 동시에 내재되어 있으며, 또한 이해관계로부터 완전히 자유롭지 못한 상태에 놓여 있었다고 평가하고 있다. 그래서 그는 오늘날 08촛불에 대해 지나치게 우호적인 평가나 낙관적인 기대를 하는 것을 지양할 필요가 있음을 역설하고 있다.

임경석 박사는 촛불집회가 특정 세력이 일방적으로 권력을 독점하고 국민들을 감시하려고 하는 태도에 경고를 던진 중요한 사건으로 해석하고 있다. 그러나 그는 이 촛불집회가 "우리 사회의 민주적 변혁과 통합, 그리고 새롭게 국민주권을 바탕으로 한 자기성찰을 이끌 수 있는 힘이 되기 위해서는" 정부의 부당한 독주를 견제할 수 있는 다양한 비판세력의 결집과 이를 통한 견제 구조의 구체적 확립이 필요함을 역설하고 있다. 적어도 그는 2008촛불이 보여준 진보적이고 자율적인 시민의식의 참여가 존속되어야 우리의 민주주의가 제대로 발전할 수 있다고 주장하고 있다.

마지막으로 홍윤기 교수는 지난 촛불항쟁을 "국가내 준내전"의 성격을 지니며, "지구적 사건"이자 "타자에 대한 개혁의 여진"을 가져다준 사건으로 평가하고 있다. 그리고 그는 이번 촛불항쟁의 주체를 "다중-시민"으로 규정하고, 이들이 "정치적으로 아직 미성숙체"인 것으로 진단하고 있다. 그에 의하면 이들은 아직 '국가를 전면적으로 운영할 수 있을 정도의 자율적 연대 형태를 창출하지 못하였다.' 물론 그는 이 촛불항쟁이 현 정부의 부당한 지배논리를 견제할 수 있는 매우 중요한 역할을 수행했다고 평가하고 있다. 특히 그는 이 촛불항쟁이 시장독재로 흘러가 신자유주의 정책을 계속 강행하려는 것에 제동을 건 점에서 매우 의의가 크다고 보고 있다.

이상에서 보듯이 이번 촛불항쟁과 관련하여 집필에 참여한 연구자들은 이 촛불집회를 한편에서는 기존의 부당한 지배논리를 개선하는 중요한 사건으로 평가하는가 하면, 다른 한편에서는 미완성의 운동, 미성숙의 운동으로 규정하고 있다. 이번 촛불집회를 부정적으로 바라보는 보수 진영에서는 이 집회를 위험한 집회로 단정하겠지만, 진보 진영에서는 충분히 성숙하지 못한 아쉬운 집회로 이해하고 있다. 이번에 실린 대부분의 글들은 후자의 입장에서 촛불집회를 바라보고 있다. 아마도 이와 같은 시각은 이번 집필에 참여한 사람들이 현 정부의 정책이 지나치게 신자유주의 친화적이고, 또한 그 정책의 추진에 있어서도 비민주주의적이라는 인식을 공유하고 있기 때문일 것이다.

그렇지만 이 책이 담고 있는 이와 같은 분위기는 철학자로서 시대를 진지하게 고민하는 태도에서 비롯된 것이지, 또 하나의 권력 게임에서 나온 것은 아니다. 그러므로 이 책의 논의들을 또다시 학문 외적인 권력놀이로 몰고 가서는 안 될 것이다. 격동하는 한국 사회의 미래를 걱정하면서 현실과 더불어 철학하고자 하는 학자들의 양식이 진지하게 담겨 있는 글인 만큼 이 책에 대한 비판적 논의도 그만큼 진지해야 할 것이다. 본 학회가 이 책을 통해 기대하고 있는 바는 학문과 현실의 끝없는 소통을 통해 우리 사회의 발전과 학문의 발전이 동시에 이루어질 수 있기를 희망하는 것이다. 요즘처럼 경기가 어려운 상황에도 불구하고 기꺼이 이 책의 출판을 맡아준 울력출판사 강동호 사장님께 진심으로 감사드린다. 끝으로 이 책은 〈사회와 철학 연구회〉 기관지 『사회와 철학』의 특별호로서 16-1호에 해당함을 밝혀둔다.

〈사회와 철학 연구회〉 편집위원장 김석수

차 례

차 례

촛불집회와 시민사회

권용혁

울산대학교

권용혁 울산대학교 철학과 교수. 독일 베를린자유대학교에서 철학박사학위를 받았으며, 주요 저서와 논문으로는 『이성과 사회』, 『철학과 현실』, 『흡스의 개인주의 극복』, 『기업과 민주주의』, 『정상성으로의 귀환』, 「다수와 소수의 관계 탐구」, 「아시아적 가치 논쟁 재론」, 「철학자와 사회적 현실」 등이 있고, 역서로는 『칼 오토 아펠과 현대철학』 등이 있음.

1. 한국의 시민사회와 시민운동

서구의 시민사회는 그 구성원들의 사적 이해관계를 바탕으로 절대
주의 국가와의 대결을 통해 자신의 영역을 확장해 온 데 비해서, 한국의
시민사회는 역사적으로 중앙집권제의 형태를 띠어 온 국가의 주도로
인해 그 영역이 제한받아 왔으며 심지어 국가 권력에 종속적이었다. 조
선시대뿐 아니라 식민시대와 분단시대 그리고 냉전기에도 국가의 우위
는 거의 절대적이었다. 따라서 시민사회는 사적 이해관계를 강화하지
도, 스스로의 존립 기반을 늘리지도, 그 정당성을 공공연히 유포하지도
못했다. 오히려 공적 이익을 우선하는 국가 이데올로기에 항상 시민사
회의 사적인 이익은 그 자율성을 침해받아 왔다. 특히 냉전시기 분단국
가의 특성으로 인해 국가의 공적 이익에 반하는 모든 시민사회의 행위
는 금지되거나 처벌의 대상이 됨으로써, 시민사회는 더욱 위축되었다.

60, 70년대 권위주의 국가가 지속적으로 공고화됨으로써 위축되었
던 시민사회는 자율적 논리를 갖지 못했으며, 경제는 정치 논리에 의해
좌우되었다. 하지만 시민사회의 견제 없이 독주했던 국가는 국가 엘리
트들의 집단주의, 연고주의에 의해 지배됨으로써 합리적으로 운영되지
못했다. 국가는 반공주의, 성장주의, 그리고 민족주의 등의 이데올로기
를 앞세워 다양한 시민사회의 요구를 억눌러 왔다. 오히려 국가권력은
노동조합, 경영자 단체, 예술 단체 등을 국가권력의 제도 안에 편입해
관변 단체화함으로써 시민사회의 자율적인 발달을 저지했다. 이로 인
해 자율성과 책임 의식을 강조하는 근대적 의미의 개인주의가 성숙하
지 못했다. 오히려 권위주의 국가는 사회 각 영역의 자기 결정을 억압함
으로써 결국에는 시민적 자기 결정 능력을 성숙시키지 못했을 뿐만 아

니라, 책임 의식의 부재를 만연하게 함으로써 결과적으로는 부정부패와 폐쇄적 연고주의 등을 증폭시켰다.[1]

　이처럼 국가가 근대적 합리성을 결여하고 오히려 권위주의적인 형태를 공론화하는 과정에서 위축되었던 한국의 시민사회는 권위주의 국가에 대항하면서 자리를 잡게 된다. 특히 1987년 6월 항쟁은 그 분수령이 된다. 항쟁의 결과 형식적 민주주의가 제도화됨으로써 그 이후 한국의 시민운동은 다양한 사회적 의제들을 수렴해 가면서 급격하게 활성화된다. 1989년 '경제정의실천시민연합,' 1994년 '참여와 인권을 위한 시민연대'의 창립 등으로 한국의 시민단체들은 확고하게 자리를 잡아간다.[2]

　이들처럼 전국적 조직을 갖춘 거대한 시민운동 조직의 정착으로 90년대 후반 이후 시민운동은 사회적 지지와 영향력을 갖게 된다. 그 예가 2000년 제16대 총선에서의 '낙천·낙선 운동'이다. 그 이후에도 다양한 사회적 이슈들을 제기하고 공적인 영역의 문제점을 지적함으로써 한국의 시민운동은 현재까지도 정치적·사회적 측면에서 강력한 영향력을 행사하고 있다.

　이러한 역사적 과정 속에서 활성화된 한국의 시민운동은 그 안에 장점과 단점을 함께 포함하고 있다. 초기 단계부터 한국의 많은 시민단체들이 비합리적이며 권위적인 국가에 대항하면서 성장해 왔기에, 민주화운동을 중요한 과제로 삼고 있다. 이는 의회를 통한 간접적 정치행위보다는 시민운동을 통한 직접적 정치행위를 선호하는 전통을 갖게 되었음을 의미한다. 이런 점에서 한국의 시민운동은 서구의 시민운동과는 다르게 '준정당적 운동'을 선호한다. 이에 부응해서 거대화된 운동단체도 정치, 경제, 사회, 문화에 이르는 다양한 분야들의 과제들을 광범위하게 다루는 이른바 '종합형 시민운동'의 형태를 띠어 왔다.

---

1. 참고: 김정훈(2001), 158쪽.
2. 참고: 김정훈(2001), 318쪽.

이는 시민들의 정당에 대한 불신과 시민운동에 대한 신뢰를 그 바탕에 깔고 있는 것으로서, 한국의 시민운동은 이들 거대 시민운동단체들의 활동에 힘입어 강력한 정치적 역동성을 발휘할 수 있었으며 다양한 분야에 대한 일상적인 권력 감시 활동도 할 수 있었다.[3]

이런 점에서 한국의 시민운동은 서구에 비해 사적 이익에 집중하는 전통이 약한 자유주의적 형태를 띠는 반면에 권위주의에 대항해서 민주주의와 민주적·공적 영역을 지키려는 매우 강한 민주주의적 전통을 갖고 있다.[4] 이런 점에서 "한국 시민운동의 '민주화운동'은 지금도 계속되고 있다"[5]고 주장되어 왔다.

하지만, 다른 나라의 시민운동에 비해서 강점으로 비추어진 이러한 특성이 강조되면서, 기본적으로 풀뿌리 민주주의 형태의 기초 시민운동 형태가 소홀히 다루어진 것도 사실이다. 즉, 한국의 시민운동은 다른 나라의 시민운동이 갖는 '생활 주변의 문제에 대한 자발적 해결'이나 '새로운 가치를 실현하기 위한 공동체적 모임'의 성격이 매우 취약한 것도 사실이다. 이는 시민운동 내부로부터도 반성과 성찰 및 분화와 경쟁 과정에서 제기된 문제점이기도 한데, 앞으로 한국의 시민운동은 풀

---

3. 참고: 홍일표(2004), 332쪽; 조희연(2001), 242쪽.
4. 참고: 최장집(2002), 184쪽.
5. 홍일표(2004), 337쪽.
　서구에서 시민사회는 원래 사적 이익을 증진하기 위해 형성되었는데, 점차 공적 이슈에 대한 관심과 아울러 공적 영역에 대한 참여를 보이게 되었다. 그렇지만 한국에서 형성된 시민사회는 시민 일반의 보편적 권리 혹은 공공의 이익을 위한 운동이 행해지는 공간이라는 의미를 갖게 되고, 그 속에서의 개인은 공익을 위해 참여하는 '적극적인 시민'으로 이해된다. 따라서 한국에서는 사적 이익의 표출과 그에 기반을 둔 조직적 활동에 대해 매우 부정적으로 생각한다.
　또한 합리화된 국가와 제도 정당의 '관료화'에 대항하면서 생활세계 내의 문제에 집중하고 있는 서구의 신사회운동과는 달리, 한국의 종합적 시민운동은 국가와 제도 정당의 합리화와 민주화라고 하는 '근대적' 과제를 포괄하고 있다. 특히 반공주의적 구조 하에서 왜곡된 국가와 시장은 민주화 및 그 이후의 민주주의의 정착의 문제를 지속적으로 제기한다. 이런 점에서 한국의 종합적 시민운동은 구사회운동적 성격과 신사회운동적 성격을 공유하는 '복합적' 성격을 띠고 있다. 참고: 조희연(2001), 244쪽, 권용혁 외(2006), 각주 15에서 재인용.

뿌리 형태의 시민 참여를 활성화하고, 이를 바탕으로 삶의 터전에서 인권과 평화, 자치와 평등, 환경문제와 같이 새로운 삶의 가치와 연대를 확장해야 한다.

　　이러한 장단점을 함께 공유하고 있는 한국의 시민사회와 시민운동은 미래지향적으로 관점을 재조정해야 한다. 이는 두 단계로 보완되어야 하는데, 하나는 풀뿌리 민주주의의 형태를 강화하는 것이며, 다른 하나는 세계적인 의제들에 대한 감수성을 기르는 것이다. 풀뿌리 민주주의의 형태는 정치적인 형태이기도 하지만 주로 생활문화적인 형태로 확산되는 것이며, 세계적인 의제들에 대한 관심은 민족 및 국가의 이기주의를 벗어나 시민적 연대의 형태를 확장하는 것을 의미한다.

2. 일본의 시민사회와 시민운동

　　한국의 시민사회와 시민운동에 비해 일본의 시민사회와 시민운동은 다른 역사적 맥락과 내용을 지니고 있다. 일본에서는 1960년 안보투쟁이 종식된 후 진보적 지식인들 사이에 '시민운동'에 관한 담론이 형성되었고, 종래의 반체제 사회운동의 문제점과 한계를 극복하기 위한 대안적인 운동으로 '시민운동'을 적극적으로 규정하고 그 실천 논리를 제시했다.[6]

　　우선 일본의 시민운동론은 기존의 반체제 사회운동과 시민운동의 차별성을 '집단 조직/개인 중심'이라는 점에 두고 있다. 한국의 시민운

---

6. 농촌인구의 도시로의 급격한 유입으로 인한 도시 생활 문제에 대한 실천적 대응, 공해문제 등에 대한 견해 차이로 노동운동과의 협력 단념과 독자적인 운동 주체 형성, 생활정치적 이슈의 선점 등이 일본 시민운동의 독특한 사회적 맥락을 이룬다. 참고: 구보 다카오(1996), 9-14쪽. 따라서 일본에서의 시민운동은 거대정치가 갖는 추상성에서 벗어나, 실질적 민주주의를 구체적인 생활정치의 현장에서 구현하는 대안 운동의 형태를 띤다.

동론은 운동의 주체를 개인이 아닌 단체에 두고 이 단체의 역량 강화를 중시하는 데 반해, 일본의 시민운동론에서 운동 주체가 되는 '시민'은 자신이 속한 집단의 논리에 따라 움직이는 것이 아니라 자신의 사상에 입각해서 주체적으로 행동하는 개인이다. 주체로서의 시민을 움직이는 것은 내면화된 사상, 즉 에토스로서 그것은 생활의 관점 혹은 논리를 통해 형성된다. 이런 점에서 시민은 탈정치적이지만 정치에 무관심한 것이 아니라, 정치주의가 아닌 생활주의의 관점에서 정치에 적극적으로 발언하는 정치적 주체이다. 그러므로 시민운동은 형식적 제도로서의 민주주의를 실질적 민주주의로 정착시키기 위한 주체 형성을 중요한 과제로 생각했다.

다음으로, 일본의 시민운동은 자율적인 개인을 운동 주체로 보고 이 주체들을 묶어내는 방식을 모색했으며 단체 중심적인 경향을 극도로 경계했다. 이는 단체의 집단주의가 개인의 주체적 참여를 방해할 수 있기 때문이었다.[7]

결국 일본 시민운동 조직에 있어서 가장 핵심적인 것은 그 조직이 종적 위계에 기초한 중앙집권적 조직이 아니라 자격이 동등한 구성원들의 횡적 연대에 기초한 조직이라는 점이다. 시민운동의 조직 원리로서 제시된 원칙은 '다양성과 자발성 존중,' 그리고 '목표의 한정'이다. 시민운동 조직의 원칙은 운동의 목적을 한정하여 그 목적에 한해서만 조직 규율을 확립하는 것이다. 이시다는 "단선적인 발전 단계설과 일원적인 상징 서열을 중심으로, 그 중심으로부터의 거리로 모든 것을 판단하고 다른 중심으로 향하는 조직의 독자성을 인정하지 않는" "동심원적 발상"을 일본 시민운동 조직의 특성으로 들었다.[8] 따라서 일본의 시

---

7. 그러나 이것의 단점은 지방의 변화에 비해 중앙 정치는 견제 세력의 부재로 변화가 느려 오히려 후진적 형태를 띠게 된다는 점, 그리고 생활정치화된 시민운동이 너무 분산되어 있어 중요한 사회적 의제에 대해 함께 대응하지 못함으로써 중요한 사회적 의제에 대응하는 전국적인 연대가 미약하다는 점에 있다. 참고: 한영혜(2004), 28-32쪽.
8. 참고: 한영혜(2004), 67-73쪽.

민운동은 집단의 논리보다는 사상을 중시하고, 이데올로기보다는 직접
행동을 중시하며, 관료화된 조직 대신에 행동하는 시민들의 횡적 연대
를 추구하는 것이 기본 특징이다.[9]

3. 한일 비교[10]

일본의 시민운동은 일상생활 관련 문제에 대한 풀뿌리 방식의 해결
방안 모색이나 새로운 가치 실현을 위한 공동체적 모임의 성격을 강하
게 띠고 있다. 따라서 일본 시민운동은 자율적인 개인 중심의 운동으로
서 개인 내면의 에토스를 기반으로 지역에서 풀뿌리 민주주의를 실현
하는 강점을 지닌 반면에, 개인의 자율성을 너무 강조한 결과 단체나 조
직의 논리에 개인이 따르지 않는 경향을 띰으로써 시민운동이 분산되
어 사회적 주요 의제에 대항하기 위해 필요한 연대성이나 결집력을 형
성하는 데 오히려 역작용을 일으키고 있다.

이에 비해 한국의 시민운동은 역사적으로 권위주의 정부에 대항하
는 민주화운동의 형태가 강하게 유지되고 있다. 지금도 경실련, 참여연
대 등의 거대한 종합형 시민운동단체는 대의 대표 기관인 정당이 다루
는 사안과 유사한 문제들을 주로 다루고 있다. 이런 점에서 한국 시민운

---

9. 그 결과 일본의 시민운동의 주요 의제는 새로운 주체의 형성, 그리고 이를 통한 실질적 민
   주주의의 확보였으며, 이를 기반으로 한 '근본으로부터의 민주주의'가 일본 시민운동의 주
   류를 이루고 있다. 이는 생활 속에서 개인의 내면에 뿌리내린 사상으로서의 민주주의를 의
   미한다. 시민운동론자들은 민주주의를 개인 내면의 사상으로서, 그리고 사회의 정치 문화
   로서 확립시킬 때 비로소 형식적인 제도로서의 민주주의가 실질적인 의미를 갖게 된다고
   보았으며, 이를 위한 운동이야말로 당시 일본의 현실에서는 '보수/혁신'의 체제 투쟁보다
   더 근본적인 혁명이라고 주장했다. 참고: 한영혜(2004), 79쪽. 일본 시민운동 부분은 상당
   부분을 권용혁 외(2006), 33-6쪽에 의거해서 재구성한 것이다.
10. 한일 시민운동 비교 부분은 권용혁 외(2006), 47-9쪽에 의거해서 재구성한 것이다.

동의 '민주화운동'은 지금도 계속되고 있다고 볼 수 있다.

이것이 한국 시민운동의 강점이자 약점으로 지적되고 있다. 이 민주화운동은 동아시아에서뿐만 아니라 전 세계적으로도 그 유례를 찾기 힘들 정도로 역동적으로 전개되었다. 또한 이 운동은 사익私益의 극대화가 아니라, 사익과 거의 무관한 공익을 강조해 온 운동으로 이어져 왔다는 점에서 높게 평가될 수 있다. 이러한 특징을 긍정적으로 파악하면, 민주화운동은 동아시아 민주주의를 이끌어가는 견인차 역할을 할 수 있으며, 국가와 시민사회의 역동적 연결 역량의 결집을 위한 설득력 있는 모델이 될 수 있다. 그러나 참여의 형태가 일회적이고, 사회 이슈 중심으로 흘러간다거나, 지역적인 차원에서의 민주적 생활 방식의 문제에는 미치지 못한다는 점, 말하자면 자립적인 풀뿌리 조직 기반이 약하다는 점은 앞으로 보완되어야 할 단점들이다.

따라서 한국 사회는 일상생활의 장에서 자발적인 시민 참여의 공간을 넓히고 이를 바탕으로 새로운 참여민주주의를 정착시켜 나가야 할 과제를 안고 있다고 할 수 있다. 이것의 성공 여부는 기존의 운동 조직과 양태를 어떻게 수평적, 분할적인 형태로 변경해서 시민들의 자율적인 참여를 보다 수월하게 유도할 수 있을 것인지에 달려 있다고 해도 과언이 아니다. 이는 시민들이 누구나 평등하게 참여하는 열린 공론장에서 함께 대안을 만들어 갈 수 있는 능력을 공유할 경우에 가능할 것이다. 이를 위해서는 결국 시민들의 생활세계 전반이 실질적으로 권위적인 수직적 구조에서 수평적인 네트워크형으로 변화되어 가야 한다. 따라서 한국의 시민사회운동은 대의적 기능을 수행하는 동시에 지역운동으로, 부문 운동으로 확대 재편될 때 일상 차원에서 민주적 의사소통 행위를 활성화하는 동시에 국민들의 신뢰를 확보할 수 있을 것이다.

4. 촛불집회

2008년 촛불집회는 새로운 양상의 시민운동을 보여 주고 있다. 한국 시민운동이 지금까지 수평적이며 협력적인 집단 · 조직 중심 운동이었다면, 촛불집회는 수평적인 개개인의 자발적 의견 표출의 집합체로 볼 수 있기 때문이다.

4.1. 이번 집회에서 기존 시민운동 집단은 보다 성찰적으로 사태를 파악해 온 것으로 보인다. 그들은 촛불집회에서 분출된 다양한 주장들과의 헤게모니 논쟁을 절제하고, 광장의 논의를 활성화할 수 있는 광장 활성화 지원임무를 성실히 수행해 왔다.[11] 이는 최소한의 논의가 성립될 수 있는 진지를 구축하고 그 바탕 위에서 다원성을 수용하려는 성찰적 태도를 취한 것으로 보인다.

4.2. 이번 촛불집회[12] 이전에는 다양한 취미 및 스포츠클럽 집단은 사회적 발언 및 참여에 최소한 무관심했었다. 그러나 이번 촛불집회의 경우는 취미 집단이 그 집단의 전문성을 넘어서 한 국가의 시민으로서의 권리 주장을 하면서 대거 참여한다. 전혀 새로운 집단과 구성원들이 매우 다양한 독자적인 주장들을 내세우면서 집회의 주도권을 잡고 활

---

11. "세종로 집회에서 대책위는 기획보다 방송지원에 주력했다. 지도부로부터 자유로운 대중들이 스스로 상황을 파악하고 자신이 바라는 목표와 자신의 행동을 일치시켰으며 그러한 개인적 일치가 다수의 행동통일로 연결된 것이다." 권지희 외(2008), 14쪽.
12. 촛불집회는 시민들이 광장 등에서 주로 야간에 촛불을 들고 벌이는 집회이다. 촛불시위는 보통 비폭력 평화 시위의 상징이며, 침묵시위의 형태를 띤다. 이런 점에서 촛불집회는 시각적 효과가 크고, 일과를 끝낸 시민들의 참여가 용이하며 다른 사람들의 이목을 집중시키는 장점이 있다. '집회 및 시위에 관한 법률'에 따르면, 일몰 이후에는 옥외집회 또는 시위가 금지되어 있다. 따라서 촛불집회는 그 법에서 예외로 하는 문화행사 등을 이용해 문화제의 형태로 특수하게 이루어지고 있다.

동한다.

다만 현 상황에서 잠정적으로 내릴 수 있는 하나의 견해는 이들의 운동 방식이 매우 일회적이며 무연대적이고 지속적 전략이 없으며 공통된 감각을 넘어서서 공유하는 이념을 도출하지 못하고 있다는 점이다.

촛불집회 관련해서 지금까지 지적된 한계로는: 대체적으로 단속적, 일회적 행사로 연속적 참여의 논리와 정당성을 개발해 내지 못했으며, 시간의 경과와 더불어 대다수가 또다시 냉소적 개인으로 회귀하는 현상을 보이고 있으며, 참여 동기의 이질성을 극복할 수 있는 대안 찾기가 어렵다는 점이다.

이는 집회 참가자들 및 단체의 다양한 의견들이 특정 이론으로 담지될 수 있는 것이 아닌, 매우 다양한 내용으로 이루어져 있기 때문으로 보인다. 초기의 주요 이슈는 광우병, 공교육, 민영화, 대운하, 정권퇴진 등이었으며, 주요 참여자는 여고생, 주부 등이었다. 중반기에는 주요 이슈가 정권퇴진, 언론장악, 광우병 등으로 변화했다. 주요 참여자도 안티 2MB 등 다양한 취미활동 단체로 구성된 인터넷 카페 소속 회원들로 변화했다는 점에서 그 주장 내용과 참여자의 다양성이 확인된다.

기존의 운동이 집합성과 통일을 강조하는 동일성 및 종합의 철학에 기반해 있었다면, 이번 촛불집회에서는 시종일관 다원성과 차이가 그 바탕에서 펼쳐짐으로써 다양성에 대한 인정과 상호이해 그리고 타자에 대한 관용이 주요 질서 체계였다.

집회 참여자들이 갖는 최소한의 공통감은 "대한민국은 민주공화국이다"라는 선언에 담긴 국민주권의 확인과 환경, 건강, 교육, 복지 등과 관련된 개인적인 삶의 질의 문제에 대한 문제제기로 보인다. 이러한 공통감을 넘어서는 연대의 이념은 구체화되지 못했다.

4.3. 이러한 전환기를 맞아 한국 시민사회 집단 전체 구도에 대한 성

찰이 필요하다. 지금까지의 시민운동단체 중심의 시민운동이 한국 사
회의 민주화에 기여해 온 것도 사실이지만, 다른 시민단체들의 활동에
비교하거나 일본 단체들과 비교하면 그 세력이 매우 미미한 수준이다.[13]
그러나 촛불집회에 참여한 시민 및 시민단체의 양상이 달라지고 있다.

논의를 위해 시민단체를 일단 둘로 구분해서 살펴보자.

1) 경실련, 참여연대, 환경운동연합 등의 시민운동단체

2) 친목사교단체, 종교단체, 취미 및 스포츠클럽(인터넷 동호회 포
함) 등.

기존의 시민운동은 중앙 종합형 운동단체로서 1) 정치세력화된 운
동단체 연합이 주도적인 역할을 한 반면, 이번 촛불집회는 기존에는 참
여하지 않았던 2)의 대거 참여를 바탕으로 1)이 연합 모임을 지원하고
100여 일이 넘게 장기지속된 집회의 진지 역할을 했다. 따라서 이번 집
회는 개별 시민들 및 2)의 대거 참여로 시민운동이 보다 복합적인 형태
로 발전했다.

4.4. 그 주요 이유는 무엇으로 볼 수 있을까?

1988년 이후 민주화 시대가 20년 지속되었음에도 불구하고 정당정
치의 제도화가 정상화되지 않은 상황에서 의회민주주의에 대한 불신으
로 인해 시민들이 직접 참여해 자신들의 다양한 생활정치적 입장을 분
출한 것으로, 이러한 상황은 4년 내내 분출과 잠복의 형태로 지속될 것
으로 보인다.

이번 집회의 경우, 국민주권을 무시하거나 시민적 자존심을 손상시
키는 정부의 일련의 정책 추진('어린쥐'로 대변되는 영어강화교육, 고
소영 강부자 인사, 경쟁위주 입시교육 강화, 의료제도 수돗물 등 공공부

---

13. 참고: 동아시아연구센터(2005), 『한중일 3국의 시민사회 설문 조사 자료집』 중 시민사회
참여 유형 관련 도표(도표 1.1-2.11). 한 예로 설문조사에 따르면 한국 대 일본의 시민운동
단체에의 참여율이 15% : 2% 정도이다.

분 민영화 시도, 경부운하 추진 등)에 대해 불만이 팽배해 있던 다양한
계층과 이익집단이 미국과의 쇠고기 협상 내용이 전해지자 폭발적으로
자기주장을 표출한 것으로 볼 수 있다.

특히 자발적 참여 시민들 및 2)의 정치 참여 과정을 고찰할 필요가
있다. 이들은 삶의 질, 행복 등 가치 지향 이슈에 민감하게 반응함으로
써 물질적 이해관계보다는 삶의 질과 가치들에 의거한 행동 양식을 보
여 주고 있다. 이는 노동운동, 대중정치운동 중심에서 일상생활 문화운
동으로 전환하는 유럽의 새로운 사회운동과 비교될 수 있는 내용들이
다.[14] 다만, 이번 촛불집회에서는 국가권력에 대항하는 민주주의적 전통
이 여전히 그 저변을 형성하고 있다는 점에서 새로운 사회운동과 다르
다 할 것이다. 이는 일본 시민사회의 풀뿌리 중심의 생활정치와도 다른
점이라고 할 수 있다.

4.5. 특이한 점은 온라인과 오프라인의 상호결합 현상이 집회의 또
다른 특징을 보여 준다는 점이다. 혹자는 이들의 형태를 다중지성의 등
장으로 파악한다. 이슈 및 행동 전략도 기존의 정해진 패턴에 따라 움직
인 것이 아니라, 매일매일 매 시간마다 온라인상의 토론을 통해 논의되
고 결정되는 사이버 공론장이 활성화되었다. 따라서 다양한 집단들의

---

14. 유럽의 새로운 사회운동은 시민사회 내에서 가치와 생활양식의 변화를 시도한다. 이 운동
은 자율적인 연결망을 이루고 활동하면서 풀뿌리 형태의 조직을 지향한다. 이 운동에 있어
서 다수의 개인들이 집합적 행위자로 되는 방식은 매우 비공식적이기 때문에 불연속적이
며 맥락상 취약하고 평등주의적이다. 그것은 오히려 공적인 역할과 사적인 역할의 결합,
보조적인 행위와 중심적인 행위의 결합, 공동체와 조직의 결합을 강조하지만, 구성원들의
역할과 공식적인 지도부의 역할 사이의 분리는 느슨하고 일시적일 뿐이다. C. Offe(1987)
70-1쪽. 따라서 이 운동의 행동 집단은 자율성과 자발성을 추구하고(투렌(1980) 63f.) 자기정
체성을 실현하기 위한 권리를 요구한다. 멜루치(1980) 152f. 따라서 이 운동은 한편으로 집
단의 자율성과 자발성을 기반으로 특수한 집단이나 제도의 특권화를 방지하고 풀뿌리 민
주주의를 이루고자 한다. 그러나 다른 한편으로 사회적 행위자들은 개인적 자기정체성과
사회적 자기정체성이 사회적 산물로 합일되어 버린 기존의 제도화된 사회적 정체성으로
부터 개인적 자기정체성을 탈분화시켜서 그것의 특수성을 옹호하고 활성화하고자 한다.

다양한 이슈 및 전략이 수평적으로 섞여서 진행되는 수평적이면서 다원적인 네트워크형 운동 형태가 등장했다.

그러나 사이버 공론장은 긍정적으로만 작동되지 않는다. 오히려 기존 사이버 공론장이 수행해 온 명과 암의 사례를 분석할 필요가 있다. 사이버 공론장에 참여하는 구성원들은 기본적으로 수평적 네트워크를 이루고 있다는 점에서, 보다 평등한 주체로서 참여해 자기주장을 펼칠 수 있는 장점이 있다. 네티즌들이 자신들의 개성에 따라 자발적으로 정보 소통에 참여하고, 공론장의 구성원으로서 스스로 그렇지만 함께 판단하고 결정하는 독특한 형태로 진행된다.

그러나 개인들의 정보 공유·소통·합의 등이 항상 올바른 방향으로 진행되는 것은 아니다. 황우석 찬반 논의, 〈디워〉 찬반 논의에 겹쳐진 애국주의 논쟁, 올림픽시기의 중국 네티즌의 혐한류 현상 등에서 우리는 그 부정적인 측면을 확인할 수 있기 때문이다. 정보 소통의 내용이 공론장에서 논의되고 논박, 합의, 인정되는 것은 인터넷 공론장의 일상적인 형태다. 문제는 이 절차가 그 내용을 보증하지 못한다는 점이다. 정보의 의도적 조작, 정보 흐름의 판옵티콘적 파악과 변형, 이에 대한 역판옵티콘의 강화 및 이 둘의 반복 등의 문제가 상존하기 때문이다. 이는 앞으로 네티즌들의 자정능력 함양과 제도적 보완을 통해 지속적으로 수정·개선되어야 한다.

다중지성, 집합지성, 사회지성 등의 개념을 도입하는 것도 일면 촛불집회의 설명력을 현상적으로 높일 수는 있겠지만, 그 사회적 맥락 및 구체적 전개 양상의 상이함으로 원래의 이념 및 개념 정의와 많은 편차를 보인다는 점도 함께 고찰해야 한다. 이런 점에서 모든 기존 특정 이론 중심의 새로운 해석 시도는 특정 이념에 의거한 실험적 해석이며 그것이 구체적 보편을 담보하지 못한다. 그것에는 구체성과 적실성이 결여되어 있기 때문이다. 특정 이론 중심의 해석이 보다 설득력을 지니려면, 그것이 기존의 한국 시민운동의 역사 및 변화 형태 그리고 그 이념적 특징과 연관지어 촛불집회라는 현실 사태를 분석할 수 있어야 한다.

4.6. 인터넷 공론장과 기존 현실 권력의 작동 형태 비교

인터넷 동호회(예: 다음 아고라)의 의사소통 방식과 합의 결정 방식은 기존의 오프라인 방식과 차이를 보인다. 그것은 창발적 개개인들의 의견이 자연스럽게 수렴될 수 있는 방식이기도 하다. 따라서 온라인과 오프라인을 연결하는 방법으로 새롭게 선보이고 있는 시위문화에 대해 정리할 필요가 있다. 공식적 전문가 집단의 의견 소통 방식과 언론 매체의 의견 공론화 방식과 비교할 때, 인터넷 공론장의 경우 정보교환의 신속성, 글로벌 참여, 다수의 설득적 합의 방식 진행, 참여자들의 행위 방식에 있어서 함께 결정, 함께 행동을 결의하는 등 기존의 지식인 사회의 모습과는 전혀 다른 형태의 지식 전달, 공유, 행동과의 결합 방식이 진행되고 있다.

1) 이는 권력의 형태가 기존의 권위에 기반한 권력에서 창발적인 개인들의 합의에 기반한 설득적 권력, 의사소통적 권력으로 이동함을 의미한다. 이런 점에서 지식기반 사회의 시민들의 의사소통 방식의 변화에 주목할 필요가 있다. 이는 결국 특정 이론 중심의 해석에 익숙한 계몽적 지식인의 역할이 축소되며, 조선·중앙·동아 및 공중파의 일방적인 지식 생산·유포에 기반한 주도권 행사가 어렵게 된다. 오히려 인터넷 방송 및 포털의 활성화 등으로 현장성, 사실성에 의거한 정보 전달 및 공유의 장이 확장됨으로써 시위참여자 개개인이 지식의 생산과 공유 그리고 유포에 참여하는 1인 미디어 시대를 열고 있다. 2) 이에 비해 시장 및 입법 사법 행정부를 장악한 현실 권력은 기존의 규칙에 따라 문제를 처리하는 것을 고수하고자 한다. 따라서 현실적으로는 2)가 1)의 논점을 제도화하거나 수용하는 선순환적 관계 유지가 어렵다. 기존 제도 정치 세력은 자기완결적으로 정책을 결정하는 것이 가능하고 독자적인 세력을 통해 그것을 제도화할 수 있으며 자체 실행 구도를 갖고

있기 때문이다. 굳이 엄청난 노력이 필요한 설득적 권위에 의존할 필요
가 없다.

이러한 정책결정의 독주 체제는 차기 총선, 대선까지 유지될 것이
며, 1)과 2)의 지속적인 불협화음은 예고되고 있다. 이는 매우 비관적인
현상인데, 21세기형 화합형 거버넌스 및 사회통합은 이 둘의 긍정적인
시너지를 바탕으로 이루어질 수 있기 때문이다.

5. 한국형 시민사회의 전망

5.1. 잘 섞인 비빔밥, 상호 긍정적인 진화 가능성 모색

이미 살펴보았듯이 한국 시민운동의 '민주화운동' 전통은 공익을
강조하는 운동이며, 이는 국가와 시민사회의 역동적 연결 역량의 결집
을 위한 설득력 있는 모델이 될 수 있다.[15] 그러나 자립적, 자율적 풀뿌리
조직 기반이 약하기 때문에 한국의 시민사회는 일상생활의 장에서 자
발적인 시민 참여의 공간을 넓히고 이를 바탕으로 새로운 참여민주주
의를 정착시켜 나가야 할 과제를 안고 있다.

이번 촛불집회는 시민들의 자율적인 참여를 바탕으로 시민들이 누
구나 자유롭고 평등하게 참여한 열린 광장으로서 작동했다는 점에 큰
의의를 부여할 수 있다. 따라서 이제는 기존의 시민운동의 과제를 재정
리할 수 있는 상황이다. 즉, 한국의 시민사회운동이 준대의적 기능을 수
행하는 동시에 풀뿌리 운동, 부문 운동으로 확대 재편될 가능성을 보여
주는 것이기도 하다. 또한 일상적인 삶의 영역에서 자율적인 시민들이

---

15. 참고: 권용혁 외(2006), 38쪽. "국가를 위해 개인의 불이익을 감수할 수 있다"라는 문항에
대해 일본인은 29%가 찬성하고 있는데 비해, 한국인은 53%가 찬성하고 있다. 개인의 이익
보다 국익을 앞세우는 이런 태도는 공익 중심의 운동에 대한 적극적인 태도로 이어진다.

의사소통 행위를 습성화함으로써 시민사회가 활성화될 수도 있을 것이다. 이는 시민사회 안에서의 정치적인 행위 혹은 비제도적인 정치행위를 어떻게 파악하는지의 문제이기도 하다.

이를 위해서 다음과 같은 방안이 제안될 수 있다.

1) 한국형 시민운동과 일본형 시민운동의 장점을 혼합한 형태를 구상할 수 있다. 이제는 다양한 구성원, 다양한 이슈들에 대한 상호 성찰적 인정과 상호 이해를 바탕으로 새로운 형태의 성찰적인 시민운동을 미래지향적인 이념과 함께 구상할 필요가 있다. 자발적인 개인, 다양한 시민사회단체 그리고 전국적·종합적 조직을 연계할 수 있는 전략과 이념적 설명 담론이 요구된다. 그 한 예로 참여자 및 기존 집단이 열린 상호 수평적인 네트워크형으로 연계되는 방안이 설득력을 갖는다.

2) 촛불집회를 계기로 참여민주주의와 대의민주주의의 보완, 생활정치와 제도정치의 보완의 문제가 구체적으로 모색되고 있다.[16] 이 둘의 설득력 있는 관계 설정과 역할 분담이 요구된다. 4.6에서 고찰한 것처럼 이 둘의 지속적인 불협화음이 예상되는 상황에서, '의회정치와 직접행동정치의 새로운 협력모델'을 현재화하기는 어려워 보인다. 다만 상상력을 동원하자면, 일본이나 서구에 비해 직접행동정치가 강한 전통으로 자리 잡고 있는 한국에서는 이를 민주주의 성숙의 동력으로 사용할 수 있다는 점이다. 즉, 근대 대의민주주의의 특징인 제도정당과 의회정치가 갖는 한국적 한계를 인정한다면, 정치적인 것의 외연을 확대해 촛불집회와 같은 직접행동정치를 21세기형 화합형 거버넌스 및 사회통합의 한 축으로 인정하고 기존의 둘 사이의 소통과 제도화의 방식을 새롭게 구상하는 것이 필요하다.[17]

---

16. 이 둘의 관계 설정에 대한 상이한 입장과 이들의 상호 논박에 대해서는 최장집(2008)과 조희연(2008)을 참고 바람.
17. 참고: 조희연(2008), 231-9쪽. 조희연의 주장처럼 근대 대의민주주의 자체를 '제도화된 정

5.2. 한국 시민사회의 미래상

촛불집회에 대한 다양한 해석은 가능하다. 그리고 앞으로도 다양한 해석 시도는 계속될 것이다. 다만 이 글에서는 한일 시민사회의 특성을 비교 분석함으로써 이 두 시민사회가 상호 보완적으로 해석할 수 있는 여지를 모색하고자 한다.

촛불집회에서 운동의 형태는 그 이전의 종합형 민주화운동의 형태와는 판이하게 다른 것이었다. 그것은 오히려 일본의 시민사회운동에서처럼 자율적인 개인 중심의 운동으로서 개인 내면의 에토스를 기반으로 결집된 것으로 볼 수 있다. 촛불집회 참가 시민들은 기존의 운동에서처럼 운동 주도 집단의 논리와 전략전술에 따라 움직인 것이 아니다. 그들은 자신의 생각에 따라서 주체적으로 행동하는 개인들이었다. 이런 점에서 자율적인 주체들이 직접정치적인 행위를 광장에 참여해서 표출하는 새로운 형태의 시민운동이 전개된 것이다. 이는 형식적 제도로서의 민주주의의 정착 이후에 생활정치의 장으로 이동하는 것으로서 일상생활의 장에서 실질적 민주주의의 진행을 위해 기본적으로 자리 잡아야 할 자율적이며 활동적인 시민이 등장한 것으로 볼 수 있다.

그러나 이번 촛불집회에서 나타난 이슈들은 일본 시민사회운동의 이슈들과는 다른 면이 있다. 그것은 생활정치와 밀착해 있어서 매우 개별적이며 독특한 사안에 집중하고 있는 일본의 시민사회운동과는 다르게 현안으로 떠오른 사회의 주요 의제들에 대해 자발적이지만 집단적으로 대응한 독특한 사례이다. 게다가 그 소통 방법도 독특하다. 시민들은 이 의제들에 대해 온/오프라인에서의(특히 온라인에서의 광범위하고 지속적인) 토론과 합의를 바탕으로 결집함으로써 기존의 사회운동

치와 사회의 괴리'를 내장한 체제로 보면(236쪽), 촛불집회는 "'제도화된 의회정치'와 사회 간의 근원적인 '괴리'를 보여주는 사건"(233쪽)으로 파악할 수 있다. 이런 관점에서는 한국 민주주의의 새로운 상은 의회정치와 직접행동정치의 새로운 협력모델을 만들 수 있는지의 여부에 있다.

형태와는 매우 다른 수평적인 소통과 조직화 방식을 동원했다. 이는 참여자들의 다양성과 자발성을 인정하되 논의 의제들을 제한하지 않고 모든 것을 열어 놓은 형태로 진행했다는 점에서 일본의 시민운동 형태는 물론이고 전 세계적으로도 찾기 어려운 새로운 모범적인 사례로 평가될 수 있을 것이다.

이런 점에서 이번 촛불집회는 기존의 종합형 시민운동 단체들의 연대에서 문제시된 상의하달식 수직적 동원형태에서 참여자들 각자의 의견이 존중되는 열린 수평적 네트워크형 운동으로 운동의 형태가 이동한 사례이기도 하다.

이 사례를 생활정치와 관련해서 긍정적인 방향으로 해석하자면, 한국의 시민운동에서 아직 자리 잡지 못한 자립적인 풀뿌리 운동의 형태가 지향해야 할 면들을 보완하는 것으로 파악할 수 있다. 그것은 개인적인 삶의 질과 연관되어 있지만, 넓게는 공익을 추구하는 운동이면서 동시에 자발적인 참여에 바탕을 둔 형태를 띠고 있기 때문이다. 이는 일상생활에서 자발적인 시민 참여의 공간을 넓히고 이를 기반으로 새로운 참여민주주의를 정착시킬 수 있는 현실적 가능성을 확인한 것이기도 하다.

이는 기존의 운동 조직과 양태가 성찰적으로 사태를 파악해 자발적인 시민들의 참여를 보다 수월하게 할 수 있는 보완적 형태의 지원에 머무름으로써, 결과적으로는 새로운 형태의 자율적인 풀뿌리 시민운동의 물꼬를 튼 것이기도 하며, 앞으로의 시민운동의 주요 흐름이 어떻게 수평적, 분할적인 네트워크 형태로 나아갈 수 있을지를 다양한 형태로 예고해 주는 사례이기도 하다.

그럼에도 불구하고 촛불집회가 마무리된 지 몇 개월이 지난 현 상황에서 이러한 긍정적인 측면이 너무 고평가되어서는 안 된다. 지금도 이와 관련해 시위참여자들을 옥죄는 또 다른 형태의 공안 정국이 은밀히 전개되고 있지만, 대부분의 시민들은 이에 둔감해져 있다. 또한 수백

만의 인원이 참가했던 집회의 결과가 가시적인 성과를 얻지 못했음에
도 그 주요 사안은 또다시 수면 아래로 잠복해 버렸다. 오히려 그 이후
의 시민운동의 전망이 안개 속으로 진입함으로써 그 집결되었던 역량
을 재활성화하지 못했다.

　아마도 이는 개개인의 자율성을 너무 강조한 결과 참여의 형태가
일회적, 분산적 형태를 띰으로써 견고한 저항의 터전이 형성되지 못한
데 그 큰 이유가 있을 것이다. 또한 온라인에서의 소통이 갖는 즉시성,
일회성, 개별성 때문이기도 할 것이다. 이는 오히려 기존의 운동이 변환
의 시기를 맞이하고 있지만, 전환기에 새로운 전망과 이에 부응하는 조
직 및 참여 방식이 개발되지 못한 것일 수도 있다.

　아직 이 모든 것에 대해 일관성 있는 처방을 내리기에는 역부족인
상황인 것 같다. 다만 이 시점에서 보다 심도 있게 확인되고 고찰되어야
할 점은 시민들 각자에게 잠재되어 있는 참여의 열기와 열망을 보다 정
확하게 읽어내고 이들이 함께 할 수 있는 연대의 장을 마련하는 방안을
함께 만들어 가는 일일 것이다.

참고문헌

권용혁 외(2006),『한중일 시민사회를 말한다』, 서울: 이학사.

권지희 외(2008),『촛불이 민주주의다』, 서울: 해피스토리.

김정훈(2001),「진보적 시민사회 형성을 위한 이론적 탐색」, 유팔무 · 김정훈 엮음,
      『시민사회와 시민운동 2』, 서울: 한울.

구보 다카오(1996),「일본 시민운동의 발전과 지방자치」, 한국사회교육원 엮음,『일
      본 시민운동과 지방자치』, 서울: 한울.

멜루치, 알베르토(1993),「새로운 사회운동에 대한 이론적 접근」, 정수복 편역,『새로
      운 사회운동과 참여민주주의』, 서울: 문학과 지성사.

조희연(2001),「종합적 시민운동의 구조적 성격과 변화전망에 대한 연구」, 유팔무 ·
      김정훈 엮음,『시민사회와 시민운동 2』, 서울: 한울.

조희연(2008),「촛불시위, 제도정치와 직접행동정치」, 권지희 외 저,『촛불이 민주주
      의다』, 서울: 해피스토리.

최장집(2002),『민주화 이후의 민주주의』, 서울: 후마니타스.

최장집(2008.11.5),「울산과 한국민주주의의 관찰자로서의 한 시각」, 시민포럼-대안
      과 실천 주최 강연원고.

투렌, 알랭(1993),「노동운동의 제도화와 새로운 사회운동의 전개」, 정수복 편역,『새
      로운 사회운동과 참여민주주의』, 서울: 문학과 지성사.

한영혜(2004),『일본의 지역사회와 시민운동』, 한울 아카데미.

홍일표(2004),「한국 사회와 시민운동, 그리고 시민단체(NGO)」, 송호근 편,『한국 사
      회 이해의 새로운 패러다임』, 나남 출판.

동아시아연구센터(2005),『한중일 3국의 시민사회 설문 조사 자료집』, 울산대학교
      인문과학연구소.

Offe, Claus(1987), "Challenging the boundaries of institutional politics: social movements
      since the 1960s," in: Charles S. Maier (ed.), *Changing boundaries of the Political*,
      Cambridge.

생명을 위한 촛불[1]

촛불항쟁의 생태적 의미

김상봉 | 김기숙

전남대학교

김상봉 전남대학교 철학과 교수. 독일 마인츠 대학에서 철학박사학위를 받았으며, 주요 저서와 논문으로는 『서로주체성의 이념』, 『학벌사회』, 「그리스비극에 대한 편지」, 「호모에티쿠스」, 『자기의식과 존재사유』, 『만남』(공저), 「응답으로서의 역사 — 5.18을 생각함」, 「함석헌과 靈 철학의 이념」, 「선험론적 철학의 탄생」, 「롱기누스와 숭고의 개념」 등이 있음.

김기숙 전남대학교 대학원 철학과 석사과정을 수료하였음.

1. 촛불항쟁 — 그 연속성과 불연속성

지난 2008년 5월 2일 여중생들의 주도로 처음 청계광장에서 촛불이 밝혀지고 6월 10일 87년 6월항쟁 이후 처음으로 수십만의 인파가 세종로 거리를 가득 메웠을 때, 더러는 새 정부 들어선 지 100일도 되기 전부터 고작 쇠고기 하나 때문에 온 나라가 그토록 소란스런 것을 보며 이것이 도대체 무슨 일인지 의아해 하는 사람들이 적지 않았을 것이다. 그것은 특히 이 나라의 학자들에게 적지 않은 당혹감을 불러일으킨 것으로 보이는데, 그 까닭은 무엇보다 그 일이 예고 없이 일어난 돌발적인 사건이었던 데다가, 서양의 사회과학 이론서에서 그 설명근거를 찾기도 어려웠기 때문이다.[2]

하지만 한국 역사에 대해 조금이라도 식견이 있는 사람이라면 지난해 촛불시위의 형식으로 씨올들의 분노가 분출한 것은 그다지 놀라운 일이라 할 수 없을 것이다. 왜냐하면 단순히 통계적으로만 본다 하더라도 지난 200년 동안 이 나라 역사에서는 2~30년마다 한 번씩 어김없이 거대한 민중 봉기가 이어져왔기 때문이다. 1811년 홍경래난이나 1862년 진주민란은 그 서곡이었다 할 수 있거니와, 본격적으로는 1894년 동학농민전쟁, 1919년 3.1운동, 1929년 광주학생운동 그리고 1948년 제주

---

1. 이 글은 기본적으로 2008년 12월 19일 스페인 바르셀로나 대학에서 열렸던 국제상호문화철학회에서 필자들이 발표했던 발표문에 기초하고 있다. 본문 2, 3, 4장은 영어로 씌어진 발표문을 거의 그대로 우리말로 옮기고 각주를 보완한 것이다. 이것에 1장과 5장을 김상봉이 보완하여 완성한 것이 이 글이다.
2. 이런 당혹감을 가장 잘 드러냈던 것 중의 하나가 아마도 촛불시민들을 두고 몇몇 식자들이 네그리 식의 다중이라는 이름을 붙인 일일 것이다. 고전적인 사회과학 개념으로는 도저히 설명할 수 없는 사태를 두고 억지로 네그리를 끌어들인 것인데 이런 이름짓기가 그다지 호응을 얻지 못했던 것을 보면 부질없는 일이었던 것으로 보인다.

4.3, 1960년의 4.19, 1979년의 부마항쟁, 80년 광주항쟁, 87년의 유월항쟁
에 이르기까지 이 나라의 근현대사는 국가기구에 대한 씨올들의 봉기와
항쟁으로 점철된 역사이다. 더러는 격렬한 무장항쟁으로, 더러는 비폭
력저항으로, 이도저도 불가능할 경우에는 전태일처럼 자기 몸을 태워
불의한 현실에 항거했던 역사가 이 나라의 근현대사인 것이다. 적어도
그런 통계를 고려한다면 지난해 촛불시위는 유월항쟁 이후 표면적으로
는 잦아들었으나 내면적으로는 축적되어 온 저항의 에너지가 다만 외
적 촉발에 의해 분출한 것일 뿐이라 볼 수 있을 것이다. 하지만 그런 통
계적 반복성 이면에 어떤 법칙성이 없다면 단순히 통계적 반복성이란
사건에 대한 아무런 설명근거도 될 수 없다. 그렇다면, 평균적으로 매
세대마다 그렇게 엄청난 봉기가 일어나고 더러는 국가기구를 전복하는
사건이 일어나는 것이 단순한 우연이 아니라면 그 이면에 어떤 원인이
나 근거가 놓여 있는 것인가?

　이를 위해 우리는 나라와 국가의 본래적 존재원리를 먼저 돌이켜볼
필요가 있다. 너와 내가 만나 우리가 되는 것이 정치이다.[3] 수많은 만남
들이 이어져 정해진 외연과 형식 속에서 하나의 전체를 이룰 때 그것을
가리켜 나라라 한다. 참된 만남이란 너와 내가 누구도 일방적으로 주체
가 되거나 객체가 되지 않으면서 서로 주체인 우리가 될 때 비로소 실
현된다.[4] 이런 의미에서 참된 만남은 언제나 서로주체성의 실현에 존립
한다. 나라 역시 만남의 총체인 한에서 모든 너와 내가 누구도 도구나 객
체로 전락하지 않고 서로주체성을 실현할 때 참된 나라가 되는 것이다.

　하지만 나라는 보이지 않는 만남의 총체일 뿐 사물적 실체는 아니
다. 눈에 보이지 않는 만남의 총체인 나라가 추상적 의지가 아니라 현실
적 권력의 주체로서 사물화된 것이 국가이다. 어떤 시민도 자기 혼자 전
체를 대표할 수는 없는 까닭에, 자신의 주체성의 일정한 부분을 국가에

---

3. 김상봉, 『그리스비극에 대한 편지』, 한길사, 2003, 머리말.
4. 김상봉, 『서로주체성의 이념』, 도서출판 길, 2007,

양도하지 않을 수 없다. 그리하여 국가는 시민들에게 위임받은 주체성을 주권자의 이름으로 대변하게 된다. 그러나 국가 그 자체가 자기의식을 가진 주체일 수는 없으므로, 다시 누군가가 그것을 움직이는 주체의 역할을 해야만 한다. 이처럼 국가가 시민들로부터 위임받은 권력을 대신 행사하는 주체가 바로 국가기구이며 대의정부이다.

국가 권력은 오로지 국민에게서 위임받은 것이며 그 정당성 역시 국민의 동의에 기초한다는 것이 민주주의의 정신이다. 국가 및 정부가 행사하는 권력이 시민들에게서 위임받은 것인 까닭에, 그것은 오로지 국민 전체의 주체성을 대변하고 시민의 자유를 실질적으로 확장하기 위해 행사되는 한에서만 그 정당성을 인정받을 수 있다. 또한 국가가 한 개인에 속하는 기구가 아니라 우리 모두의 만남의 총체인 한에서 국가의 권력 및 정부의 모든 일과 정책의 정당성은 국가가 특정 집단이나 계급이 아니라, 구성원 모두를 위한 나라를 지향하는 의지와 실천 속에서만 확보될 수 있다. 이처럼 모두를 위한 나라를 지향하는 국가를 가리켜 공화국이라 부르는데, '모두를 위하여 있음'이라는 공화국의 존재방식이 바로 공공성인 것이다.

만약 국가의 권력이 민주주의 및 공공성의 원리를 무시하고 오로지 권력을 위임받은 개인이나 집단의 독단에 따라 그들 자신의 사사로운 이익의 추구를 위해 사용된다면 그때 국가권력의 정당성은 상실되고 국가의 권력은 한갓 폭력으로 전락하고, 정부란 본질적으로 조직폭력배의 무리들과 하나도 다를 바가 없이 되어버린다. 오직 국가권력이 모두의 뜻에 따라 모두를 위해 행사될 때, 국가는 온전히 민주공화국이라 불릴 수 있는 것이다.

역사상 어떤 나라도 온전한 의미에서 서로주체성의 현실태였던 적은 없다. 그럼에도 불구하고 나라가 완전히 홀로주체의 사적 점유물이 되어버리면 그런 나라는 온전히 존립할 수 없다. 왜냐하면 그때 한 국가는 자발적인 만남의 욕구에 의해 생성되는 공동체가 아니라 오로지 타율적 강제와 폭력에 의해서만 유지되는 집합체에 지나지 않기 때문이다. 하지만 누구도 폭력만으로 나라를 세울 수는 없다. 그런 경우 나라는 계급투쟁이나 내전 상태에 빠져들어 결국 붕괴의 길을 걷게 된다.

　그런데 너무도 불행한 일이지만 1800년 정조가 사망한 이래 이 나라는 본질적으로 씨올과 국가기구 사이의 잠재적 전쟁상태에 놓여 있었다. 그 까닭은 이 땅의 국가기구라는 것이 한 번도 우리 모두의 나라였던 적이 없기 때문이다. 이 땅에서 국가는 때마다 다른 가면을 쓰고 우리를 지배하는 '그들'의 통치기구였을 뿐이다. 권력을 사적으로 전유한 '그들'에게 씨올들은 국가 공동체의 동등한 구성원이 아니라 단지 착취와 수탈의 대상에 지나지 않았다. 그리고 씨올들이 국가의 야만적 억압과 폭력에 저항할 때, 국가의 지배자들은 저항하는 민중들을 서슴없이 적으로 간주하고 학살하는 짓을 반복해 왔던 것이다.

　그 결과 이 나라에서 지배계급과 씨올들은 본질적으로 서로 전쟁상태에 놓이게 된다. 한 나라 안에서 충돌하는 이익이나 의견이 평화적인 방식으로 조정되는 한에서 그 나라는 정치적 상태에 있다고 할 수 있다. 반대로 대립하는 집단들이 이견을 평화적으로 조정하지 않고 유형무형의 폭력을 통해 자기의 입장을 관철하고 이익을 도모하려 할 때 나라는 전쟁상태에 빠져들게 된다. 특히 국가권력을 장악한 지배계급이 씨올들과 불화하면서 그 불일치를 평화적으로 해결하려 하지 않고 폭력적으로 억압하기 시작할 때 국가기구와 씨올들 사이에는 전쟁상태가 조성되는데 이 나라 왕조시대부터 국가기구와 씨올들 사이에는 본질적으로 이런 전쟁상태가 지속되어 왔던 것이다.

　그런데 이 나라의 지배계급이 자기 국민을 적으로 돌리게 되었던 까닭은 예로부터 이 나라 지배계급이 숭상하는 유일한 정치적 이상이 사대주의이기 때문이다. 사대주의란 말 그대로 보면 작은 나라가 큰 나라를 섬기는 것인데, 약소국이 강대국 앞에서 몸을 낮추는 것은 일종의 생존의 지혜로서, 정도의 차이는 있지만 거의 모든 나라에서도 볼 수 있

는 현상이다.[5] 하지만 한국의 지배계급에게 사대주의란 단지 그런 것이
아니라, 외세에 굴종하여 그 하수인이 되는 대가로 자기들이 내부의 권
력을 독점하고 같은 겨레를 노예로 지배하는 것을 뜻한다. 한국은 왕조
시대에서부터 이런 사대주의가 한 나라의 정치적 전통으로 굳어진 나
라이다. 그리고 우리의 모든 불행은 여기서 시작된다.

　서양에서 공화국의 기틀을 놓았던 도시국가인 아테네와 로마의 경
우, 원칙적으로 평민들은 나라에 세금을 내지 않았다. 대부분 영세농이
었던 그들은 자기 땅을 경작해서 자기가 먹고 살았을 뿐이다. 나라를 운
영하기 위한 재원은 부자들의 주머니에서 나오거나,[6] 전쟁을 통해 조달
했다.[7] 로마에서는 아예 귀족이 자기에게 딸린 평민의 생계를 책임지고
평민은 자기의 후견귀족에게 투표하는 관행이 제도화되어 있기까지 했
다.[8] 시대에 따라 겉모습은 변해 왔지만, 외국을 침략해 자기 국민을 먹
여 살리는 것은 그때부터 지금까지 이어져 온 서양의 정치적 전통인바,
이런 전통에 기대어 그들은 계급투쟁을 억제하고 국가의 내적 통합을
유지해 왔던 것이다.

　하지만 우리는 다르다. 이 나라의 지배계급은 차라리 외세의 하수
인이 될지언정 같은 겨레와 더불어 우리 모두의 나라를 만들려 하지 않
는다. 우리는 이런 사정을 다른 무엇보다 동학농민전쟁에서 확인할 수

5. 이를테면 유럽의 어떤 나라도 미국에 대해 온전히 동등한 방식으로 관계하는 나라는 없다
　고 할 수 있다.
6. 부자들의 자발적 기부를 가리켜 그리스에서는 레이투르기아leitourgia, 로마에서는 무네라
　munera라고 불렀다. 시민으로부터 돈을 직접 조달하지 않으려는 폴리스의 경향과 공공봉
　사를 통한 계급 갈등의 해소에 대해서는 빅터 에렌버그, 김진경 옮김, 『그리스국가』, 민음
　사, 1991, 123쪽 아래 ; 모제스 핀레이, 최생열 옮김, 『고대 세계의 정치』, 동문선, 2003, 49쪽 ;
　같은 이, 지동식 옮김, 『서양고대경제』, 민음사, 1993, 242쪽을 참고하시오. 로마의 경우 마케
　도니아와의 퓌드나 전투에서 승리한 후 모든 시민들이 과세에서 면제되었다. 이에 대해서
　는 현승종 저, 조규창 증보, 『로마법』, 법문사, 2004, 96쪽을 참고하시오.
7. 특히 로마의 경우 전쟁을 통해 노예를 조달했으며, 정복된 속주가 주요한 조세수입원이었
　다는 것은 분명한 일이다. 핀리, 『서양고대경제』, 251쪽.
8. 같은 이, 『로마법』, 97쪽.

있는데, 백성들이 국가의 폭력에 저항해서 봉기했을 때 그것을 국가의 힘으로 억누를 수 없을 경우 정상적인 국가라면 민중과 적절히 타협함으로써 국가의 위기를 극복하려 했을 것이다.[9] 하지만 당시 조선왕조는 자체적으로 동학농민군을 격파할 수 없게 되자 서슴없이 일본군을 끌어들여 동학농민군의 반란을 진압했다.

이처럼 외국군대에 의지하여 동족을 오직 힘으로 억누르고 지배하는 것이 하나의 전통이 된 나라에서, 씨올들이 국가폭력에 맞서 싸우면서 자기들의 역사를 만들어 온 것은 조금도 이상한 일이 아니다. 처음에 동학농민전쟁이 반봉건항쟁이었다면, 3.1운동은 그에 더하여 반제국주의 투쟁이었으며, 해방 후 이번에는 미국의 힘에 기댄 독재자들 아래서 민중항쟁은 반봉건, 반제에 더하여 반독재투쟁이 되어야 했다. 이 역사는 단순한 반복이 아니라 진보의 과정이었다. 우리는 갈수록 더 중첩되고 착종된 사회악과 맞부딪치게 되고 마침내 원하든 원치 않든, 인류 역사의 가장 보편적이고도 본질적인 모순과 싸우지 않을 수 없는 자리에 서게 되는 것이다. 왜냐하면 때마다 가장 강한 외세에 기대어 권력을 유지하려는 이 나라 지배계급의 고질병 때문에 우리는 가장 강한 외세의 직접적인 수탈 아래 놓이게 되기 때문이다.

우리 시대에는 그런 외세가 바로 미국이다. 오늘날 미국의 자본은 미국의 언어와 화폐, 법과 제도 그리고 미국의 군사력과 결합하여 세계를 지배한다. 다른 나라의 지배계급은 미국과 적절하게 타협하고 또 대항하면서 자기 국민들의 이익을 도모하겠지만, 이 나라의 지배계급은 국민이 아니라 오직 자기 자신의 이익만이 문제인 까닭에, 그냥 미국이 달라는 것을 다 주는 대가로 자기의 권력을 보장받으려 한다. 그 결과

---

9. 가장 고전적인 사례는 로마 공화정 초기 귀족들의 전횡에 반발하여 평민들이 거룩한 산 mons sacer으로 퇴거했을 때 로마의 귀족들이 국가의 붕괴를 막기 위해 타협안을 제시하여 평민들과 귀족들 사이에 권력의 균형을 도모하고 이를 통해 공화국의 기틀을 놓은 일일 것이다. 이에 대해서는 세드릭 요, 프리츠 하이켈하임 지음, 김덕수 옮김, 『로마사』, 현대지성사, 2004, 118쪽 아래를 참고하시오.

87년 이후 한국의 역사는 명실상부하게 미국의 식민지로 전락해 가는 과정이었다. 미국의 입장에서 보자면 IMF에서 시작하여 우루과이 라운드를 거쳐 한미 자유무역협정(FTA)으로 이어지는 이 식민지화의 과정을 마지막으로 완성시킬 사명을 띠고 출범한 것이 이명박 정부이다. 이명박 정부는 그 기대를 저버리지 않았으니, 영어몰입교육 및 미국산 쇠고기 수입계획은 한국을 미국의 식민지 겸 쓰레기장으로 만들기 위한 첫 번째 조치였던 것이다.

그 대가로 이명박씨는 부시의 별장 카트 운전기사가 되는 명예를 얻었다. 그리고 이 나라의 씨올들은 미국 축산업자들의 먹이로 내던져져, 살아남기 위해서는 세계 제일의 강대국과 맞서 다시 싸우지 않을 수 없게 되었다. 촛불시위는 바로 이런 상황에서 필연적으로 분출할 수밖에 없었던 이 땅의 씨올들의 분노의 불꽃이었던 것이다.

이런 점에서 촛불시위는 지금까지 이 나라 모든 민중항쟁과의 연속성 속에 있다고 할 수 있다. 그러나 이것이 전부는 아니다. 촛불항쟁은 연속성만큼이나 불연속성 또는 비약을 보여준다. 아래에서 우리는 그것이 무엇인지를 살펴보겠지만 먼저 간단히 말하자면 촛불항쟁을 통해 사회 정치적 진보운동과 생명 및 환경운동이 합류하게 된 것, 그리고 이 나라 씨올들의 저항의 역사에서 남에 대한 저항이 자기에 대한 저항으로 전환된 것이야말로 지난해 촛불항쟁이 이룩한 비약적인 성과라 할 수 있을 것이다.

2. 건설 중인 한국

이것을 해명하기 위해 먼저 우리는 한국 사회를 지배해 왔던 반생명, 반생태적인 개발주의를 먼저 돌이켜볼 필요가 있다. 조선이 처음 세계를 향해 문호를 개방했을 때, 조선을 방문했던 서양의 여행자들이 가장 놀란 것 중의 하나가 조선의 도로 사정이었다. 헐버트H. E. Hulbert는 그런 사정을 이렇게 기술했다.

> 어느 민족을 막론하고 그 민족의 생활수준은 그들이 교통수단으로 사용하고 있는 운송 도구에 의해 적절하게 평가될 수 있다. 이와 같은 척도에 따라서 평가한다면 한국인들은 가장 미발달된 상태에 속해 있는 국민이라고 정의를 내리지 않을 수가 없다. 전국을 통해 길이라고는 거칠기 짝이 없어서 인력거도 제대로 다닐 수가 없으며 우마차나 손수레는 말할 나위도 없다.
>
> (…)
>
> 심지어는 주요 도시 사이의 길이 종종 논둑 위를 따라서 겨우 걸어 다닐 수 있는 정도이기 때문에 이들을 연결하는 도로는 그 정도의 형편없는 통로가 고작이라는 생각을 갖게 된다. (…)[10]

이런 극단적인 저개발이야말로 조선 사회의 전통적 특징이었던바, 이것은 다른 무엇보다 모든 종류의 경제적 효용을 멸시하고 오로지 정신적 및 도덕적 가치만을 숭상했던 조선의 지배계급의 근본주의적 유교사상 때문이었다고 할 수 있을 것이다. 하지만 유교 도덕 또는 보다 정확하게 말해 지배계급의 위선적 이데올로기는 제국주의의 전쟁터에서는 아무런 소용도 없었다. 그 결과 조선은 하필이면 이웃나라인 일본의 식민지로 전락하는 것을 피할 수 없었다. 1938년에서부터 45년 사이에(중일전쟁의 발발에서 태평양전쟁이 끝날 때까지) 약 700만 명의 조선인들이 더러는 군인으로 더러는 정신대로 그리고 더러는 징용으로 끌려갔다.[11] 이들 가운데 3백만 명이 사망해 돌아오지 못했다. 우리가 현

---

10. 호머 헐버트, 신복룡 역주, 『대한제국멸망사』, 집문당, 1999, 299-300쪽.

대의 한국인들에게서 볼 수 있는 권력과 부에 대한 과도한 집착은 아마
도 이런 집단적인 식민지 시대의 트라우마에 그 원인이 있을 것이다.

하지만 이것이 전부는 아닐 것이다. 태평양전쟁이 끝난 뒤에 한국
인들은 일본의 지배로부터 해방되기는 하였으나 온전한 민족적 독립은
얻을 수 없었다. 왜냐하면 제2차 세계대전의 승전국이었던 미국과 소련
이 한국을 전리품으로 간주하여 둘로 나누어 장악했기 때문이다. 이런
분할을 통해 두 강대국은 동아시아에서 세력균형을 이룬 듯이 보였으
나, 한국인들에게 분단이란 오로지 동족상잔의 씨앗일 뿐이었다.

한국전쟁기에 수십만 명의 군인들을 제외하고서라도, 약 3백만 명
의 민간인이 사망했다. 이 숫자는 당시 남북한 전 인구의 1/10에 달하는
것이었다.[12] 중공군을 포함해 사망한 군인들의 숫자까지 포함한다면
500만 명이 이 전쟁에서 사망했다. 이는 2차 대전 당시 유대인들을 제외
한 사망자 수보다 많은 것이다. 이 끔찍한 전쟁을 통해 한국은 완전히
파괴되어 간단히 말해 석기시대로 돌아간 것과 같았다. 폐허가 된 땅 위
에는 가난과 굶주림 외엔 아무것도 남아 있지 않았다.

만약 우리가 이런 역사적 배경을 고려한다면, 우리는 왜 대다수 한
국인들이 한국전쟁 이후에 다른 어떤 가치보다 경제적인 효용을 숭배
했는지 그 이유를 어느 정도 이해할 수 있을 것이다. 한국의 기적적인
경제성장은 전쟁과 가난의 트라우마에 의해 추동되었던 것이다. 하지
만 모든 트라우마는 때때로 사람들을 맹목적으로 만드는바, 이는 한국
인의 경우에도 마찬가지였다.

경제개발은 선이고 저개발은 악이라는 것, 이것이 한국전쟁 이후에
한국 사회를 지배했던 최고의 준칙이었다. 독재 권력을 유지하기 위해

---

11. 정혜경, 『일제말기 조선인 강제연행의 역사』, 경인문화사, 2003, 3쪽.
12. "우리가 추정컨대 200만 이상의 북한 민간인과 약 50만 명의 북한 병사들이 죽었을 것이
다. 그리고 약 100만 중공군이 죽었다. 약 100만의 남한 민간인들이 죽었고 전투와 관련되
어서는 약 4만 7천명이 죽었다. 전투와 무관한 사망은 아마 더 많을 것이다." 브루스 커밍
스 · 존 할리데이, 차성수 · 양동주 옮김, 『한국전쟁의 전개과정』, 태암, 1989, 202-3쪽.

한국인들의 경제개발에 대한 이런 맹목적인 욕망을 십분 활용했던 사람이 바로 박정희였다.

이른바 경제개발 5개년 계획을 통해 그는 정력적으로 나라의 산업화를 추진했던바, 아직까지 그는 많은 한국인들에게 나라를 근대화시키고 산업화시킨 가장 중요한 지도자로 간주된다.[13] 그가 집권하고 있던 동안에 고속도로와 댐이 건설되고 자동차회사와 조선소 그리고 포항제철 같은 철강회사가 세워졌다. 이런 것들이 한국의 경제발전의 기초가 되었음은 물론이다.

그러나 이런 급속한 경제개발은 필연적으로 환경파괴를 초래했다. 하지만 국가 경제의 발전과 개인적 부에 대한 맹목적인 욕망은 대다수 한국인들도 하여금 이런 문제를 전적으로 외면하도록 만들었다. 어디서든 이익을 얻을 수만 있다면 한국인들은 자연을 공격하기를 서슴지 않았던바, 이는 온갖 어리석은 자연파괴의 원인이 되었던 것이다. 그 모든 어리석음 가운데서도 가장 믿을 수 없는 경우가 아마도 새만금[14]의 경우일 것이다.

우리가 잘 알고 있는 대로 한반도 서해안은 조수간만의 차가 크기로 세계적으로 유명한 해안이다. 거기다 리아스식 해안선으로 말미암아 서해안은 엄청나게 넓고 비옥한 갯벌을 선사한다. 이 갯벌이 육지로부터 나오는 오염물을 정화[15]하고 동시에 서해안의 어패류에게 산란처를 제공[16]하며 주민들에게는 풍부한 해산물[17]로 경제적 이익을 가져다

---

13. 2001년 7월 19일 『동아일보』에 따르면 전국 e-mail 조사결과 한국인들이 가장 대통령 역할을 잘했다고 생각하는 사람은 박정희(58.4%)였다.

14. '새만금'이란 이름은 새로 지어낸 것이다. 만경평야는 호남의 곡창 지대다. 만경평야의 옛 이름이 금만평야인데, 만경평야와 붙어 있는 갯벌을 새로운 금만평야로 조성하겠다는 뜻으로 '새금만'이라 지었다가, 이것을 원래 지명과 쉽게 구별하려고 앞뒤 말을 바꿔 '새만금'이란 낱말을 만들었다. 박근형, 『아름다운 살인』, 그물코, 2003, 33쪽.

15. 박근형, 『아름다운 살인』, 그물코, 2003, 81쪽.

16. 풀꽃평화연구소 엮음, 『새만금, 네가 아프니 나도 아프다』, 돌베개, 2004, 112쪽.

17. 같은 책, 123쪽.

주며 철 따라 이동하는 철새들에게 월동지나 중간기착지의 구실을 하는 것이 인간과 자연 모두를 위해 얼마나 가치 있는 일인지를 여기서 구구하게 따질 필요는 없을 것이다. 이른바 새만금 갯벌은 서해안의 그런 모든 갯벌 가운데서도 가장 크고 비옥한 갯벌에 속한다 할 수 있다.

이 측량할 수 없는 가치를 지닌 새만금에 댐을 만들어 갯벌을 매립하려는 계획을 처음 세운 사람은 박정희[18]였으나, 이 계획을 실현에 옮기기 전에 세상을 떠났다. 박정희시절에는 경작지를 넓히기 위해서였다 할 수도 있겠으나, 지금에 와서 보자면 이 계획은 아무런 쓸모도 없는 단지 개발을 위한 개발일 뿐이라고 말할 수 있을 것이다. 그럼에도 불구하고 그 뒤를 이은 어떤 정부도 이 계획을 완전히 폐지하지 않았다. 그 결과 지난 2006년 4월 21일[19] 방조제 공사가 끝나고 새만금지구는 거대한 댐으로 둘러싸여 원래의 갯벌이 사라지게 되었다. 그리고 이와 함께 그 갯벌에 의존해서 살던 사람들의 삶 역시 파괴되었던 것이다.[20]

3. 생명사상과 환경보호운동의 탄생

경제개발에 대한 집착이 자주 심각한 사회문제를 야기했음에도 불

---

18. 1971년에 처음 입안된 새만금 매립 계획은 전북 옥구군 옥서면을 중심으로 금강, 만경강, 동진강 하구 갯벌을 매립하려는 '옥서 지구 농업 개발 계획'이라는 형태로 드러났다. 같은 책 18쪽.

19. 홍성태, 『개발주의를 비판한다』, 당대, 2007, 162쪽.

20. 또 하나의 파괴는 바로 새만금(군산, 김제, 부안) 2만 주민들의 삶이다. 새만금 갯벌을 삶의 터전으로 하던 많은 사람들은 갯벌이 막히면서 어업을 중단하고 이곳을 떠나게 되었다. 좋을 때는 하루에 10만 원 이상 벌이가 되었던 "바닷일을 포기한 아줌마들은 하루에 1만 3천 원을 받고 인근 공장에서 일을 하고 있다"(김준, 『새만금은 갯벌이다』, 한얼미디어, 2006, 178쪽). 그나마 나이가 많으면 그 일조차 할 수 없게 된다. 갯벌일은 나이 제한이 없고 남녀 구별도 없다. 새만금의 주민들은 "어업권을 포기하는 대가로 받았다고 생각한 보상금은 어업권 포기가 아니고 생존권을 포기한 대가라는 것을 깨닫는데 오래 걸리지 않았"다.

구하고 박정희정권이 붕괴하기 전까지 한국에서는 아무런 주목할 만한
환경 운동도 없었다. 순수하게 철학적으로 보자면 생명사상이 없었다
고 할 수 없지만 그것이 대중적인 사회운동으로 발전하지는 못했는데,
그 까닭은 다른 무엇보다 박정희의 유신독재가 워낙 야만적이고 폭력
적이었던 까닭에 그것을 무너뜨리는 것이 다른 무엇보다도 절박한 과
제였기 때문이다. 따라서 당시 정권에 조금이라도 비판적인 의식을 가
진 사람들이라면 대부분 그들의 모든 열정과 노력을 민주화를 위해 쏟
아야 한다고 생각했던 것은 조금도 이상한 일이 아니다.

　박정희정권의 본질적 성격은 국가자본주의라 할 수 있다. 그것은
한편에서는 민중을 착취하는 것에 기초하고 있었지만, 다른 한편에서
는 자연을 착취하는 것에 기초한 것이기도 했다. 자본주의는 오로지 자
본증식 이외에는 다른 아무런 운동 원리도 지니고 있지 않은 까닭에 사
람과 자연 가릴 것 없이 가능한 모든 것을 자본증식의 수단으로 삼기
때문이다. 이런 의미에서 박정희의 유신독재는 인간에 대해 적대적이
었을 뿐만 아니라 자연과 모든 생명에 대해서도 적대적인 체제였다고
할 수 있다. 우리가 이런 사정을 생각하면 자연과 생명을 보호하려는 본
격적인 사회운동이 유신정권 후기 감옥에서 태동한 것은 조금도 이상
한 일이 아니다.

　1970년대 후반 한국의 감옥은 정치범들로 가득 차 있었다. 그 까닭
은 다른 무엇보다 박정희가 긴급조치를 통해 유신체제에 대한 모든 비
판을 금지했기 때문이다. 택시에서 취중에 정부를 비판해서 체포된 사
람이 있을 정도였으니 박정희정권에 대놓고 비판적이었던 사람들은 감
옥을 피하기 어려웠던 것이다.

　그 시절 수많은 정치범들 중의 한 사람이 최열이었다. 그는 대학에
서 농학을 공부했으나 불행한 시대는 그를 연구실이 아니라 감옥으로
가게 만들었다. 그러나 그는 감옥에서 유신체제에 대한 저항은 단지 민
주주의를 얻기 위한 것일 뿐만 아니라 자연 및 모든 생명을 위한 것이

며, 자연과 환경을 보호하기 위한 운동은 박정희의 독재에 대한 또 다른 종류의 저항이라는 것을 깨닫게 된다. 국가자본주의가 자본증식을 위해 맹목적으로 자연을 파괴하고 심각한 환경오염을 일으키고 있는 상황에서 환경문제에 대해 물음을 던지는 것은 국가자본주의를 지탱하는 독재정권에 대해 의문을 던지는 것과 마찬가지이기 때문이다. 감옥에서 나온 뒤에 그는 한국 공해문제 연구소를 설립하고 본격적으로 환경운동에 뛰어들었는데 이것이 한국에서 환경운동의 시초라 할 수 있다.[21]

최열과 함께 한국의 환경 및 생명운동의 역사에서 빼놓을 수 없는 또 다른 중요한 인물이 시인 김지하이다. 김지하는 박정희시대를 통틀어 가장 철저하고 비타협적인 반체제인사였다. 여러 번의 투옥 끝에 이 굽힐 줄 모르는 저항 시인은 1974년 반공법 위반으로 체포되어 사형을 선고 받았다. 그리고 죽음 앞에서 처음으로 생명의 측량할 수 없는 가치를 깨닫게 된다. 최열과 비슷하게 그 역시 감옥에서 우리는 단지 독재정권을 타도하기 위해 싸우는 것이 아니라 인간의 온갖 폭력 아래서 죽어가는 모든 생명체와 인간을 살리기 위해 싸우는 것임을 깨달았던 것이다.[22]

---

21. "그때는 대부분이 노동운동을 하겠다고 했다. 노동 현실이 워낙 심각해서 그랬겠지만 나는 이러다가 큰일 나겠다는 생각이 들었다. 모두가 다 노동운동을 하면 세상이 뭐가 될 것인가. 그래서 나만이라도 전공을 살려 반공해 운동을 해야겠다고 마음먹었다." 신동호, 『환경운동 25년사 — 자연의 친구들1』, 환경재단 도요새, 2007, 25쪽.
22. "생명이라는 것이 무엇인가? 그 무렵에 민들레 꽃씨가 날아다니는데 봄이라, 그 꽃씨가 감방까지 들어온다면 생명이라는 것은 없는 곳이 없고 못가는 곳이 없겠구나, 그렇다면 고등생명인 내가 생명에 대해서 좀 잘 안다면 이것 겁낼 필요가 없지 않을까? 이 감방 안에 앉아있으면서 바깥식구들과 앉아있을 수 있지 않을까? 그런 엄청난 생각을 한 겁니다. 까닥 잘못하면 내가 부처님이 되는 겁니다. 또 하나는 자살 충동입니다. 역시 독방에 갇혀 있던 제 친구는 6번인가 옷을 찢어서 만든 줄로 목을 매어 거기서 자살을 시도했습니다. 못 견디는 것이죠. 그렇게 힘듭니다. 독방이 특히 그렇습니다. 왜? 고문 같은 건 없어요. 그런데 뭐가 원인입니까? 우울입니다. 그거 극단에 가면 무섭습니다. 그래서 결국은 생명이란 것은 혼자 살 수 없는 것이라는 것을 철저히 공부한 셈입니다. 생명과 자살충동, 이 두 개의 반대되는 것이 같이 온다는 것, 이 이야기가 내 체험이라는 것이 오늘 제가 하는 말의 전부일 겁니다. 즉 삶의 지혜와 죽음의 유혹이 함께 온다는 겁니다." 김지하, 「생명에 관한 한 생각」, 『생명연구』, 생명문화연구소, 2008, 19쪽.

　전 세계적인 구명운동 덕분에 김지하는 다행히 사형을 면할 수 있었다. 그러나 감옥에서 풀려난 뒤에 김지하는 더 이상 예전과 같은 반체제 인사로 머물지 않고, 모든 생명의 수호자가 되려 했다. 그리고 한국의 전통사상이나 동학과 같은 고유의 철학이나 종교는 물론 현대 서양사상을 폭넓게 섭렵하면서 지속적으로 자신의 생명사상을 발전시켜 나갔다. 이를 통해 그는 함석헌과 장일순을 이어 현대 한국의 가장 중요한 생명사상가가 되었던 것이다.

　만약 한국의 정치적 상황이 호전되었더라면 김지하의 생명사상은 자연스럽게 새로운 시대의 이념으로서 자리 잡을 수도 있었을 것이다. 하지만 유신독재가 끝난 뒤에도 한국의 정치상황은 전혀 개선되지 않았다. 박정희를 이어 권력을 장악한 전두환이 자신의 권력을 공고히 하기 위해 가장 먼저 한 일은 광주에서 학살극을 저지른 것이었다. 촛불이 꺼지기 직전에 가장 밝게 타오르듯이 최후의 독재자는 그렇게 다른 어떤 독재자들보다 더 폭력적으로 나라를 다스렸던 것이다. 하지만 광주학살은 전두환의 원죄로서 제5공화국 내내 그의 권력의 안정성과 정당성을 위협했다. 그럼에도 불구하고 그는 영속적인 권력을 꿈꾸었으나 민중은 더 이상 독재정권을 용납하려 하지 않았다. 결국 1987년 전국을 뒤흔든 유월항쟁으로 최후의 독재자는 권력을 내놓지 않을 수 없었다.

　하지만 같은 해 치러진 대통령 선거에서 야당은 자체 내의 분열로 말미암아 선거에 승리하지 못하고 전두환의 후계자라 할 수 있는 노태우 후보가 대통령에 당선되었다. 이것은 민주화와 사회진보를 열망했던 수많은 한국인들에게 엄청난 좌절과 실망을 주었다. 한편에서는 선거 패배에 따른 좌절 때문에 그리고 다른 한편에서는 적어도 절차적으로는 민주주의가 확보되었다는 안도감으로 이때부터 한국에서는 대중적인 민주화운동의 열기가 식어가기 시작했다고 할 수 있다. 비록 새 정부가 실제로는 독재정권의 연장에 지나지 않았다 할지라도 그것은 엄연히 선거에 의해 민주적으로 선출된 정부였다. 이런 당혹스런 정치적

상황 속에서 민주화운동에 대한 일반 대중들의 열정은 조금씩 식어갔
고, 학생운동이나 노동운동은 대중들로부터 유리되기 시작했다. 그럼에
도 불구하고 비판적 의식을 지닌 학생이나 노동자들의 입장에서 보자
면 한국 사회의 근본적 모순은 여전히 해소되지 않은 채 있었으므로 지
배체제에 대해 저항과 투쟁을 멈출 수는 없는 일이었다. 그 결과 지배체
제에 대한 저항운동은 점점 더 과격하고 급진적인 양상을 띠게 되었다.

　　많은 나라에서 보듯, 학생운동이나 노동운동이 대중적인 지지기반
을 상실하면서 소멸하지 않고 도리어 과격화되고 급진화되면, 그것은
종종 적군파의 경우처럼 테러리즘으로 귀착된다. 대중으로부터의 소외
와 좌절이 운동을 폭력적 모험주의로 기울어지게 만드는 것이다. 한국
의 경우에도 1990년대 초 학생운동의 급진화가 폭력을 불러오기는 했
다. 하지만 놀랍게도 그것은 적에 대한 폭력이 아니라 자기 자신에 대한
폭력, 곧 분신이었다. 그런 극단적인 저항의 절정이 바로 1991년 학생들
의 분신이었다. 이 해에 여러 대학에서 11명의 운동권 학생들이 정권에
대한 분노를 표현하고 민중들의 저항을 호소하면서 차례로 분신자살했
던 것이다.

　　이런 상황에서 누구도 그 죽음의 행진을 멈추게 할 수 없는 것처럼
보였다. 하지만 그때 김지하가 있었다. 어떤 명분으로도 생명을 도구화
하는 것을 용납할 수 없었던 그는 하필이면 조선일보의 지면을 통해 격
렬하고도 단호한 어조로 학생들의 분신을 비판했다.

　　젊은 벗들! 나는 너스레를 좋아하지 않는다. 잘라 말하겠다. 지금 곧 죽음의
　　찬미를 중지하라. … 지금 당신들 주변에는 검은 유령이 배회하고 있다. 그
　　유령의 이름을 분명히 말한다. '네크로필리아' 시체선호증이다. 싹쓸이 충
　　동, 자살특공대, 테러리즘과 파시즘의 시작이다. … 자살은 전염한다. 당신
　　들은 지금 전염을 부채질하고 있다. 열사 호칭과 대규모 장례식으로 연약
　　한 영혼에 대해 끊임없이 죽음을 유혹하는 암시를 보내고 있다. 심리적 원

형이 난무한다. 삶의 행진이 아니라 죽음의 행진이 시작되고 있다.[23]

김지하는 어떤 비난을 듣더라도 자살만은 막아야겠다고 생각했다고 한다. 김지하에게 인위적 죽음은 "생명의 자연스런 질서와 생성을 방해하고 억압하는 죽임"이기 때문에 생명운동은 이것과 맞서야 한다고 생각했다는 것이다. 그에게 분신은 단지 자살이다. 그것은 "자살이라는 데에 망상적 가치를 두려고 하는" 심각한 문제라는 것이다.

생명은 자연과의 관계에서 순환성이 본질이고, 다른 인간과의 관계에서 관계성이 본질이고, 또 자기 자신의 미래의 인생과의 관계에서⋯ 그리고 신과의 약속, 영성입니다. 생명의 가장 큰 본성은 영성입니다. 자살은 신을, 제 안의 주인인 영을 짓밟는 짓입니다.[24]

김지하는 중도의 길을 원했다. 좌익인가 우익인가는 그에게 별로 중요하지 않았다. 오직 생명이다. 생명에 반하는 것은 그가 투쟁해야 할 대상이었다. 하지만 그의 중도는 그 의도와 상관없이 민중의 편이 아니라 정부의 편에 서서 그들을 돕는 결과를 가져왔다. 오직 "생명"만이 문제를 해결할 수 있다던 그의 주장은 결과적으로 정치적 문맥을 떠나버린 공허한 메아리가 된 것이다.

어떻든 김지하의 비판은 학생들의 죽음의 행진을 멈추게 했다. 그러나 그는 이로 인해 운동권 학생들과 노동운동가들 사이에서 더 이상 예전과 같은 신뢰와 존경을 받을 수 없게 되었다. 하지만 이 사건의 역사적 의의는 김지하 개인의 명예가 손상을 입은 것에 있다기보다는, 이 사건을 통해 한국에서 사회-정치적 진보운동과 생명-환경운동 사이의

23. 강준만, 『한국현대사 산책 ─ 1990년 1권』, 인물과 사상사, 2006, 85쪽.
24. 김지하, 「생명에 관한 한 생각」, 『생명연구』, 생명문화연구소, 2008, 32쪽.

내적 갈등이 표면화되었다는 데 있다고 할 수 있다. 그 이후 같은 진보
운동이라도 이른바 적색운동과 녹색운동 사이의 대립은 점점 더 심화
되었는데, 김지하와 운동권 학생들의 불화는 그 시초였던 것이다.

역사적 기원에서 보자면 한국에서 환경운동은 반독재투쟁으로부
터 태동한 것이었다. 하지만 일반적으로 말해 생명-환경운동이 급진적
이 되면 될수록 그것은 모든 인간을 운동의 적으로 삼는 경향을 보이게
된다. 왜냐하면 환경파괴라는 점에서 보자면 사람들 사이에 그리 대단
한 차이가 없기 때문이다. 모든 생명체의 관점에서 보자면 사람들 사이
의 사회 계급적인 대립이란 인간과 자연의 대립에 비하면 부차적인 문
제에 지나지 않는다. 그 결과 생명 및 환경운동이 급진적이 될수록 그것
은 사람들 사이의 사회 정치적 갈등이나 대립에 대해서는 도리어 온건
한 태도를 취하게 되는 것을 어렵지 않게 볼 수 있다. 이를테면 김지하
가 하필 조선일보에 분신을 비판하는 글을 쓰고, 최열이 오세훈 서울시
장 당선자의 인수위원장을 맡을 수 있었던 것도 모두 그런 온건함의 표
현이라 할 수 있을 것이다.

물론 그 두 운동이 본질적으로 적대적인 대립 속에 있는 것은 아니
겠지만 김지하와 최열의 경우에도 볼 수 있듯이, 그들의 생명사상과 환
경운동이 처음에는 가장 치열한 반독재투쟁의 과정에서 태어난 것이었
지만 그것들이 다 자란 뒤에는 그들의 어미운동과 불화에 빠지는 것을
피할 수 없었던 것이다.

4. 생명을 위한 촛불

지난해 봄까지만 하더라도 한국에서 생명 및 환경운동과 사회-정
치운동 사이의 불화는 극복할 수 없는 것처럼 보였다. 그러나 전혀 예상

치 못했던 불행이 우리로 하여금 저 두 운동 사이에 화해가 가능하리라
는 희망을 품을 수 있도록 만들었다.

　　지난 봄 여름 서울시청광장과 광화문 거리를 뜨겁게 밝혔던 촛불은
새로이 취임한 이명박 대통령이 미국을 방문한 자리에서 미국산 쇠고
기를 수입하기로 합의한 데서 시작되었다.[25] 한때는 이명박 대통령도 대
학시절 한일회담 반대 시위를 주도했으며 이로 인해 투옥되기까지 했
던 학생운동 출신의 정치범이었다.[26] 하지만 박정희 대통령의 특사로 옥
에서 나온 뒤에 그는 학생운동을 접고 현대건설의 신입사원으로 새로
운 삶을 시작하게 된다. 그리고 옛 정치범은 놀랄 만큼 빠른 속도로 승
진을 거듭하여 약관 서른다섯의 나이에 이 회사 사장의 자리에 올랐는
데, 이것은 한국의 회사원들에게는 신화적인 일로서 샐러리맨들의 우
상이 되기에 부족함이 없었다. 이런 성공적인 경력에 힘입어 그는 처음
에는 국회의원에서 시작하여 서울시장에 선출되었고 끝내 한국의 대통
령이 될 수 있었다.

　　그러니까 그는 전체 한국의 역사와는 반대되는 방향으로 삶을 살아
왔다 할 수 있다. 한국인들이 전체적으로 독재 치하에서 노예적인 삶에
서 시작하여 자유롭고 자율적인 시민적 삶을 지향해 온 것에 반해 그는
민주화운동의 투사로서 공적인 삶을 시작했으나 독재권력에 굴종하여
자기 개인의 부와 권력만을 추구하는 삶을 살아왔기 때문이다. 우리가
이 두 역사를 대비해 보면 그가 한국의 역사를 과거로 되돌려 민중을

---

25. 미국산 쇠고기의 광우병 위험성에 대한 우려가 높아진 상황에서 우리 정부가 한·미 자유
　　무역협정(FTA)의 미국 의회 비준에 대한 우호적 분위기 조성을 위해 미국 측 요구를 대폭
　　수용하는 선에서 협상을 마무리해 국민 건강은 뒷전으로 한 채 검역주권을 포기했다는 비
　　판이 나오고 있다. 농림수산식품부 민동석 통상정책관은 18일 협상 타결 뒤 가진 기자회견
　　에서 "1단계로 30개월 미만의 뼈를 포함한 미국산 쇠고기 수입을 허용하고, 2단계로 미국
　　이 동물사료 금지조치를 강화하면 30개월 이상 쇠고기도 수입키로 했다"고 밝혔다. 『경향
　　신문』, 2008년 4월 18일 경제면.
26. 박형숙, 「이명박은 누구인가 - 4인의 그림자 정부」, 『실천문학』 2008년 가을호(통권 91호),
　　2008. 8. 359쪽.

국가자본주의의 노예로 만들려 한다 해도 조금도 놀라운 일이 아닐 것이다.

  그는 취임 후 처음 미국을 방문한 자리에서 이른바 광우병 위험으로 인해 다른 나라에서는 수입이 금지되어 있는 미국산 쇠고기를 특별한 안전장치도 없이 수입 개방할 것을 합의해 주었다. 많은 사람들이 한미자유무역협정을 촉진하기 위해서 그랬으리라 추측할 뿐, 무엇을 위해 그가 이런 합의를 해주었는지는 아무것도 알려진 것이 없다. 하지만 진상이 어떻든 지배적인 외세에 기생하여 그 요구를 들어주는 대신 국내에서 자기의 권력을 공고히 하는 것이 이 나라 지배계급의 유서 깊은 습속인 것은 분명하다.

  믿을 수 없는 뉴스가 처음 국내에 전해졌을 때, 처음에는 시민들 및 전문가들 사이에서 광우병의 위험성에 대한 격렬한 토론이 온라인과 오프라인 모두에서 이어졌다. 하지만 시민의 분노가 화산처럼 폭발하기까지는 그리 오랜 시간이 걸리지 않았다. 5월 2일 약 10,000명의 학생과 시민들이 청계천 광장에 촛불을 들고 모였다.[27] 그 이후 거의 매일 서울시청광장이나 청계광장에서 촛불집회가 이어졌는데, 특히 주말에는 대규모 촛불시위가 밤새 계속되곤 했다.[28] 시위는 6월항쟁 기념일인 6월 10일에 절정에 달했는데,[29] 그날 유월항쟁 이후 가장 많은 사람들이

27. 이명박 대통령의 대선공약(대운하, 영어몰입교육, 교육자율화 등)과 광우병 쇠고기 수입에 대한 우려를 가지고 2007년 대통령 선거 전후부터 인터넷에서 활동하고 있던 카페모임(이명박 탄핵을 위한 범국민운동본부(안티엠비), 미친소닷넷, 정책반대시민연대)은 즉각 반응을 나타냈다. 이들 카페모임 주최로 5월2일 서울 청계광장에서 첫 촛불문화제가 열려 2개월을 넘게 타오를 촛불의 불을 당겼다. 경향신문사, 『촛불, 그 65일의 기록』, 2008, 26쪽.
28. 장관고시를 이틀 앞둔 5월13일부터 촛불집회의 규모는 급속도로 커지기 시작했다. 고시 강행을 막기 위해 2박3일 동안 강행군으로 진행된 '집중 촛불집회'는 이전 문화제가 1만 명대 규모였던데 비해 3만 명, 5만 명으로 참가자들이 크게 늘어났다. 또 장소도 서울광장으로 옮겨 치러져 이후 서울광장이 '촛불의 성지'로 떠오르는 계기가 되기도 했다. 또한 주말 '1박2일 밤샘집회'라는 새로운 집회형태의 출발점이 됐다. '집중 촛불집회'를 계기로 전국의 각 지역에도 촛불이 켜졌다. 같은 책, 70쪽.
29. '100만 촛불대행진'이 열린 10일 밤 서울을 비롯한 전국에서 촛불 물결이 해일처럼 쏟아

광화문 거리를 가득 메웠던 것이다.

하지만 그렇게 촛불시위가 몇 달 동안 계속되었음에도 불구하고 그것은 미국산 쇠고기를 수입하기로 이미 내려진 결정을 뒤바꿀 수 없었다. 아마도 그 까닭은 다른 무엇보다 시위가 일관되게 평화적이었기 때문일 것이다. 정부의 입장에서는 평화적인 시위가 스스로 제풀에 지치기를 기다리기만 하면 그만이었기 때문이다. 게다가 그 가운데 치러졌던 한두 번의 선거에서 집권여당은 치명적인 상처를 입지 않았다. 그런 모든 상황이 정부로 하여금 굳이 촛불시위를 두려워할 필요가 없도록 만들었던 것이다. 그리하여 쇠고기 문제만 놓고 보자면 촛불집회는 결과적으로 실패했다고까지 말할 수도 있을 것이다. 하지만 그럼에도 불구하고 우리는 지난 2008년 촛불집회가 한국의 진보운동의 역사에서 결정적인 전환점이 되었다고 판단할 수 있다.

다른 무엇보다 촛불항쟁은 생명을 위한 항쟁이었다. 촛불집회 이전에 한국인들로 하여금 정부에 저항하게 만들었던 이슈가 된 것은 대부분 정치-경제적 문제들이었다. 두말할 필요도 없는 일이지만, 정치나 경제와 상관없는 사회문제는 없다. 촛불집회를 유발한 것 역시 정치 경제적 문제였던 것이다. 그럼에도 불구하고 우리는 촛불시위가 좁은 의미의 정치 경제적 저항의 한계를 훨씬 뛰어넘었다고 말할 수 있는바, 그 까닭은 그것의 첫 번째 관심사가 돈이나 권리가 아니라 다른 무엇보다 위기에 처한 생명의 문제였기 때문이다.

이런 사정을 고려한다면, 여성들이 촛불집회의 흐름을 주도했다는 것이 조금도 놀라운 일이 아니다. 5월 2일 처음으로 촛불집회를 조직하

졌다. 서울 광화문 4거리에는 1987년 6.10항쟁 이후 21년 만에 최대 규모인 50여만 명의 시민들이 거리로 나와 "쇠고기 재협상" "이명박 퇴진"을 외쳤다. 예닐곱 아이부터 백발의 노인까지, 농민부터 대학 교수까지, 세대와 계층을 뛰어넘은 촛불행렬은 '저항'을 넘어 '직접민주주의'를 보여준 현장이었다. 광우병 국민대책회의는 "정부가 20일까지 재협상을 벌이지 않으면 국민들은 항쟁에 돌입할 것"이라고 선언, 쇠고기 정국에서 또 하나의 분수령이 될 전망이다. 같은 책, 131쪽.

고 주도했던 사람들은 여중생들이었다.[30] 더 나아가 유모차를 끌고 집회
에 참여했던 여성들이 없었더라면 촛불집회는 가장 중요한 동력의 하
나를 상실했을 것이다.[31] 그 외에도 인터넷 상의 수많은 동호회와 카페
를 통해 여성들은 촛불집회에 대한 정보를 교환하고 여성들의 집회참
여를 독려했는데,[32] 이 모든 것들은 예전에 찾아볼 수 없었던 새로운 운
동 주체의 출현이었다고 할 수 있다. 일반적으로 말해서 한국의 역사에
서 자기 자신의 정치 경제적 권리를 지키는 것이 문제일 경우에는 남성
들이 용감하게 싸우는 모습을 보여주었다. 그러나 생명이 위기에 처했
을 때, 여성들이 예상하지 못했던 주도권을 쥐고 놀라운 용기를 보여주
었다. 촛불집회의 두 번째 의의가 바로 여기에 있으니, 그것은 운동의
주체를 남성일변도에서 여성으로 확장시켰던 것이다.

그러나 촛불집회에서 여성들이 보여주었던 용기는 폭력적인 용기
가 아니었다. 여성들은 그보다 훨씬 어려운 용기를 보였는데, 그것은 경
찰의 폭력에 대항폭력 없이 맞서는 용기였다.[33] 여성들이 촛불집회에 대

---

30. 가장 비정치적 존재로 여겨져 온 10대 소녀들이 '미친 소는 너나 먹어'라며 시작한 촛불시
위가 범국민적 시민항쟁의 시발점이었고, 과거 그 어떤 집회에도 좀처럼 모습을 드러내지
않던 3040엄마들이 거리에 유모차를 끌고 나오면서 비폭력 평화시위가 자리 잡을 수 있었
다. 권지희, 「여성, 새로운 정치주체로 떠오르다」, 『촛불이 민주주의다』, 해피스토리, 2008,
57쪽.
31. 29일 서울시청 앞 광장 시위의 스타는 '유모차부대'와 '예비군'이었다. 장관고시 후 엄청
나게 규모가 불어난 촛불집회에서 새롭게 등장한 얼굴들이다. 장관고시 발표 직후인 오후
4시 40분쯤 시청역 앞에 아이들을 태운 4대의 '유모차 부대'가 등장했다. 주부들은 동화면
세점 방향 인도로 행진을 시작했고 삼삼오오 주변에 모여 있던 시민 400여명이 그 뒤를 따
랐다. 경향신문사, 『촛불, 그 65일의 기록』, 2008, 91쪽.
32. '82쿡' 닷컴 사이트나 '마이클럽' 등 엄마들이 활동하는 카페들이 있는데, 그곳에도 회원
들 간에 보이지 않게 지성과 교양의 경쟁이 있다. 이명박 정부의 정책에 대해 말들이 많았
는데, 처음에는 왜 우리가 정치 문제로 떠들어야 하느냐는 내부 이견도 없지 않았다. 그러
다가 점점 촛불집회에 나가자는 분위기가 조성되면서, 아기 때문에 나갈 수 없는 엄마들이
유모차라도 끌고 나가자 하게 된 것이다. 그런 엄마들이 많았던지 순식간에 '부대'가 형성
되었다. 아고라 페인들, 『대한민국 상식사전 ― 아고라』, 여우와 두루미, 2008, 168쪽, 손지
연주부 인터뷰.
33. 그 전날, 아기를 친정에 맡기고 집회에 나왔다가 방패로 찍히는 진압을 당한 게 화도 나고,

규모로 참여한 것은 시위를 평화적이 되게 하고 이는 다시 보다 많은 사람들이 집회에 참석할 수 있도록 만들었다. 이처럼 시위가 기본적으로 평화적으로 이어진 것은 지난 2008년 촛불집회의 세 번째 의의라고 할 수 있다. 이전까지 대다수 반정부 시위나 집회는 이유가 어디에 있든 경찰의 폭력에 대항하여 시위대 역시 일정한 정도의 폭력을 사용했던 것이 부정할 수 없는 사실이었다. 그리고 이것이 폭력의 악순환을 불러온 경우도 종종 있었으며, 이런 현상이 진보운동을 대중으로부터 멀어지게 하고 우리 사회 전반의 폭력 문화를 조장하는 데 기여했음을 부정하기 어려운 면이 분명히 있었다. 하지만 지난번 촛불집회는 여성들이 주체로서 등장한 것과 동시에 남성 위주 시위의 폭력성을 거의 극복했다고 말할 수 있으니, 이것이 촛불집회의 세 번째 의의라 할 만하다.

이처럼 촛불집회를 통해 남성성과 여성성이 합류함으로써 정치-경제적 진보운동과 생명 및 환경운동이 결합할 수 있는 가능성이 처음으로 명확히 주어졌다. 촛불시위를 유발한 것은 생명의 위기였다. 그러나 이것은 거대 자본의 이익만을 추종하는 잘못된 정치에서 비롯된 것이다. 그러므로 생명의 온전함과 정치 경제의 올바름이란 서로 뗄 수 없이 결합되어 있는 것이다.

촛불집회를 통해 우리에게 주어진 이 깨달음은 한국인의 저항의 문화를 근본적으로 한 단계 끌어올렸다고 할 수 있다. 자기 자신의 권리를 위한 투쟁도 싸움에서 이기기 위해서 다른 사람과의 연대를 필요로 한다. 하지만 이런 종류의 연대는 도구적이고 기능적인 연대로 기울어질

또 세계 어느 나라에서도 아이를 다치게 한 공권력은 없었기 때문에, 작정하고 시위대 맨 앞에 서게 됐다… 다른 사람은 몰라도 나는 정확하게 시위대를 보호하려는 의도를 가지고 있었다. 아무런 무장도 없이 비폭력을 외치는 시민들을 향해 폭력 진압을 하는 것은 어떤 경우에도 용인되어서는 안 된다고 본다. 누가 무엇을 이용하려 드는지를 똑똑히 직시해야 하는데, 여학생 폭력진압, 물대포 등 진압경찰은 반생명적인 행위를 부끄러워하지 않고 있다. 그에 반해 엄마들은 생명을 지키고 보호하는 역할을 한다. 엄마들의 대열을 군대처럼 '유모차 부대'라고 말하지만, 우리 때문에 누가 다친 사람이 있나? 아니, 유모차를 끄는 사람이 다친 사람을 못본체 하고 지나가는 것을 본 적이 있나? 같은 책, 168-9쪽.

가능성이 농후하다. 그러나 생명을 지키기 위한 싸움에는 다른 생명 일 반 및 다른 사람들과의 연대가 본질적으로 속해 있다. 왜냐하면 모든 생 명은 전체로서 서로 이어져 있기 때문이다. 그리하여 이를테면 만약 우 리가 광우병의 위험 없이 건강하게 살기 원한다면, 먼저 소의 온전한 삶 을 위해서 싸우지 않으면 안 된다. 그리고 만약 소들의 생명이 잘못된 정치와 경제로 말미암아 위험에 처한다면 우리는 그런 정치와 경제를 바꾸기 위해 싸워야만 하는 것이다. 이것이 촛불집회의 교훈이었다.

이런 식으로 촛불집회는 생명과의 연대를 정치적 실천과 결합시킴 으로써 모든 생명체에 대한 연대의 정신을 고취시켰다. 생명에 대한 보 살핌과 연대의 정신 그리고 정치적 실천이 촛불집회를 통해 합류할 수 있게 되었던 것이다.

이런 합일의 첫 번째 빛나는 성과가 아마도 한반도 대운하를 일단 정지시킨 일일 것이다. 한강과 낙동강, 금강과 영산강을 이어 독일의 라 인-마인-도나우 운하처럼 운하를 만들겠다는 것은 이명박 대통령의 선 거공약들 가운데 하나였다.[34] 그러나 독일의 운하에 산중 터널 같은 것 은 없다. 그럼에도 불구하고 옛 건설회사 사장출신의 대통령은 불행하 게도 운하를 파는 것 외에는 나라 경제를 활성화시킬 방법을 알지 못한 다.

하지만 촛불시민들은 운하가 강과 자연을 치명적으로 파괴하리라 는 것을 모를 만큼 어리석지 않았으니, 그들은 촛불집회 기간 내내 단지 미국산 쇠고기만을 반대했던 것이 아니라 운하건설에 대해서도 역시 명백히 반대의사를 표시했다. 그리하여 촛불은 생명을 위한 것이었던 만큼 또한 땅과 자연을 위한 것이기도 했다. 인간의 생명을 위해서는 자

---

34. 이명박 대통령은 서울시장을 역임할 때 한강과 낙동강을 연결하여 인천에서 부산까지 이 어지는 내륙운송 수로로 만드는 '경부운하'를 계획했었다. 그러던 것을 "한강과 · 낙동 강 · 금강 · 영산강 등 4대강 유역을 주축으로 내륙지역을 사통팔달로 연결하는 한반도대 운하"로 확대시켜 대선 공약으로 내세웠다. 한반도 대운하 연구회, 『한반도 대운하는 부강 한 나라를 만드는 물길이다』, 경덕출판사, 2007, 6쪽.

연을 살려야만 한다. 촛불집회는 그 원칙에 따라 일관되게 자연에 대한 연대를 보였던 것이다. 이처럼 촛불집회는 학생들의 분신자살에 대한 김지하의 비판에서 극명하게 드러난 사회-정치적 진보운동과 생명 및 환경운동의 불화를 극복할 수 있는 가능성 아니 현실성을 보여주었으니 이것이야말로 이후의 모든 진보적 운동을 위해 촛불집회가 이룩한 가장 중요한 성과의 하나라 할 수 있을 것이다.

　　촛불시민들의 압도적인 반대로 인해 정부는 운하를 건설하려는 계획을 일단 유보하지 않을 수 없었다.[35] 물론 현 정부가 운하 건설을 완전히 포기했다고 믿을 수는 없는 일이다. 새해 들어 이미 그런 조짐이 보이듯이, 정부는 기회를 보아가며 어떤 수를 써서라도 다시 운하 건설을 추진할 것이다. 그러나 우리는 만약 정부가 운하를 통해 강과 산의 환경을 파괴하려 한다면, 이 나라의 시민들은 언제라도 다시 촛불을 들어, 독재의 사슬에서 자기를 해방시켰던 것처럼 국가자본주의의 폭력으로부터 자연을 지키고 자연과 인간 사이에 보다 조화로운 관계를 만들어 나가리라는 기대를 버릴 필요는 없을 것이다.

5. 남에 대한 저항에서 자기에 대한 저항으로

　　지금까지 우리는 촛불시위를 통해 정치 경제적인 진보운동과 생명

---

35. 청와대가 한반도 대운하 건설에 대해 일단 보류 방침을 정하고 정부 내 논의 중단을 지시한 것으로 알려졌다. 청와대 관계자는 2일 "미국산 쇠고기 수입 문제로 민심 이반이 심각한 상황에서 대운하 논란까지 가중될 경우 국정혼란이 걷잡을 수 없이 확대될 것"이라며 "대운하에 대한 논의는 당분간 하지 않기로 내부 방침을 정했다"고 말했다. 경향신문사, 『촛불 그 65일의 기록』, 2008, 102쪽(『경향신문』, 6월3일자 2면). 이대통령은 또 "대선 공약이었던 대운하 사업은 국민이 반대한다면 추진하지 않겠다"고 사실상 포기의 뜻을 내비쳤다. 같은 책 155쪽(『경향신문』, 6월20일자 1면).

및 생태운동이 어떻게 결합하게 되었는지를 밝혔거니와, 촛불항쟁이 보여준 새로움은 단지 여기서 그치지 않는다. 거기엔 보다 근원적인 새로움이 있는바, 우리는 이를 설명하기 위해 먼저 함석헌의 저항이론을 간단히 살펴보려 한다. 함석헌은 저항이 인간의 본질이라 보았거니와 그는 저항을 세 단계로 나누어 설명했다.[36] 처음에 인간은 자유로운 삶을 위해 다른 무엇보다 자연의 강제에 저항하지 않으면 안 된다. 그러나 이것은 개인이 홀로 할 수 있는 일은 아닌 까닭에 인간은 집단적으로 자연에 저항하게 되는데, 이 결과 생성된 것이 국가라는 공동체이다. 그런데 일단 국가가 형성되고 나면 이번에는 국가권력이 개인의 자유를 억압하게 되고 인간은 자유를 얻기 위해 다시 국가권력에 저항해서 싸우지 않으면 안 된다. 함석헌은 이 단계가 지금까지의 인류역사였다고 본다. 하지만 그에 따르면 이것이 저항의 마지막 단계는 아니다. 왜냐하면 참된 자유를 실현하는 것을 방해하는 마지막 장애물은 밖에 있는 것이 아니라 자기 속에 있기 때문이다. 우리가 인간 사회에 만연한 억압과 착취를 개인의 차원에서 보자면 한 사람을 억압하고 착취하는 자는 언제나 다른 사람이지만, 이를 인류 전체의 입장에서 보자면 결국 인간을 착취하고 억압하는 자는 다름 아닌 인간 자신이다. 그리하여 인류의 역사는 억압받던 자가 다시 억압하고 착취하는 자가 되어 온 역사, 그리고 남에게 억압받으면서도 동시에 자기도 남을 억압함으로써 자기의 권리를 지켜 온 역사인 것이다. 하지만 이런 상황이 근본적으로 개선되지 않는 한 인간이 궁극적으로 억압과 부자유의 사슬에서 벗어날 가망은 없다. 그리하여 함석헌은 "나 속의 착취자 압박자를 없애라 그러면 밖에 있는 반대자가 자연 없어질 것이"라고[37] 말했던 것이다.

그런데 정치적 진보 운동이 원칙적으로 권리의 균형으로서 정의의 이념에 입각하고 있는 한에서 그것은 남에 대한 저항일 뿐 아직 자기에

---

36. 함석헌, 「저항의 철학」, 『전집』, 한길사, 1993, 2; 176 아래.
37. 함석헌, 「새교육」, 『전집』, 한길사, 1993, 2; 388 아래.

대한 저항은 아니다. 그것은 단지 남으로부터 나의 권리를 지키기 위한 운동인 것이다. 그러나 촛불항쟁을 통해 싹튼 생명에 대한 연대는 자기만이 아니라 동시에 자연과 생명 일반을 위해 필연적으로 자기의 욕망을 스스로 제한할 것을 요구한다. 그렇게 하지 않을 경우 지구의 생태계가 치명적으로 파괴될 수밖에 없기 때문이다. 이처럼 단순한 권리주장이 아니라 욕망을 방해받지 않고 충족시킬 권리를 넘어 도리어 자발적으로 제한하기 위해서는 자기 자신의 욕망에 저항하지 않으면 안 되는 바, 이런 새로운 저항의 맹아야말로 촛불항쟁이 씨 뿌린 중요한 성과인 것이다.

물론 이런 자기에 대한 저항은 방금 말했듯이 아직은 맹아적 상태에 머물러 있다 할 수밖에 없다. 그럼에도 불구하고 생명에 대한 연대의식 속에 이런 자기부정의 정신이 포함되어 있다는 것은 의심의 여지가 없다. 우리는 이것을 다른 무엇보다 촛불항쟁 이후 채식주의에 대한 관심이 우리 사회에서 급속히 늘어난 것을 통해 확인할 수 있다.[38] 고기를 먹지 않는다는 것은 가장 전형적인 의미에서 자신의 욕망을 제한하는 것을 의미한다. 물론 이런 금욕의 이면에 광우병에 대한 공포가 있는 것은 분명하다. 하지만 단순히 공포 때문이 아니라 자비심과 생명에 대한 연대의식 때문에 윤리적으로 결단한 사람들이 적다고 생각할 수는 없다.[39] 이는 조금만 깊이 생각하면 누구라도 자기의 욕망을 제한하지 않고서는 지금의 이 생태적 위기를 극복할 수 없으리란 것을 깨닫지 않을 수 없기 때문이다.

이처럼 바로 이런 자기의 욕망에 대한 저항의 필연성을 환기시켰다는 점에서 그것은 한국의 민중항쟁의 역사에서 하나의 비약을 표시한다. 지난 한 세기 동안 한국인들은 봉건적 지배의 사슬을 끊어내고 자유

---

38. 『서울신문』, 2008년 5월 20일 3면, 『뉴스 메이커』 776호, 2008. 5. 22.
39. 이런 동물보호의 윤리적 근거에 대해서는 김우창, 「동물사랑, 인간사랑」, 『경향신문』 2008. 6. 19, 「김우창 칼럼」을 참고하시오.

를 얻기 위해 온갖 희생을 감수하면서 영웅적인 투쟁을 전개해 왔다. 생각하면 그렇게 오랫동안 그렇게 끈질기게 국가권력의 폭력에 저항하여 싸우고 결국 바라던 자유를 얻어낸 것은 세계사적으로도 유례를 찾기 어려운 일이라 할 것이다. 그러나 그 투쟁이 남에 대한 저항인 한에서 그것은 결코 최종적인 저항은 아니었다. 참된 자유를 위해서는 이제 자기 자신에게 저항하여 자기를 위한 맹목적인 권리주장을 스스로 제한할 수 있어야만 한다. 촛불은 그 가능성을 보였다는 점에서 하나의 비약이었던 것이다.

참고문헌

경향신문사, 『촛불 그 65일의 기록』, 2008.

구도완, 『한국 환경 운동의 사회학』, 문학과 지성사, 1996.

권영진, 「'6.25 살상' 다시본다」, 『역사비평』, 제8호(1990년 봄).

김상봉, 『서로주체성의 이념 — 철학의 혁신을 위한 서론』, 도서출판 길, 2007.

김상봉, 『그리스 비극에 대한 편지』, 한길사, 2003.

강준만, 『한국현대사 산책 — 1945~1990년』, 인물과 사상사, 2006.

김인덕, 『강제 연행사 연구』, 경인문화사, 2002.

김지하, 「생명에 관한 한 생각」, 『생명연구』, 생명문화 연구소, 2008.

김지하, 『김지하 전집 1-3』, 실천문학사, 2002.

김준, 『새만금은 갯벌이다』, 한얼미디어, 2006.

문순홍, 『한국의 여성환경운동』, 아르케, 1999.

박근형, 『아름다운 살인』, 그물코, 2003.

브루스 커밍스 · 존 할리데이, 차성수 · 양동주 옮김, 『한국전쟁의 전개과정』, 태암,
    1989.

서윤영, 『우리가 살아온 집, 우리가 살아갈 집』, 역사비평사, 2007.

세드릭 요, 프리츠 하이켈하임 지음, 김덕수 옮김, 『로마사』, 현대지성사, 2004.

신동호, 『환경운동 25년사 — 자연의 친구들 1, 2』, 환경재단 도요새, 2007.

아고라폐인들, 『대한민국 상식사전 — 아고라』, 2008.

에렌버그 지음, 김진경 옮김, 『그리스 국가』, 민음사, 1991.

장일순, 『나락 한알 속의 우주』, 녹색평론사, 1997.

전남일 · 손세관 · 손세화 · 홍영옥, 『한국 주거의 사회사』, 돌베게, 2008.

정혜경, 『일제말기 조선인 강제연행의 역사』, 경인문화사, 2003.

제이콥 로버트 무스 지음, 문무홍 외 옮김, 『1900, 조선에 살다』, 푸른역사, 2008.

조희연, 『박정희와 개발독재 시대』, 역사비평사, 2007.

풀꽃평화연구소 엮음, 『새만금, 네가 아프니 나도 아프다』, 돌베게, 2004.

M. I. 핀리 지음, 지동식 옮김, 『서양고대경제』, 민음사, 1993.

같은 이(모제스 핀레이) 지음, 최생열 옮김, 『고대 세계의 정치』, 동문선, 2003.

한반도 대운하 연구회, 『한반도 대운하는 부강한 나라를 만드는 물길이다』, 경덕출
    판사, 2007.

함석헌, 『뜻으로 본 한국역사』, 한길사, 2004.

현승종 지음, 조규창 증보, 『로마법』, 법문사, 2004.

환경운동연합, 『재앙의 물길, 한반도 대재앙』, 환경재단 도요새, 2008.

허정균, 『새만금 새만금: 갯벌이 사람을 살린다』, 그물코, 2003.

호머 헐버트, 신복룡 역주, 『대한제국멸망사』, 집문당, 1999.

혼마 규스케, 최혜주 역주, 『일본인의 조선정탐록 — 조선잡기』, 김영사, 2008.

홍성태, 『개발주의를 비판한다』, 당대, 2007.

촛불집회와
새로운 주체의 가능성

김석수

경북대학교

김석수 경북대학교 철학과 교수. 서강대학교에서 철학박사학위를 받았으며, 주요 저서와 논문으로는 『한국현대 실천철학』, 『칸트와 현대사회철학』, 『현실 속의 철학, 철학 속의 현실』, 『인간이라는 심연』(공저), 「칸트와 아렌트 그리고 포스트모더니즘」, 「상징적 폭력과 전근대적 학벌사회」, 「칸트와 피히테 법철학의 상호 연관성에 대한 고찰」 등이 있고, 역서로는 『순수이성비판서문』, 『정치윤리학의 합리적 모색』(공역) 등이 있음.

1. 들어가는 말

2008년 5월 6일 우리의 현대사에 새로운 일이 발생하였다. 그것은 다름 아니라 지난 100여 일 동안 한국 사회를 휘몰아쳤던 촛불집회였다. 이 촛불집회가 새로웠던 것은 이번 집회에서 출현한 주체가 예전의 주체와는 사뭇 달랐기 때문이다. 우리 사회 진보적인 지식인들 중 일부에서는 이번 주체를 네그리나 하트가 주장하는 '다중multitudo'으로 이해하려고도 하며, 이를 통해 프랑스의 1968년 혁명의 주체에 버금가는 주체가 출현한 것으로 이해하려고도 한다.

그러나 다른 일각에서는 이런 해석이 무리가 있다고 지적하기도 한다. 이번 집회의 주체가 예전의 주체와 다르긴 하지만, 그렇다고 이 주체를 '다중'으로까지 확대 해석하는 것은 무리가 있다는 것이다. 심지어 이번 주체는 좌파적 주체의 변형된 형태라는 의미에서 위험하다고 보는 보수 진영의 시각도 존재한다. 반대로 이번 주체는 주체 없는 주체가 되어 무력한 주체라고 보는 진보 진영의 시각도 존재한다.

이들이 각기 어떤 시각을 갖든 새로운 주체가 탄생했다는 것만은 분명하다. 그 주체는 노동운동이나 민중운동의 주체도 아니었고, 시민운동의 주체도 아니었다. 촛불집회에 참여한 그들은 생활 속에 살아가는 생활인들이었으며, 이런 주체는 전문적으로 사회 변화를 도모하는 운동의 주체가 아니었다. 더군다나 이들은 통일된 목적이나 이념을 가지고 일사분란하게 움직이는 강한 연대의식의 거대주체는 더더욱 아니었다. 이들은 우리들의 생활세계 속에 산재해 있는 다양한 주체들로서, 각기 다른 가치관과 세계관을 표방하면서 일시적으로 문제의식을 공유하는 느슨한 연대의 자유분방한 미시주체들이었다. 이 주체는 오프라인에서 활동하는 아날로그적 주체는 더더욱 아니었다. 이들은 온라인과 오프라인을 넘나들면서 시간과 공간을 탈주하는 디지털적 주체들이었다.

　그러나 새롭게 출현한 이런 주체에 대해서 과연 의미가 있는지 없는지, 바람직한지 하지 않는지를 평가하는 것은 부차적인 문제다. 왜냐하면 가치에 대한 평가는 사실에 대한 분석을 전제로 하지 않고서는 관념적이거나 추상적일 가능성이 매우 높기 때문이다. 그러므로 새로운 주체의 탄생에 대한 가치 평가는 주체 탄생의 원인에 대한 사실적 고찰 위에서 이루어져야 할 것이다.

　인간 주체는 다른 주체들과 달리 일정한 역사성을 지니고 있다. 우리가 어떤 한 개인을 이해하려고 할 때도, 그의 전사前史를 제대로 알지 못하면, 현재의 그를 잘 이해할 수 없다. 한 개인 주체에 대한 이해는 이미 역사적 이해를 동반할 수밖에 없다. 마찬가지로 새로운 시대에 출현하는 새로운 주체는 반드시 그 이전의 역사를 머금고 있다. 그러므로 새로운 주체에 대한 이해는 시대성, 역사성을 동반한 고민을 근거로 하지 않을 수 없다. 가령 데카르트로부터 강력하게 대두된 '생각하는 나'로서의 의식적 주체도 하루아침에 갑자기 태동한 것이 아니다. 그러한 주체의 탄생도 전근대적인 삶의 양식의 영향 속에 있다. 데카르트의 '생각하는 나'로서의 주체는 의심을 기초로 확실성을 추구하는 주체가 되지 않을 수 없었다. 왜냐하면 그 주체는 '나는 믿는다. 고로 존재한다'는 전통적 주체로부터 너무나 큰 상처를 입었기 때문이다. 사실 근대적 주체의 관점에서 볼 때, 전통적 주체는 주체라고 보기도 어렵다. 왜냐하면 거기에는 타자와 대립하여 자신의 자유와 권리를 주장하는 당당한 내가 제대로 자리하고 있지 못하기 때문이다.

　이런 맥락에서 제대로 된 주체의 탄생은 흔히 근대라고들 한다. 알다시피 주체라는 단어는 저 고대 히포케이메논υποκειμενον에서 유래한 것으로, 이것은 중세의 수브엑툼subjectum을 거쳐 근대 이후 주체subject

로 발전한 것이다.[1] 그러나 중세의 이 단어는 이미 절대자인 신의 차원
이 아니라 이 존재에 예속된 자, 의존된 자라는 의미를 더 강하게 지니
고 있었다. 그런데 절대자에 대한 믿음과 복종 속에 자라난 부조리를 거
부하는 근대인에 이르러 이 단어는 비로소 독립된 자, 주인인 자로 의미
가 전환되었다. 이 전환에 철학적 기초를 놓아준 사람이 바로 데카르트
라고 볼 수 있을 것이다. 그는 의심을 통해 명석하고 판명한 단계에 이
르기 전에는 그 어떤 것도 진리로 받아들이지 않으려고 하였다. 그의 이
런 태도는 믿음에 상처를 입은 자가 취할 수밖에 없는 길이었다. 이런
역사적 맥락에서 볼 때 데카르트적인 의식철학, 주체철학의 탄생은 당
연한 길이었다.

그러나 이런 주체도 오늘날 포스트모던 시대에 이르러 강한 비판을
받고 있다. 왜냐하면 그런 주체의 탄생은 해방의 길을 제공해 주기도 했
지만, 반대로 서로를 끝없이 의심하면서 지배하려는 또 하나의 억압 시
대를 불러들이고 있었기 때문이다. 그래서 오늘날 현대 사상가들은 근
대적인 거대 주체를 해체하기 위해 기존의 의식철학, 노동철학을 거부
하는 움직임을 강하게 보여주고 있다.[2] 주체의 해체 시대, 주체 없는 주
체의 시대를 표방하는 다중 시대의 모색도 이런 흐름 속에서 전개된 것
이다.

이상에서 보듯이 새로운 주체의 탄생은 반드시 그 주체가 안고 있
었던 그 이전의 문제를 해결하려는 노력의 과정에서 발생한다. 따라서
우리 한국의 새로운 주체의 탄생도 이전 주체의 문제점을 벗어나려는
과정에서 발생하고 있다고 보아야 할 것이다. 이 글은 이와 같은 기본
문제의식 아래서 주체의 계보학적 탐색을 전제로 2008년도 중반기를

---

1. 여기에 대한 자세한 논의는 필자의 졸고, 「칸트의 '주체' 개념에 대한 반성적 고찰」(대한철
학회 편, 『哲學研究』 제82집, 2002), 2-5쪽 참조.
2. 여기에 대한 자세한 논의는 필자의 졸저, 『한국 현대 실천철학』(돌베개, 2008), 340-68쪽 참
조.

휩쓸었던 촛불집회의 새로운 주체의 탄생 사건을 고찰하고, 이로부터 이 주체의 새로운 가능성을 고찰해 보고자 한다. 이를 위하여 이 글은 우선 일차적으로 우리의 현대사에 자리하고 있었던 주체의 역사를 되돌아보고자 하며, 그리고 이로부터 새롭게 출현한 주체의 가치와 중요성을 평가해 보고자 한다.

2. 전통적 주체와 근대적 주체의 혼돈 ─ 우리의 근대적 주체

어느 시대 어느 사회에서나 초기 주체의 특징은 장소성에 예속되어 있는 경향이 강하다. 즉, 초기의 주체는 자신의 탄생 사건이 자리하고 있는 장소의 운명에 내맡겨져 있는 경향이 강하다. 장소는 시간을 상실한 죽음의 물리적 공간이 아니라, 이미 자신의 탄생의 비밀을 머금은 역사적 공간이다. 장소에 내던져져 스스로 세상에 설 용기를 지니지 못한 존재들은 자신의 연약함을 타자에 기댐으로써 극복하고자 한다. 그러므로 전통적 주체는 미메시스mimesis를 자신의 삶의 근본 조건으로 삼는다. 자신을 가능하게 한 타자에 기대고, 그에게 경배를 올리는 제사를 통해서만 자신은 비로소 존재할 수 있다.[3] 그 타자가 자연적 존재든, 초자연적 존재든 그 존재 없이는 자신이 가능하지 않다고 보기 때문에, 늘 주체는 이런 타자를 통해서 살아간다.

사실 이런 상황 속에 놓여 있는 주체는 주체라고 하기에는 너무나

---

3. 벤야민은 전통예술과 현대예술을 구분하면서 전자에는 제의적 차원이, 후자에는 전시적 차원이 지배적인 현상으로 자리하고 있음을 지적하고, 나아가 전자의 경우를 아우라를 항상 간직하고 있는 원본에 얽매여 있는 상태라고 지적하고 있다. 나아가 그는 전자에서 파시즘이 도래함을 지적하고 있다(Walter Benjamin, "Das Kunstwerk im Zeitalter seiner technischen Reproduzierbarkeit," hrgs. von Rolf Tiedemann und Hermann Schweppenhäuser, *Gesammelte Schriften*, Werkausgabe Band I, Frankfurt a.M.: Suhrkamp, 1980, 475-80쪽).

미약한 주체이다. 그야말로 이런 주체는 욕망하지도 소유하지도 못하는 무력한 주체이다. 모든 욕망은 금기시되고, 모든 소유는 하늘이 내리는 운명 속에 내맡겨져 있다. 나에게 닥쳐오는 모든 시련은 내가 어떻게 할 수 없는 운명적 사건이다. 그러나 스스로를 운명 속에 내맡기는 이런 미메시스적 활동도 이미 자신의 존재를 유지하려는 또 하나의 몸부림이다. 즉, 주체의 미메시스적 활동도 내맡김을 통해서 자기를 회복하려고 하는 자기운동이다. 그러니까 아도르노의 주장처럼 미메시스에는 이미 자기를 정립하려는 계몽이 꿈틀거리고 있다.

그런데 이 미메시스로서의 신화가 계몽을 약속해 주지 못하면 그곳을 탈출할 수밖에 없다. 근대의 계몽주의적 활동은 미메시스의 비애를 극복하는 과정이기도 하다. 이런 면에서 볼 때 서구의 근대화 과정에서 등장한 계몽주의적 주체는 너무나 자연스러운 과정이었다. 그들은 기댐에서 홀로 섬으로 자신을 전환시킴으로써 스스로를 주인으로 정립하였다. 그러나 유감스럽게도 우리의 근대적 주체는 이런 자연스러운 과정을 지니지 못했다. 우리는 기댐의 역사를 탈출하기도 전에 또 다른 주체 상실의 역사를 경험해야만 하였다. 우리는 일본 제국주의 침략 아래 식민화됨으로써 주체를 상실하고 말았다. 스스로를 타자에게 내맡긴 것이 아니라 강제로 타자에게 나를 구속시켜야만 했다. 강제된 미메시스는 우리로 하여금 주체의 자기 회복을 요원하게 만들었다.

이 절망의 상황에서 우리의 근대적 주체가 나아가야 할 길은 강자에게 어쩔 수 없이 아부를 하거나, 아니면 죽기 살기로 저항해야 하는 것이었다. 식민지 공간에서 우리에게 안겨진 이 주체의 분열은, 즉 강자에 편드는 주체와 이를 거부하는 주체 사이의 분열은 내부의 모순으로 증폭되어 갔다. 그리고 이 모순은 쉽게 아물지 않았다. 설상가상으로 한국전쟁은 이 모순을 더욱더 악화시켰다. 친일과 반일 사이의 갈등과 대립은 그 이후 반공주의 회로와 뒤엉키게 되었고, 이로 인해 우리는 더욱더 분열의 도가니로 내몰리게 되었다.

이처럼 한국의 현대사 공간에서 형성된 주체의 분열과 대립은 그 어떤 사회보다 강한 '우리'를 만들어냈다. 좌든 우든, 이들 모두는 '나'의 자율성에 바탕을 둔 '우리'를 추구한 것이 아니라 '우리'를 통해서 '나'를 정립하고자 하였다. 서구적인 근대적 주체를 스스로 탄생시키지 못한 빈곤한 우리의 현대는 '우리' 속에 살아가는 '나,' 즉 '우리 안의 나'를 추구하는 것만이 유일한 생존의 논리였다. 그래서 안호상의 일민주의一民主義나 박종홍의 민족주의는 당시 철학계의 강한 이념적 좌표였다.[4] 이러한 상황은 당시 사회주의를 지향하였던 신남철이나 박치우의 경우도 크게 다르지 않았다.[5] 당시에는 모두가 형극과 사투의 길을 나서 결집된 힘으로 모순을 바꾸어 가야 한다는 강렬함이 작동하고 있었다.

주체를 상실당하고 억압된 시절에는 저항과 독립을 위해, 전쟁으로 가난에 시달릴 때는 빨리 강건한 나라가 되기 위해, 항시 '나'보다는 '우리'가 중시되었다. 저항의 시대에도, 건설의 시대에도 '강한 우리'를 위해 '나'의 자유와 권리는 유보되어야만 했다. 한마디로 우리의 근대화 과정에는 '우리 안의 나'가 있을 뿐이었다. 이것은 민족주의, 반공주의, 개발주의 모두에 항상 따라다니는 기본 공식이었다. 이것은 인간의 자유와 존엄성을 강조하면서 독재에 항거했던 운동세력에게도 예외는 아니었다. 이들 역시 개인의 고독과 근원적 불안을 고민하는 자들에

4. "一民은 한 핏줄 한 運命에 이루어지며 발전한다. 핏줄이 같고 運命이 같은 이 一民은 생각도 같고 행동도 같아야 한다"(安浩相 博士 編述,『일민주의의 본바탕』, 檀紀 4283年度, 서울: 一民主義研究所 發行, 30쪽). "우리의 주체성은 곧 민족적 주체성이다. 민족적 주체성은 계급을 초월하여 쉽사리 변하기 힘든 언어와 더불어 깊이깊이 그의 뿌리를 우리들 속에 내리고 있는 것이다"(박종홍,「民族的 主體性」, 열암기념사업회 편,『朴鍾泓全集』VI권, 민음사, 1998, 160쪽).
5. 물론 신남철은 헤겔적인 세계정신에 희생되는 개인이나 실존철학에 침잠하는 관념적 개인을 넘어 몸으로 모순과 싸우는 '신체적 개인'을 강조하며, 나아가 이런 개인들이 집단과 부대에 참여하여 조직적으로 연대하고 결집할 것을 요구한다. 그리고 박치우 역시 민족이기주의나 부르주아 이익주의를 극복하고 근로인민민주주의를 주장하며 전체와 개인을 종합하고자 한다. 그러나 여기에는 엄격한 의미에서 자유주의적 개인은 없다(필자의 졸저,『한국 현대 실천철학』, 33-47쪽 참조).

게는 부르주아지라는 명예롭지 못한 이름을 붙였다.

그래서 우리의 근대화 공간에는 '나'를 내세우는 자유주의자는 좌우 모두로부터 반동으로 내몰렸다. 나는 언제나 '우리 안의 나'여야 했지, '우리 밖의 나'가 될 수 없었다. 한마디로 '뭉치면 살고 흩어지면 죽는다'는 공식은 한국 근대화 공간의 기본 생존 논리였다. 좌든 우든 '강한 우리'를 주장하며 첨예하게 대립과 투쟁의 길을 걸어왔다. 척박한 산업현장에서 유린당하고 있었던 인권을 구하기 위해 고군분투했던 노동운동가나, 독재 앞에 민주화를 위해 몸부림쳤던 민중운동가에게는 억압된 인간의 해방을 위해서는 폭력투쟁이 불가피한 것으로 인식되었다. 이렇게 대치된 전선 하에서 '나'를 내세우는 것은 사치스러운 것이었다.

운명을 사랑했던 전통사회의 '자연적 공동체' 속에 내장되어 있었던 '우리'라는 것이 또 다른 형태로 근대화 과정에 전이되어 있었다. 한 장소에서 태어나 피를 공유한 전통적 공동체는 희로애락을 공유한 집단으로서 언제나 '우리'를 '나'보다 중시하는 집단이었다.[6] 이런 인연주의, 나아가 의리주의로 무장된 강한 공동체주의가 근대화 공간에 이식된 것이다. 근대화 공간에서 형성된 '민족'이나 '국민'이라는 주체는 전통적 충효 사상에 근간을 두고 있었다. 그래서 지배자들은 전통사상을 통해 우리들 각각을 국가와 민족에 결집시켰다.[7] 너무나 가난한 국가, 너무나 서러운 민족이기에 새로운 역사를 창조하지 않으면 안 되었다. 창조는 압축을 통해서만 가능하였고, 그 압축은 '나를 지운 우리' 속에서만 가능하였다. 〈국민교육헌장〉의 다음 구절은 이 점을 잘 반영해 주고 있다.

우리는 민족중흥의 역사적 사명을 띠고 이 땅에 태어났다. (…) 우리의 창

---

6. 김미영, 「한국과 일본의 마을조직의 비교고찰」, 『민속연구』제4집, 109쪽, 117쪽.
7. 필자의 졸저, 앞의 책, 128-9쪽.

의와 협력을 바탕으로 나라가 발전하며, 나라의 융성이 나의 발전에 근본임을 깨달아, (…) 스스로 국가 건설에 참여하고 봉사하는 국민정신을 드높인다. 반공 민주 정신에 투철한 애국 애족이 우리의 삶의 길이며, 자유세계의 이상을 실현하는 기반이다.[8]

이처럼 '국민'이나 '민족'이라는 단어는 지배자의 통치 이론에 근간이 되는 개념이었다. 그러나 이 개념에 기대어 부당한 지배를 일삼던 압제자에 대해 저항의 논리를 전개한 반대편에서는 '민중'이라는 단어를 너무나 소중히 하였다. '국민'과 '민중'이 서로 인정투쟁을 벌인 것이 우리의 현대사의 질곡이었다. 이들 쌍 개념은 서로를 승인할 수 없는, 그래서 죽음을 각오한 결투의 장에서 대치하고 있었다. 따라서 엄격한 의미에서 볼 때, 우리의 현대사에는 '집단적 주체'는 존재했어도, 서구적인 의미의 '개인적 주체'는 제대로 성장하지 못했다. 그러니까 우리는 자유주의적 주체라는 개념을 제대로 경험할 수 없었다.

3. 근대적 주체와 탈근대적 주체의 혼돈 — 우리의 현대적 주체

그러나 한국 현대사 공간에 자리하고 있었던 주체의 빈곤이 서구의 역사에도 없었던 것은 아니다. 서구 고대의 폴리스 사회에도 개인보다는 폴리스가 앞서 있었으며, 근대 이후에도 개체적 주체가 등장하기는 하였지만, 그 개체가 너무나 개인의 소유와 권리를 중시하는 주체가 되다 보니 서로를 주체로 인정하지 못하는 역설적 상황을 낳기도 하였다. 서로 주체이고자 하다 보니 서로가 서로를 사물화하는 주인과 노예의

---

8. 문교부 편, 『국민교육헌장독본』, 동아출판사, 1969 참조.

등식이 욕망투쟁의 장에서 확산·심화된 것이다. 개인의 자유와 권리와 생명을 강조한 서구 근대 시민혁명이 가장 사랑한 것은 시장이었다. 이 시장은 기존의 모든 억압의 고리를 풀어 주는 해방의 공간이기도 했지만, 동시에 모두를 물건으로 전환시키는 억압의 공간이기도 했다. 주체의 출현은 주체의 죽음으로 이어지는 것이었다. 그래서 아도르노 역시 이런 현상을 두고 계몽이 다시 신화로 역전한다고 하지 않았던가?

근대화를 통해 출현한 주체는 이미 거대주체가 되지 않을 수 없었다. 이른바 자본으로 무장된 부르주아적 거대주체가 탄생한 것이다. 이 주체는 타자(자연, 인간)를 의심하고, 이를 가공하고 제작하여 자신의 것으로 전환시키려는 도구적 주체나 다름없었다. 그래서 이 주체는 자신이 타자를 의심하고 소유하려고 하는 만큼 타자 역시 자신을 그렇게 대하게 만드는 상황을 초래하였다. 자신들이 만든 시장과 자본 앞에 스스로 고통을 당해야 하는 상황이 초래된 것이다.

근대적 주체가 낳은 이런 비극을 벗어나기 위해서 루소는 '일반의지'를, 칸트는 '비판적' 주체를, 헤겔은 '인륜성'으로서의 주체를 내세웠다. 그러나 이들 주체는 모두 부르주아적 주체가 지니고 있었던 근원적 지배욕을 완전히 벗어나지 못하는 현실적 한계를 노정하고 있었다. 그래서 이런 주체를 근본적으로 개혁하려는 새로운 주체가 탄생하였다. 그 주체가 이른바 프롤레타리아트로서의 주체이다. 이 주체는 시장과 자본에 포섭된 주체를 해방시키기 위해 출현한 주체였다. 당연히 이 주체는 반자본적, 반시장적 주체일 수밖에 없다.

이러한 새로운 주체의 출현 과정은 자본주의와 맞서는 새로운 사회, 이른바 사회주의 사회를 구축하도록 만들었다. 시민혁명을 또 한 번 혁명하는 공산주의 혁명은 근대가 낳은 부르주아적 주체의 부조리를 근원적으로 타파하기 위함이었다. 근대 이후 현대로 이동하는 과정에서 전개된 서구의 부르주아적 주체와 프롤레타리아적 주체 사이의 인정투쟁은 세계를 냉전 상태로 몰고 갔으며, 그리고 이 속에서 개인은 지워져버렸다. 이 잃어버린 개인을 찾기 위해 실존주의가 몸서리치게 불안과 고독을 노래했던 것 아닌가? 그러나 그들의 노래는 주관적인 위안이상의 역할을 제공할 수 없었다. 우리 한반도의 근대화 과정에서도 우리가 수입한 그들의 실존주의가 무력하기 짝이 없었듯이, 서구 변혁의역사에서도 그것은 관념성을 벗어날 수 없었다.

서유럽 복지국가의 부르주아적 주체는 더욱더 세련되게 자신들의주체성을 영속시킬 전략을 구비하고 있었다면, 사회주의권의 당원들은또 하나의 억압의 주체를 노골적으로 만들고 있었다. 고전적 자본주의에 보금자리를 만들었던 초기 부르주아지들은 저 거센 프롤레타리아트의 투쟁을 잠재우기 위해 그들에게 복지를 제공함으로써 지배를 영속화하고자 하였다. 더더욱 불행한 것은 이런 전략에 녹아 들어간 노동자들의 사유하지 않음이었다. 그들 역시 복지 앞에 무력하였으며, 자본 앞에 굴복하였다. 서구 사회복지국가의 부르주아지들은 자본주의를 탄탄히 다지면서 문화계급으로 입지를 굳혀 갔다. 한편 이런 강력한 사회복지국가에 무력해진 동구권 사회주의는 새로운 주체의 형성과 그를 통해 새로운 세상을 만들기는커녕 또 하나의 거대주체를 형성하려다 그마저 무력해져 붕괴하고 말았다.

이처럼 양대 거대주체가 무너져 내린 현대 사회에서는, 아니 좀 더정확히 말하면 부르주아적 주체가 아주 세련된 문화 권력으로 자리를굳히면서 새로운 지배를 일삼고 있는 후기자본주의 사회에서는 이들의지배에 저항해야 할 노동자마저 주체성을 스스로 상실하고 말았다. 바로 이 점을 걱정하며 등장한 새로운 주체가 이른바 저 프랑크푸르트학파의 학생이자, 68혁명의 주체들이었다. 이들은 부르주아적 주체든, 프롤레타리아적 주체든 이들 주체 안에 내재되어 있었던 자기모순을 직시하고 있었다. 이들 주체들은 기존의 억압적 주체를 해체하지만 이내스스로가 억압적 주체로 변신하는 자기모순을 안고 있었다. 결국 68혁명 이후의 새로운 주체는 기존의 근대적 주체, 즉 시민적 주체든, 노동적 주체든, 그 주체는 이미 거대주체로서 자기모순을 불러들일 수밖에 없다는 것을 잘 알고 있었다.

더군다나 자본을 배경으로 지배를 영속화하고자 하였던 사회복지국가의 부르주아지들도 자신들이 예상하지 못한 프롤레타리아트들의 룸펜화 현상 앞에 무력하게 되었다. 상황이 이러하다 보니 기존 부르주아지들은 자신들의 권력을 영속화할 수 있는 새로운 입지를 마련하지 않을 수 없었고, 그것은 드디어 옛날에 자신들을 영광스럽게 해주었던 고전적 자본주의를 새롭게 부활시키는 것이었다. 이것이 이른바 오늘날 우리가 생활세계 곳곳에서 너무나 자주 대면하는 신자유주의다. 이 신자유주의는 이제 네트를 통해 국경을 넘어 이윤을 챙길 수 있는 곳이면 어디든지 달려간다. 이제 우리는 자본이 노동을 압도하는 새로운 유목경제의 거센 파도 속에 놓여 있다.

그런데 이런 유목적 지배를 벗어나려면 이에 맞서는 유목적 주체를 형성하지 않을 수 없다. 주체가 비대해서는 유목할 수 없다. 발 빠른 지배 주체에 재빨리 달려가 그와 맞장을 뜰 수 있으려면 나 역시 재빨라야 한다. 아니 어디서 달려오든 그 지배의 주체를 무력화할 수 있기 위해서는 어디에서나 그 주체에 구멍을 낼 수 있는 주체가 되어야 한다. 이제 주체는 과거처럼 거대주체가 되어 새로운 억압을 불러들이는 주체가 되어서는 안 된다. 이 주체는 언제나 특이한 주체들이 함께 노닐 수 있는 미시적인 몸들의 주체여야 한다. 그러므로 이 주체는 근대적인 데카르트의 의식으로 무장한 주체도, 헤겔처럼 모든 개별자를 절대정신에 통일시키는 변증법적 주체도 거부해야 하며, 또한 모든 의식적 주체들에 반란을 선포하고 혁명하는 노동적 주체도 거부해야 한다. 이 주체는 몸에서 일어나는 순수한 욕망을 긍정하는 노마드적 주체여야 한다. 이 주체가 이른바 다중multitudo이다.[9]

---

9. 여기에 대한 자세한 논의는 필자의 졸저, 『한국 현대 실천철학』의 제2부 4장 「포스트구조

이 다중으로서의 주체를 내세우고 있는 네그리는 사실상 스피노자
에게 많은 빚을 지고 있다. 스피노자 철학이 다중철학자들에게 초미의
관심사가 되고 있는 것은, 그의 존재론이 일자一者로서의 실체와 다자多
者로서의 개별자 사이를 플라톤처럼 처리하지 않기 때문이다. 이들은
더 이상 플라톤처럼 이들 양자를 대립적으로 설정하고 다자(개별자들)
를 일자(보편자)에 포획하거나 다자(개별자들)를 일자(보편자)로부터
배척해 버리는 '추상적 보편자'의 길을 걷지 않으려고 한다.[10] 스피노자
의 존재론은 일자와 다자 사이의 이원적 대립 구도를 넘어, 다자의 잠재
력을 자유롭게 표현할 수 있는 길을 보여 주고 있다.[11] 그의 다자는 자신
의 잠재력potentia을 표현할 수 있도록 되어 있다(Ethik, 1부 정리 35, 5부 정
리 39). 따라서 스피노자적 민주주의는 다자가 각기 자기 욕망만을 추구
하여 타자에 상처를 주는 포테스타스potestas의 길을 추구하기보다는 각
자가 자신의 순수욕망을 추구하면서도 이를 함께 공유할 수 있는 덕의
길을 추구한다.[12]

이러한 배경 속에서 출현한 오늘의 다중은 의식과 물질, 자본과 노
동, 현상과 물자체, 일과 다로 대립되어 끝없이 지배의 악순환을 일삼는
악마의 소용돌이에서 빠져나오려고 한다. 따라서 당연히 이 다중은 의
식의 노예도, 노동의 노예도 거부하고, 무의식의 지평에서 이들 지배구
조를 비트는 몸적 주체들이다. 그러므로 이들 주체들은 목적론을 거부

주의와 스피노자-마르크스주의」참조.
10. "신은 모든 것의 내재적 원인causa immanens이지 초월적 원인causa transiens이 될 수 없
다"(Spinoza, Baruch de, *Die Ethik*, in Günter Gawlick (Hrsg.), *Baruch de Spinoza · Sämtliche
Werke* Band 2, Hamburg: Felix Meiner Verlag, 1984, 1부 정리 18). 앞으로 'Ethik'로 표기함.
11. "국가, 즉 최고 권력에 속하는 권리는 한 사람의 힘에 의한 것이 아니고, 마치 하나의 정신
에서 나온 것이 다수자의 힘에 의한 자연권 바로 그것이다"(스피노자,『국가론』, 김성근 옮
김, 2001, 서문당, 45쪽).
12. "덕을 따르는 사람은 각자 자신을 위해 추구하는 선을 다른 사람을 위해서도 추구하게 될
것이다"(Ethik, 4부 정리 37). "인간의 공동사회에 도움이 되는 것, 혹은 인간을 화목하게 생
활할 수 있게 하는 것이 유익하다"(Ethik, 4부 정리 40). 이런 의미에서 개인욕망 못지않게
'공동의지'를 강조한다(스피노자,『국가론』, 35쪽).

하며, 늘 '우연'이 살아 움직이는 '사건'들의 세계에서 살고자 한다.[13] 다중론자들은 제국주의를 넘어 제국의 시대로 진입하는 탈경계, 탈영토의 시대에 걸맞은 새로운 작은 주체들을 기다리고 있다. 이들은 자본의 바깥에서 자본에 구멍을 내고, 그래서 노동을 넘어 놀이가 가능한 새로운 세상, 이른바 코뮌의 세계를 만들고자 한다.

그렇다면 우리에게도 이런 주체가 이미 도래해 있는 것인가? 앞 장에서 한국의 근대적 주체가 '국민'과 '민중'으로 대립각을 세우면서 소모전을 벌여 왔다는 것을 지적하였다. 그러나 이 대립의 상태를 넘어 우리 한국에도 1987년 6월 민주항쟁 이후 새로운 주체가 출현하였다. 그것은 다름 아니라 '시민'이었다. 이 '시민'은 '민중'처럼 계급적 관점에서 폭력적 투쟁을 전개하는 주체도 아니며, 그렇다고 '국민'처럼 국가에 일방적으로 복종하는 무주체적 주체도 아니다. 이 '시민'은 '국민'이라는 이름으로 우리를 억압한 지배자에 대해 저항했지만, 언제나 합법적으로 저항하고자 하였으며, 이를 통해 도시 중산층의 이익을 대변하고자 하였다.

이들 시민의 출현은 권력의 분권과 감시를 더 철저하게 실현함으로써 우리 사회의 민주화를 앞당겼다. 또한 시민운동단체의 활성화는 우리 사회를 훨씬 더 투명하고 공정한 사회로 진입하도록 해주었다. 그렇지만 이 시민의 출현이 진정한 의미에서 개인의 자율성 시대를 열어주었는가에 대해서는 논란의 여지가 많다. 왜냐하면 이 시민은 일차적으로 도시중산층의 이익을 대변하는 이익집단에 가까웠고, 이런 의미에서 부르주아적 한계를 넘지 못하는 면을 지니고 있었다. 또한 시민운동 역시 밑으로부터 자율적인 개인들에 의해서 구축된 운동이기보다는 위로부터 운동조직을 통해 형성되는 한계점을 지니고 있었다. 그래서 그동안 항간에는 '시민 없는 시민운동'이라는 지적도 많았다. 이 시민운

---

13. '사건'에 관한 자세한 논의는 필자의 졸저, 『한국 현대 실천철학』, 346-52쪽 참조.

동은 여러 계층으로부터 비판을 받았다. 민중으로부터는 부르주아적이라는 비판을 받았으며, 보수집단으로부터는 불순세력이라는 비난을 받았으며, 생활세계의 개인들로부터는 생활인의 삶과 거리가 있는 정치집단이라는 비판을 받기도 하였다.

사실 근자에 이르러, 시민운동에 대한 관심은 일반 생활인으로부터 꽤 멀어져 있는 상태이기도 하다. 그것은 원래 시민단체가 권력을 감시하는 기구로서의 역할을 충실히 수행하지 못하고 권력에 참여하는 인상을 주었기 때문이기도 하며, 또한 시민단체가 생활인으로부터 감명을 주는 운동을 전개하지 못하고 있기 때문이기도 하다. 시민단체가 이런 상태에 빠져 있는 것은 시민 개개인의 자율적 활동을 통한 아래로부터의 결성이 미약하기 때문이다.[14] 일본의 시민운동이 각 마을에서 아래로부터 자치운동을 통해 전개되고 있는데 반해서, 우리의 경우 여전히 중앙조직으로부터 아래로 이어지는 경향이 강하다. 이 점이 바로 일본의 시민운동이 지닌 장점이라고 볼 수 있다. 우리의 경우, 주민자치나 마을자치의 경우도 여전히 과거의 새마을운동에서 전개된 위로부터의 자치운동의 틀을 완전히 벗어나지 못하고 있다.

한국의 시민운동은 민주화운동의 일환으로 전개된 정치논리를 넘어 생활정치로 이행하지 못하고 있으며, 종적 연대의 차원에서 집단의 논리에 따르기보다 개인의 자율성에 입각한 횡적 연대에 더 비중을 두는 형태로 이행하지 못하고 있다.[15] 이로 인해 우리의 시민운동은 오늘날 자신의 동네, 마을의 삶의 조건을 개선하는 데 더 비중을 두는 흐름, 이른바 생활정치의 흐름을 포용하는 새로운 운동을 전개하고 있지 못하다. 이는 시민운동 단체에게만 적용되는 것이 아니다. 기존의 노동운동이나 민중운동을 전개하였던 단체들에 대해서도 자기집단 이기주의

---

14. 권용혁, 「촛불집회와 시민사회」, 사회와 철학 연구회 하계 심포지엄 발표회보 『촛불 어떻게 볼 것인가?』, 2008. 8. 27, 3쪽.
15. 권용혁, 같은 글, 3쪽.

로부터 자유롭지 못하다는 지적이 제기되곤 한다. 상황이 이러하다 보
니 그동안 우리 사회의 모순을 타파하고 민주화에 많은 기여를 하였던
기존 운동이 무력해지고 있다.

특히 이들은 오늘날 네트워크 사회의 도래와 더불어 확산되고 있는
새로운 주체, 이른바 '아바타avata'의 형태를 지닌 주체의 출현이 안겨
주는 다양한 양상들에 대한 정밀한 분석과 이를 통한 운동의 전개를 제
대로 확립하고 있지 못하다. 지금 우리들의 삶에 출현하고 있는 주체는
오프라인에만 머무는 주체가 결코 아니다. 이들은 온라인에서 많은 문
제들을 해결하고, 또 그 속에서 삶을 꾸려가고 있다. 특히, 이들은 실재
와 가장 친밀하게 함께 했던 과거의 '자연적 공동체'보다는 부단히 장
소를 이동하며 자신의 시간과 공간을 자유롭게 사용하는 '선택적 공동
체,' 이른바 도시 속에 살고 있다. 이들은 타인으로부터 간섭을 받지 않
고 자신의 삶의 재미를 추구하고자 한다. 한편에서는 끝없이 자신을 노
출하면서도 다른 한편에서는 끝없이 자신을 숨기는, 노출과 가림(익명)
을 이중적으로 먹고사는 존재가 오늘날의 아바타들이다. 이들 사이버
주체들은 은폐된 부조리를 즉각적이고도 강렬하게 고발하는 힘을 가진
주체들이기도 하지만, 타자에게 가차 없이 상처를 입히는 가벼운 주체
들이기도 하다. 이들 주체들은 운명을 공유하며 강한 결속을 다짐하는
치열한 주체가 아니다. 이들은 자신들의 가치관이나 세계관에 맞지 않
으면 언제든지 타자를 고발하고 사라져버리는 주체들이다.

우리 사회에는 그 어느 사회보다 사이버 문화가 가장 빨리, 그리고
가장 많이 확산되어 있다. 이는 우리의 주체가 빈곤한 탓이기도 하다.
누구나 빈곤한 역사와 전통을 지니고 있으면 그것을 빨리 망각하거나
탈출하려는 경향을 지니기 마련이다. 우리 역시 이런 현상에서 결코 자
유로울 수 없다. 그러하기에 우리는 상실된 주체, 찢어진 주체가 되어야
했던 과거의 실재계를 누구보다 가장 먼저 빨리 탈출하고자 하였다. 우
리의 압축근대화가 그것을 보여주었으며, 전통 망각이나 무시 현상이

또한 그것을 보여주었다. 우리에게 온라인 세계는 나의 과거의 아픔을 망각하게 해주는 자리이자, 나의 상처를 씻어내고 새로운 희망을 갖게 하는 유토피아의 자리이기도 하다.

　그러다보니 우리 사회는 어느 사회보다 시간에 있어서 고속화, 공간에 있어서 고밀도화에 몰입하고 있으며, 이로 인해 서로가 더 광적이게 되고 더 지쳐 있기도 하다. 그래서 우리 사회를 걱정하는 사람들 중에는 오늘의 도시공간의 확대, 가상공간의 확대 안에 자리하고 있는 반인간적 삶의 형태를 극복하기 위해 일본으로부터 유입된 새로운 자치운동을 전개하고 있기도 하다. 그것이 이른바 주민자치이자 마을자치이다. 지친 현대인들은 자신들이 거주하는 공간이 단순한 일터의 차원을 넘어 놀이터, 쉼터로서의 기능을 해주기를 바란다. 이런 면에서 이들은 자신들이 거주하는 공간이 경제 공간을 넘어 문화 공간, 생태 공간이기를 갈망한다. 한마디로 이들은 생활주체로 거듭나려고 하는 경향을 지니고 있다.[16] 이들은 이념을 머금은 거대한 주체보다 자기 주변의 삶의 놀이에 더 관심을 갖는 작은 주체이고자 한다. 이들 주체들은 더 이상 같은 생각으로 같은 목적을 향해 나아가는 주체이기를 거부하고 개성적 주체이기를 희망한다.

　앞서 보았듯이, 우리의 근대화 주체는 지배자 쪽이든 피지배자 쪽이든 개성을 가진 주체들을 허용하지 못했다. 아니 허용하기 어려운 상황이었다고 해야 할 것이다. 그러나 이제 한국의 현대는 그런 거대주체에 대해서 더 이상 매력을 느끼지 못한다. 누군가가 그런 주체를 내세운다면 신선함을 불러일으키기가 쉽지 않다. 지금 우리 사회는 다양성과 개성이 존중되는 새로운 주체를 기다리고 있다. 우리는 이제 이런 주체를 고려하지 않고 더 이상 우리 사회의 바람직한 발전을 전개할 수 없다.

---

16. 행정자치부/연세대학교 도시문제연구소 편, 『살기좋은 지역만들기 성공매뉴얼 개발 연구』, 2007, 9쪽.

4. 촛불을 든 새로운 주체

근자에 발생한 촛불집회는 이런 시대적 흐름 속에서 탄생했다고 보아야 할 것이다. 이번 촛불집회는 10대 중고생들에서부터 비롯되었다. 이들이 집회를 시작한 것은 이데올로기적인 고민이나 역사적 이념 지평에 대한 고민 때문이 아니었다. 이들이 문제로 삼은 것은 자신들이 살아가는 생활세계의 불편함과 불안함이었다. 2008년 4월 15일 정부가 "4.15 학교 자율화 조치"[17]를 시행함으로써 여기에 대해 기본적으로 불만을 가지고 있었던 학생들은 미국산 쇠고기 수입으로 자신들의 먹을거리가 위험할 수 있다는 데 대해서 불안을 더욱더 강하게 갖게 되었다. 그래서 이들은 '미친 소, 미친 교육 반대'라는 주장을 펼치면서 이명박 정부의 정책에 대해서 강한 불만을 표시하였다.[18]

그리고 뒤이어 이 촛불집회에 참여한 주체들도 노동자나 시민단체가 아니고, 주로 주부(앞치마 연대, 유모차 부대), 아이들, 의사들, 간호사들, 미용 동우회 회원들, 예비군, 프로축구 스포터즈 등 매우 다양한 개인들과 인터넷 동우회, 토론방, 카페, 블로그 등에서 활동하는 구성원들이었다. 이 집회에 참여한 구성원들의 결집과 연대의 양상 역시 매우 개인적이고 느슨한 형태였다.[19] 물론 대책위에 참여하였던 내부의 '안티 이명박 그룹'은 노사모에서 활동하는 구성원들로서 매우 '직설적이고 과격하였다.'[20] 그러나 이 집회에서 중요한 역할을 한 '아고라 그룹'은

---

17. "0교시 부활," "촌지금지지침 폐지," "우열반 등장," "방과 후 학습" 등에 관한 내용들이었으며, 촛불집회에 참여한 청소년들은 정부의 이런 정책에 분노하였다.
18. 10대 청소년들이 촛불집회에 참여한 중요한 계기를 설문한 결과 응답자의 56.1%는 "이명박 정부의 정책에 대한 분노 때문"이라고 하였으며, 14%가 광우병에 대한 두려움 때문이라고 답하였다(이해진, 「촛불집회 10대 참여자들의 참여 경험과 주체 형성」, 한국사회산업학회 편, 『경제와 사회』 통권 제80호, 2008년 겨울, 80쪽).
19. 이동연, 「촛불집회와 스타일의 정치」, 『문화/과학』 통권 55호, 2008년 가을, 162쪽; 하승창, 「2008년 촛불집회와 사회운동」, 『노동사회』, 2008년 9월, 59쪽.

자율적으로, 그리고 열린 토론을 통해 문제를 해결하고자 하였으며, 그래서 이들은 기본적으로 '유목적이고 리좀적인' 특징을 지니고 있었다.[21] 전반적으로 이들은 중심 주체를 허용하지 않는, 이른바 '주체 없는 주체들'로서 강렬한 감수성을 기반으로 복수성과 다원성을 추구하며 축제와 문화제의 형태를 통해 정부의 실정에 대해서 비판하였다.[22]

　이들이 운동에 참여하는 방식 역시 매우 사적이고 개인적인 자율성에 입각하고 있었다. 가령, 촛불집회의 초기 참여자였던 학생들의 경우, 주로 학교 친구(67.6%)로부터 소식을 듣고 참여하였거나, 아니면 가족이나 온라인 커뮤니티 회원으로부터 소식을 듣고 참석한 것으로 알려져 있다.[23] 그리고 이외의 다른 참여자들 역시 중앙조직으로부터 지시를 받거나 명령을 통해서 참여한 것이 아니라 온라인과 오프라인의 사적 관계나 전달로부터 자발적으로 참여하였다. 따라서 운동의 전개 양상 역시 전략적이거나 전술적이지 않았다. 또한 집회 진행도 투쟁적 방식보다는 축제나 놀이의 형태를 취하고 있었으며, 풍자와 해학을 통해 권위에 도전하는 형태를 띠고 있었다. 즉, 정치적인 이념 투쟁보다는 축제를 통해 시대의 모순에 항거하는 형태를 취하고 있었다.[24] 여기에는 일종의 상상력의 저항 놀이가 작동하고 있었다.[25] 이들의 상상력의 놀이는

---

20. 이동연, 같은 글, 162쪽.

21. 이동연, 같은 글, 162쪽.

22. 이한구, 「촛불은 우리에게 무엇을 남겼는가?」, 철학문화연구소 편, 『철학과 현실』 제79호, 2008 겨울, 12, 13쪽: 김일영, 「'촛불시위'의 희망과 불안」, 철학문화연구소 편, 『철학과 현실』 제79호, 2008 겨울, 52쪽: 이득재, 「촛불집회의 주체는 누구인가」, 『문화/과학』 통권 55호, 2008년 가을, 94쪽: 양현아, 「촛불집회, 차이와 공공성의 새로운 공간」, 세교연구소, 진보와개혁을위한의제27, 참여사회연구소, 코리아연구원, 경향신문 편, 『촛불집회와 한국 민주주의』, 2008. 6. 16, 21쪽: 권용혁, 같은 글, 5쪽 참조.

23. 이혜진, 같은 글, 81쪽.

24. 2008년 6월 21일 문화연대가 주최한 〈힘내자 촛불아 1박 2일 콘서트〉는 이런 면을 단적으로 잘 보여 주고 있다. 당시 이들은 국민토성을 쌓는 것보다 억압적 질서에 반항하는 강렬한 음악으로 광기를 발산하는 데 더 비중을 두었다(이동연, 같은 글, 150-1쪽).

25. 김종엽, 「촛불이 갈 길」, 창비주간논평, 2008-07-09 오전 9:54:08 참조: 양현아, 「촛불집회, 차이와 공공성의 새로운 공간」, 세교연구소, 진보와개혁을위한의제27, 참여사회연구소, 코리

현장의 가장 생생한 소식을 동영상으로 실시간에 전달하는 형태로 이어졌다. 그리고 이러한 상황은 기존 공영방송의 권위와 위력을, 그리고 노동단체나 시민단체 및 정치계의 권위를 무력하게 만들었다. 개인들의 강렬한 상상력의 놀이가 여러 단체와 집단들을 무력하게 만들기도 하였다. 이른바 "미학적 자기표현과 정치의 결합"이 이루어진 것이다.[26]

　　이러한 운동 전개 방식은 기존의 운동논리, 즉 노동운동이나 시민운동에서는 좀처럼 보기 어려운 형태였다.[27] 이것은 새로운 시대의 현상이라고 보아야 할 것이다. 그동안 한국은 경제 성장을 향해 달려왔지 문화 성장을 향해 달려오지는 않았다. 우리는 그동안 너무나 가난하고 힘이 없어 상실된 전통을 복구하는 데는 신경을 제대로 쓸 수가 없었다. 상실된 전통문화를 복원하는 문제는 뒤로 한 채 빈곤을 조속히 극복하고 강한 자가 되는 것이 국가와 민족의 제일차적인 목적이었다. 그래서 공부를 하든, 예술을 하든, 이들 모두는 자본과 권력으로 귀속되는 경향이 강하였다. 우리의 해방의 일차적인 목적도 경제적 고통과 정치적 억압을 극복하는 것이었지, 문화적 폭력을 극복하는 것이 아니었다. 독일의 프랑크푸르트학파의 운동이나 프랑스의 68운동과 같은 문화운동은 우리에게는 존재하기가 쉽지 않았다. 이들의 문화운동은 소비사회의 확산과 인간 삶의 사물화 경향이 강해지면서 자신들의 무의식과 욕망을 길들이는 과잉억압이 확장·심화되고 있었기 때문에 출현한 것이다.[28]

　　아연구원, 경향신문 편, 『촛불집회와 한국 민주주의』, 2008. 6. 16, 21쪽.

26. 윤평중, 「사실과 합리성의 관점에서 본 '촛불'」, 철학문화연구소 편, 『철학과 현실』 제79호, 2008 겨울, 60-1쪽; 이택광, 「촛불은 어떤 민주주의였는가?」, 『작가세계』 2008년 겨울호, 통권 79호, 2008년 겨울, 349쪽; 하승창은 이런 상황을 '닭장투어,' '온수구호,' '마우스 끌기' 등을 통해 기존의 엄숙주의를 파괴하는 상상력의 발현으로 표현하고 있다(하승창, 같은 글, 60쪽).

27. 윤평중은 이 부분과 관련하여 한국 사회가 결락缺落해 있었던 것으로 규정하고 있다(윤평중, 같은 글, 60-1쪽).

28. 현대인은 지친 의식을 내려놓고 무의식의 놀이, 욕망의 놀이가 가능한 새로운 공간을 창출

경제적으로 기본적인 욕구 충족이 가능한 현대인이라면, 그들은 단순히 노동을 통해 생산을 증대시키고 이를 통해 자본을 축적하는 데 집중하기보다는, 기호를 소비하는 놀이를 통해 행복을 추구하려고 한다. 그러므로 그들은 싼 고기를 먹기보다, 질 좋은 명품 고기를 먹고 싶어한다. 그들은 많이 먹는 것보다 맛있고 우아하게 먹는 것을 중시한다. 그래서 그들은 경제적 가치 이상으로 미학적 가치를 중시한다. 결국 그들은 의식에 지치고 노동에 지친 몸을 자유롭게 할 수 있는 상상력의 놀이를 가장 중요하게 생각한다.

그렇지만 이들의 상상력의 놀이는 자본가의 전략에 휘말려 들어간다. 기호를 제공하고 자본을 챙겨 가는 오늘날 문화 자본과 문화 권력의 문제는 과거 노동경제학의 시절에는 심각하게 고민하지 않았던 부분이다. 오히려 상상력의 놀이가 자본과 권력에 다시 포섭되고 귀속된다면, 이는 극복해야 할 과제가 아닐 수 없다. 진정한 상상력의 놀이는 문화 자본과 문화 권력으로부터도 비판과 저항의 거리를 유지해야 한다. 그러므로 진정한 상상력의 정치는 자본 바깥에서 가난한 몸으로 자유를 추구해야 한다.

그런데 인류사를 되돌아볼 때, 이 상상력에는 항상 양면의 시선이 존재해 왔다. 한편에서는 이것을 자유와 해방의 길로 인도하는 긍정적인 힘을 지니고 있는 것으로 평가하는가 하면, 다른 한편에서는 우리를 욕망과 광기의 길로 인도하는 부정적인 마력을 지니고 있는 것으로 평가하였다. 지난 2008년 5월에 시작된 촛불집회에 대해서도 이런 이중적 평가가 작동하고 있다. 한편에서는 이 집회와 관련하여 새로운 세상을

하고자 한다(필자의 졸고, 「현대 웰빙(well-being) 문화의 발생 원인에 대한 분석과 미래의 새로운 방향에 대한 모색」(경북대학교 동서사상연구소 편, 『동서사상』 제1집, 2006. 8, 132-7쪽 참조). 양현아, 같은 글, 23쪽 참조. 그러나 근자에 이르러 우리 사회에도 이런 상황이 출현하고 있다. 기호의 소비를 통해 계급을 과시하는 문화계급의 상징폭력이 증가하고 있다(필자의 졸고, 「상징적 폭력과 전근대적 학벌사회」, 사회와 철학 연구회 편, 『사회와 철학』 제16호, 2008. 10, 140-55쪽 참조).

열어가는 창조적 주체가 출현한 것으로 평가하는가 하면, 다른 한편에
서는 병적인 위험 요소를 안고 있는 파괴적 주체가 출현한 것으로 평가
하고 있다. 즉, 촛불집회에서 출현한 주체를 한편에서는 탈영토, 탈경계
의 시대에서 인간의 바람직한 삶을 만들어낼 적합한 주체라고 평가하
는가 하면, 다른 한편에서는 우리 사회를 혼란의 도가니로 몰고 갈 감상
적 주체, 위험한 주체라고 평가한다.

　　비교적 우리 사회에서 다중론을 긍정적으로 확산시키고자 하는 코
뮨주의자들은 이런 흐름을 새로운 변혁운동의 시발점으로 삼으려고 한
다. 가령 이진경의 경우, 이번 촛불집회의 주체를 '근대의 벽'을 넘어가
는 새로운 주체의 탄생으로 보고 있다.[29] 그는 우리의 촛불집회가 네그
리, 하트가 제창한 21세기 새로운 저항의 주체인 '집단지성'을 최초로
보여주었다고 주장한다.[30] 조대엽 역시 이들 주체를 '전자電磁적 대중'
이자 '유연자발집단'으로 규정하고, 이들을 우리 현대사의 80-90년대의
'제3의 결사대'와 구분하여 좌파 자유지상주의를 지향하는 '제4의 결
사체'로 평가하고 있다.[31] 이병천도 이런 주체의 등장이 오늘날 간접민
주주의의 한계를 보완할 수 있는 중요한 주체이며 거리의 정치를 가능
하게 해주는 동력이라고 보고 있다.[32] 특히, 김호기는 촛불집회는 대의
정치-제도정치-권위정치-계급정치-아날로그정치였던 기존의 정치를
넘어 참여정치-생활정치-인정정치-위험정치-디지털정치라는 탈현대의

---

29. 이진경, 「촛불은 '근대의 벽'을 넘는 과정」, 『한겨레』, 2008. 8. 8, 7면. 혹자는 이리가레이의
　　입장을 따라 이런 새로운 주체를 전통적이고 근대적인 주체, 이른바 남성적 주체를 넘어가
　　는 여성적 주체의 탄생으로 보고, 소녀와 주부의 출현을 이 시대가 요구하는 것으로 보고
　　있다(양현아, 같은 글, 22쪽).

30. 이진경, 같은 글.

31. 조대엽, 「2008년 촛불집회와 '제4의 결사체'」, 세교연구소, 진보와개혁을위한의제27, 참여
　　사회연구소, 코리아연구원, 경향신문 편, 『촛불집회와 한국 민주주의』, 2008. 6. 16, 36쪽.

32. 이병천, 「이명박 정부와 촛불 연대: 뒤바뀐 위기와 기회, 6.10과 그 이후」, 세교연구소, 진보
　　와개혁을위한의제27, 참여사회연구소, 코리아연구원, 경향신문 편, 『촛불집회와 한국 민주
　　주의』, 2008. 6. 16, 19쪽.

정치로 전환할 수 있는 계기를 제공하고 있다고 지적한다.[33] 그리고 그는 이 새로운 주체의 등장이 기존 정치의 한계를 보완하는 역할을 할 수 있음을 주장하고 있다.[34]

　이번 촛불집회의 전개 양상은 비록 태동한 역사적 배경은 다르지만 프랑스의 68운동과 상당히 유사하다는 지적도 제기된다.[35] 왜냐하면 68운동의 주체 역시 젊은 자율적 주체들로 이루어져 있고, 이들이 기존의 권위주의를 타파하기 위해 축제적 방식을 통해 저항하는 생활정치를 전개하고, 무엇보다 토론의 방식으로 운동을 전개해 나갔기 때문이다.[36] 심지어 일각에서는 이런 한국사회의 촛불집회를 프랑스의 68운동보다 더 진전된 운동이라고 평가하기도 한다. 이번 촛불집회는 프랑스의 68운동처럼 과거에 대한 얽매임도 없이 디지털 네트워크를 통해 대중의 참여와 높은 토론 문화를 통해 이루어진 운동으로서, 이는 지구적 차원으로 확산되어야 한다는 것이다.[37]

　뉴라이트 진영의 김일영 역시 촛불집회에 참가한 자들의 움직임을 탈정치적이고 탈물질적인 포스트모던적 현상이라고 규정하고 있다.[38] 실제로 이들은 놀이와 정치를 접합시키고, 각자의 주관적 감각놀이를 함께 공유하는 미학적 정치(공통감의 정치)를 구현해 내고자 하였다.[39] 이들은 인터넷 공간에서 각자 자기가 상상력을 발휘하여 작업한 글귀나 사진 등을 들고 함께 즐기는 현상을 강하게 보여주었다. 이들이 명박산성에 내걸은 글귀들 속에는 상상력의 놀이가 담긴 해학이 마음껏 펼

33. 김호기, 「촛불집회, 거리의 정치 : 서울광장에서 그람시와 하버마스를 다시 읽는다」, 세교연구소, 진보와개혁을위한의제27, 참여사회연구소, 코리아연구원, 경향신문 편, 『촛불집회와 한국 민주주의』, 2008. 6. 16, 25-33쪽 참조.
34. 김호기, 같은 글, 33쪽.
35. 김종엽, 같은 글, 4쪽 ; 이동연, 같은 글, 67쪽.
36. 김종엽, 같은 글, 4쪽.
37. 김종엽, 같은 글, 2쪽, 5쪽.
38. 김일영, 같은 글, 49-50쪽.
39. 양현아, 같은 글, 23쪽.

쳐지고 있다. 그들은 "경축 08년 서울의 랜드마크, 명박산성," "이곳은 국경선입니다. 여기서부터는 미국의 코리아주입니다. -USA 코리아 주지사 이명박" 등과 같은 표현을 너무나 자연스럽게 표출하고 있다. 그래서 일부 지식인들은 이번 촛불집회의 주체를 새로운 노마드neo-nomad적 주체라고 주장하기도 하며,[40] 이런 주체를 분별력 있는 다중의 존재라고 평가하면서, 이들의 연대를 통해 구축되는 사건이야말로 '희망의 사건'이라고 주장하기도 한다.[41] 심지어 진보 진영 일각에서는 이번 촛불집회의 주체들을 함석헌의 '씨올'이 출현한 것으로 해석하기도 하며,[42] 기존 노동운동조직의 위계성과 폐쇄성을 허물고 노동운동을 새롭게 태어나게 할 동력과 전망을 제공해 주는 주체라고 평가하기도 한다.[43]

　　그런가 하면 다른 한편에서는 우리 사회의 이런 주체의 등장을 심각하게 우려한다. 이들 주체는 지극히 감성적이고 흥분에 휩싸이는 가벼운 주체라는 것이다. 가령 이문열은 2008년 6월 17일 평화방송에 출연해서 촛불집회는 촛불장난에 불과하다고 규정하였다. 그에 의하면, 촛불집회는 디지털 포퓰리즘에 근거하고 있다. 그리고 또 다른 비판자는 이번 촛불집회를 "쉽게 끓어 넘치는 우리 민족이 벌인 '해프닝'"으로 단정하면서, 과거 운동권 문화의 잔재가 낭만적인 순진무구함으로 표출된 것으로 평가하기도 한다.[44] 이런 맥락에서 이들 주체들은 '찰나

---

40. 고원, 「촛불집회와 정당정치개혁의 모색」, 서울대학교 한국정치연구소 편, 『한국정치연구』 제17집, 2008, 99쪽.

41. 서유석, 「촛불이 요구하는 '성찰'」, 『시대와 철학』 제19권 2호, 2008, 275쪽.

42. 김민웅, 「씨올의 싸움, 그리고 씨올의 권력」, 『씨올의 소리』 통권 제201호, 2008, 99쪽.

43. 이병훈, 「촛불민주주의와 양극화 그리고 진보운동의 과제」, 한국노동사회연구소 편, 『노동사회』 2008년 7·8월, 8쪽; 민경우, 「촛불의 정치세력화에 단호하게 참여하라」, 한국노동사회연구소 편, 『노동사회』 2008년 7·8월, 24쪽; 장석준, 「촛불에서 사회운동적 노동조합의 출발점을 보다」, 한국노동사회연구소 편, 『노동사회』 2008년 7·8월, 26-31쪽.

44. 정연교, 「촛불, 어떻게 수습할 것인가?」, 철학문화연구소 편, 『철학과 현실』 제79호, 2008 겨울, 70-1쪽, 78쪽.

적이고 가변적인 주체성'을 지닌 존재들이라고 비판도 받는다.[45] 이들 주체들은 시청각 이미지에 휩쓸려 작동한 면이 없지 않으며, 자기 교육 차원을 전혀 마련하지 못한 주체라는 것이다.[46] 그래서 박구용도 다중을 강조하는 일부 지식인들이 촛불시위의 대중지성을 전문가지성과 싸울 수 있는 새로운 지성인 것처럼 비약하는 것은 "지나치게 이데올로기적이다"고 비판한다.[47] 그는 이번 촛불시위의 주체를 탈국가적인 형태의 코뮨을 추구하는 주체로 해석하려는 다중지성론자들에 대해서 촛불에 내재되어 있는 홀로주체의 문제를 심각하게 바라보지 못하고 있다고 나무란다.[48] 그러니까 진정한 촛불은 상호주체와 탈주체의 긴장 속에 자리하고 있어야지, 대의민주제를 부정하고 직접민주주의를 미화하는 것은 결코 바람직하지 않다는 것이다.

이와는 다소 정도의 차이는 있지만, 촛불집회를 비판적으로 바라보는 윤평중의 경우, 그는 이번 촛불집회에서 출현한 주체는 사태를 합리적으로 진단하고 대응하는 주체가 되지 못했다고 지적한다. 그에 의하면 이번 촛불집회의 주체들은 사실에 대한 합리적 분석력을 결여함으로써 진정성眞情性은 지니고 있었지만 진정성眞正性은 미약하였다.[49] 그래서 이런 주체는 주관적 위안의 차원을 넘어 사회의 발전 동력이 되기에는 역부족이라는 것이다.

이번 촛불집회의 미성숙을 지적하는 또 다른 진영에서는 이들이 감정적 주체의 차원만 지니고 있는 것이 아니라 원초적 공포심과 원초적 이기주의를 벗어나지 못하고 있다는 것이다.[50] 더군다나 이들 주체들은

45. 허우성, 「촛불시위와 주체성의 문제」, 철학문화연구소 편, 『철학과 현실』 제79호, 2008 겨울, 86쪽.
46. 허우성, 같은 글, 89-92쪽.
47. 박구용, 「촛불과 지성」, 사회와 철학 연구회 하계 심포지엄 발표회보 『촛불 어떻게 볼 것인가?』, 2008. 8. 27, 20-1쪽.
48. 박구용, 같은 글, 23-4쪽.
49. 윤평중, 같은 글, 65쪽.
50. 이득재, 같은 글, 91쪽.

다중지성론자들이 주장하는 것처럼 탈국가주의를 추구하는 것이 아니
라 여전히 국민국가의 틀 속에 머물러 있다는 것이다. 왜냐하면 이들 주
체들은 "대한민국은 민주공화국이다. 모든 권력은 국민으로부터 나온
다"는 헌법 제1조의 외침을 통해 국가의 주권을 상실한 것에 분노하였
기 때문이다. 그래서 이들 주체들은 탈국가적인 '다중' 이 아니라 '국
민' 이라는 초월적 주체에 의존하는, 이른바 '국민' 의 한계를 벗어나지
못하는 '대중' 이라는 것이다.[51] 더군다나 이들은 민족주의의 틀도 벗어
나지 못했다는 것이다. 즉, 이들 주체들은 민족의 자존심을 외치는 민족
주의적 요소를 강하게 담고 있는 주체들이라는 것이다.[52]

심지어 이들 촛불집회의 주체들은 근대적인 욕망투쟁의 장에 머물
러 있는 자들이라는 지적도 많이 대두된다. 촛불의 주체들은 '먹고사니
즘' 에 집중된 중간 계급적 시민운동에 머물러 있다는 것이다.[53] 이들은
비록 싼 미국산 쇠고기를 통해 경제적 이해를 추구하는 것은 아니지만,
기본적으로 '가족의 건강과 생명에 직결되어 있는 비물질적 이해관계
를 중시하는' [54] 주체들 이상이 아니라는 것이다. 그러니까 이들 역시 이
해관계에 초연한 주체들은 아닌 것이다. 이들도 "생존을 위한 본능적인
대응" 양상을 보인 주체에 불과하다는 것이다.[55]

---

51. 이득재, 같은 글, 100-2쪽. "우리 학생들은 대한민국 사람이 아닙니까? 우리 학생들은 미국
   에서 수입해오는 쇠고기 안 먹게 됩니까?"(아고라 페인들 엮음, 『대한민국 상식사전 아고
   라』, 여우와 두루미, 2008, 68쪽).
52. 이택광, 같은 글, 360-1쪽. 이런 면에서 〈효순이, 미선이 미군장갑차 사건〉 당시의 운동주체
   들이 반미주의를 제창하면서 민족적 집단동일성을 추구한 것과 유사하다(이정은, 「한국현
   상 촛불시위에 관한 철학적 고찰」, 한국철학사상연구회 편, 『시대와 철학』, 2003, 447쪽, 452
   쪽).
53. 이택광, 같은 글, 355-6쪽.
54. 선우현, 「촛불 이념인가 이해관계인가?」, 사회와 철학 연구회 하계 심포지엄 발표회보 『촛
   불 어떻게 볼 것인가?』, 2008. 8. 27, 39쪽.
55. 신희철, 「촛불집회에 대한 소회」, 한국해사문제연구소 편, 『월간해양한국』, 2008. 7, 165쪽.
   당시 촛불집회에 참여한 10대들 중에는 "경제 살린다는데… 우리 죽으면 무슨 소용?"이라
   는 외침도 존재하였다(양현아, 같은 글, 21쪽).

　나아가 극단적인 보수주의자들은 이번 촛불집회의 주체들을 "불법적이고 폭력적인 야간폭력의 주도자들"이나 친북반미주의자로 규정하고 있다. 그래서 이들은 촛불의 주체들이 행한 집회가 빨치산 수법을 담고 있다고 비난하기도 한다.[56] 또한 이들 주체들을 국가경제를 위협하는 친북좌파 세력으로 규정하기도 한다.[57]

　이상에서 보듯이 한국의 2008년 촛불집회 사건은 극좌에서 극우에 이르기까지, 극진보에서 극보수에 이르기까지 너무나 다양한 모습으로 읽혀지고 있다. 누구에게나 해석의 자유는 주어져야 하듯이, 이렇게 다양한 해석이 가능할 수 있다는 것은 그만큼 우리 사회가 열려 있다는 반증이기도 하다. 그러나 해석이 또 하나의 권력을 만들고 억압을 형성한다면 그 해석은 폭력이 될 수밖에 없다. 그러므로 해석 역시 시대정신을 고민하는 비판적 엄정함을 견지해야 할 것이다. 따라서 2008년의 촛불집회의 주체를 단순히 불순세력이나 폭도로 단정하는 것은 무리가 있다. 교복을 입은 학생들이나 유모차를 몰았던 주부들이 폭도라면 한국의 그 어느 누구도 폭도로부터 자유로울 수 없을 것이다.

　그렇다고 이들을 너무 미화하여 숭고미로 포장하는 것 역시 위험하다. 촛불집회의 주체들 역시 기존의 국민이나 민족이라는 개념으로부터 완전히 자유롭지 않았으며, 국가 외각에 존재하는 자들이 아니었다. 그들 역시 국가와 국민, 민족이라는 개념적 틀 안에서 자신들의 상상력의 놀이를 전개한 것이다. 운동의 전개방식이 상상력의 놀이였다고 해서, 주체마저 프랑스 68운동의 주체나 스피노자—마르크스주의자들의 주체와 동일시하는 것은 무리이다.[58] 촛불집회의 주체를 오늘날 자본 바깥, 국가 바깥에 자리하고 있는 '다중multitudo'과 등치시키는 것은 무리가 있다. 물론 이들에게는 자율성과 개인성, 다원성과 복수성을 소중히

56. 조영환, 「반란을 주도하는 '좌익의 소굴'을 搜査하라」, 『한국논단』 2008. 8, 35쪽.
57. 김영재, 「누구를 위한 폭력 불법 촛불시위인가?」, 『한국논단』 2008. 8, 200쪽.
58. 필자의 졸저, 같은 책, 352-68쪽.

하는 특징이 존재하고 있으며, 또한 문화제와 축제라는 형식 속에 담겨 있는 놀이를 통해 당대의 정치적 문제를 풍자와 해학으로 풀고자 하는 상상력의 놀이가 존재하는 것은 분명하다. 더군다나 인터넷 문화를 현실 공간에 옮겨와서 아바타들의 놀이를 전개하고자 한 점에서 분명히 기존의 국민이나 민중이나 시민과는 다른 양상을 보이고 있는 것도 사실이다.

그러나 이들 역시 자신의 생명과 자유를 지켜내려는 근대적 정신을 배격한 것이 아니다. 그들은 문화를 향유하려고 하지만, 여전히 경제적인 문제에서 자유롭지 않으며, 자유로운 개인이고 싶지만, 현실의 벽 앞에서 무력해지는 자신을 애써 외면하지 못한다. 한마디로 촛불집회의 주체들은 우리 현대사의 여러 얼굴들, 이른바 국민의 얼굴, 민족의 얼굴, 시민의 얼굴, 다중의 얼굴 등 다양한 얼굴을 지니고 있다.[59] 다만 한 가지 분명한 사실은 촛불의 주체들은 앞쪽의 얼굴에서 뒤쪽의 얼굴로 이행하고 있다는 점이다.

5. 나가는 말 ─ 민중과 시민과 다중의 새로운 만남을 위하여

앞 장에서 보았듯이, 우리의 촛불집회의 주체는 다양한 얼굴들을 가지고 있다. 그리고 이 다양한 얼굴들이 각기 동일한 자기 안에서 함께 작동하고 있다. 문제는 그렇게 될 경우, 각각의 얼굴들이 자신 안에서 충돌할 수 있을 텐데, 그럼에도 불구하고 동일 주체 안에서 어떻게 이들이 함께 작동할 수 있는가 하는 점이다. 보통의 경우, 한 개인이나 집단

---

59. '실제로 이번 촛불집회의 주체들은 참여민주주의를 추구하는 상호주관적 현대성도 지니고 있으면서 동시에 국가 바깥으로 나아가는 탈현대성과 동질적 전체주의로 향하는 전현대성도 모두 지니고 있다' (박구용, 같은 글, 23쪽).

은 자신 안에서 서로 상충되는 가치관이나 세계관이 심하게 부딪히면
서 작동하는 것을 경험하게 되면 자기분열을 겪지 않을 수 없으며, 심할
경우 정신분열증에 빠져들 수밖에 없다. 그래서 앞서도 언급하였듯이,
이번 촛불집회의 주체를 이런 면에서 정서적으로나 지성적으로 문제가
있는 가벼운 주체로 평가하는 경우도 있었다.

　그러나 우리의 촛불집회의 주체들이 이렇게만 평가를 받고 무시되
어 버린다면, 이는 너무 부당한 처사가 아닐 수 없다. 사실 이번 촛불집
회의 주체들은 일각에서 비판하는 것처럼 자기분열증 증세를 보일 만
큼 혼란스럽지 않았다. 오히려 이들은 축제를 즐기며, 기발한 상상력으
로 부당한 권위를 해학적으로 처리하고, 나아가 강렬한 토론으로 각자
의 감각이 공명할 수 있는 공통감sensus communis[60]의 정치를 모색해 보
려고 하였다. 그리고 이들은 기존 운동단체가 이념적 목적을 가지고 집
회를 주도하려고 할 때 이를 허용하지 않았으며, 아니 이를 가능하게 할
공간을 제공하지 않았다.

　물론 전통적 인간이나 근대적 인간이 도저히 이해할 수 없는 부조
화의 음악, 이상한 문구, 괴상한 옷차림 등은 질서와 조화, 권위와 안정
을 중시하는 도덕적 인간에게는 정신질환적 증세로 보일 수 있을 것이
다. 후기 구조주의 이후 전개되고 있는 우연과 혼돈에 대한 긍정, 이들
이 끝없이 살아서 생기를 뿜어내는 사건에 대한 긍정, 동물과 인간의 경
계에 대한 부정 등은 모던적 휴머니즘의 관점에서 보면 분명 정상이 아
니다. 미학적 상상력은 과학적 합리성이나 도덕적 규범성의 시선에서
볼 때는 언제나 불길한 징조이며, 배제해야 할 거짓의 원천이자 처단해

60. 이것은 칸트가 집중적으로 사용하는 용어로서, 그에 의하면 공통감은 인간이면 가지고 있
　어야 할 기본적인 소통 능력으로서, "스스로 사유하고, 다른 모든 사람의 입장에서 사유하
　고, 편견에 사로잡히지 않게 사유하는 것"을 의미한다(I. Kant, *Kritik der Urteilskraft*, in W.
　Weischedel (Hrsg.), Kant Werke 8권, Darmstadt: Wissenschaftliche Buchgesellschaft, 1983, 390
　쪽). 나중에 이 용어는 전체주의를 비판하고 인간의 삶의 조건을 복수성과 다원성에서 정
　립하려고 한 아렌트의 공통감의 정치로 이어졌다.

야 할 악의 자리이다. 그래서 전통적으로 예술은 조화와 균형을 지향해
야 했고, 미는 선으로 향해야 했다. 그렇기 때문에 예술적 상상력은 과
학적 합리성과 도덕적 규범성의 그물에 유폐되어야만 했다.

이것은 근대인이든 전前근대인이든 그들이 누렸던 권력의 공식이
었다. 그래서 포스트모던적 현대인은 진(비례와 균형)과 선(도덕성)으
로부터 탈출하여 부조화와 혼돈, 그리고 미로 향함으로써 기존의 권력
재생산을 절단하고자 한다. 이른바 기존의 문화에 대한 반란이 현대의
문화운동을 통해 전개된 것이다. 그 자리에는 상상력이 활동하고 있고
숭고가 자리하고 있다. 이 자리에서 솟아나는 주체들은 애초부터 합리
성과 도덕성 게임에 크게 비중을 두지 않는다. 왜냐하면 그런 게임의 자
리에는 이미 지배의 논리가 작동하고 있었기 때문이다.

사실 촛불집회의 주체들은 집회의 원인이 된 미국산 쇠고기가 과연
광우병을 안겨줄 만큼 심각한 쇠고기인가에 대한 정밀한 분석을 해낼
만큼 차분한 합리성과 심도 깊은 전문성을 간직하고 있지는 못했다. 그
런 면에서 이들 지성은 분명히 전문가지성을 압도할 정도는 아니었다.[61]
이들의 일차적 관심은 전문가지성을 무시하는 데 있는 것이 아니다. 이
들이 문제를 삼고자 하는 것은 우리 사회를 지배해 온 가르침과 암기라
는 일방적 소통성이 낳은 지배구조이다. 쇠고기 자체보다 이들을 더 분
노하게 만든 것은 서로가 함께 만들어 가는 상상력의 놀이가 아니라 일
방적으로 메시지를 전하고 가르치며 따르도록 하는 엘리트주의이다.
이들은 누구보다 온라인에서 상상력의 무한 충돌을 경험하면서 소통의
놀이를 전개해 온 자들이다. 그러므로 이들은 작가가 작품을 통해 전하
는 메시지를 전해 받는 수용자의 차원에 머물기보다는 작가와 더불어
작품을 만들어 가는 주체이기를 원한다. 디지털 주체는 아날로그 주체
와 달리 원본과 복제본이라는 주종 관계, 중심과 주변의 관계를 허물어

---

61. 어떤 면에서는 전문가가 이미 집단지성 속에서 활동하고 있기도 했다. 의사들이 촛불집회
    의 자리에 있었다는 것은 이를 입증해 주는 것이다.

버린다. 그러므로 그들은 집회의 중심을 원치 않았다. 그들이 가진 전문성은 좁게는 예술성, 넓게는 문화성이지 과학성이나 도덕성이 아니었다. 그리고 그들의 예술성과 문화성은 벤야민의 주장처럼 아우라aura를 간직한 제의적 형태에 참여하는 것이 아니라 누구나 공유할 수 있는 전시적 형태를 만들어 가는 것이다.

　　그러므로 촛불집회의 주체들은 애초부터 과학성이나 도덕성에 대해 콤플렉스를 갖지 않았다. 만약에 이들을 합리성을 갖추지 못한 감정적 주체로만 격하시킨다면, 그것은 기존의 주체담론의 틀을 벗어나지 못하는 상황을 초래할 것이다. 거대주체의 허망함을 맛본 자들이 돌아갈 집은 지성의 개념의 집도, 이성의 이념의 집도 아니며, 어디까지나 상상력의 놀이의 집이다. 물론 촛불집회의 참여 주체들이 과연 매체의 영향으로부터 자유로웠는지, 그래서 감정에 얽매인 감상적 주체가 아니었는가에 대해서는 논란의 여지가 있다. 또한 이들 주체가 다중지성론자들처럼 네그리적인 다중에 가까웠는지에 대해서도 논란의 여지가 있다. 왜냐하면 이들 주체들은 현 정부가 제시하는 정책에 대해 많은 불만을 가지고 있었음에도 불구하고 여기에 대한 적극적인 개선을 위한 실천적 노력을 지속적으로 전개하지 못했으며, 또한 자본의 외각에서, 국가의 바깥에서 코뮌의 세계를 구성할 만큼 코뮌주의자로서의 다중도 아니었기 때문이다. 분명히 운동의 전개 방식은 다중의 모습을 닮았지만, 그들의 지향점은 기존의 국민과 민족, 그리고 시민으로부터 자유롭지 못했다.

　　그러나 우리는 이 주체가 한계가 있다고 나무라기보다는, 이 주체를 발전적으로 모색하여 넓게는 오늘의 세계가 안고 있는 문제, 좁게는 한국 사회가 안고 있는 문제를 해결하는 데 소중한 자산으로 삼아야 할 것이다. 이미 앞에서 언급하였듯이, 인류의 과거사는 분명 근대사든 전근대사든 주체가 계몽과 신화의 악순환 속에 맴돌고 있었고, 결국 거대주체에 종속되는 결과를 낳았다. 그렇다면 우리는 주체와 주체가 서로

소통하되 연대하는 새로운 삶의 틀을 구축하지 않을 수 없다. 그것은 촛불의 주체가 자율성을 담지하면서 동시에 연대성을 지향하는 주체로 나아가는 길이어야 할 것이다. 이런 면에서 과학적인 합리성이나 도덕적인 규범성을 추구하는 주체 못지않게 예술적인 미감성을 추구하는 주체, 이른바 취미적 주체의 모색도 중요하다. 이 시대는 과학적 법칙이나 도덕적 법칙에 주체를 옭아매는 차원을 넘어 상상력의 자유로운 놀이를 통해 서로의 감정이 함께 하는 공통감의 영역을 마련하는 것도 매우 중요하다. 이런 맥락에서 촛불의 주체는 21세기의 흐름에 기여할 수 있는 가능성을 지닌 주체이다.

그리고 이 주체는 한국 현대사를 새롭게 종합하는 주체로서의 가능성도 지니고 있다. 그동안 우리 사회는 '우리 안의 나'를 너무나 중시하였다. 그러다보니 오늘날 도시 안의 새로운 주체들, 이른바 사이버 주체들은 '우리 밖의 나'를 향해 질주하고 있다. '우리'가 '나'를 억압하게 되면, '나'는 '우리'를 거부하고 탈출하려는 데 집중할 수밖에 없다. 아니 그런 '나'는 애초부터 '너'가 함께 하려고 하지 않으며, 그래서 '너'와 더불어 '우리'를 형성하는 일에 조금도 참여하지 않으려고 한다. 그러므로 여기에서는 급진적인 '우리 밖의 나'가 출현할 수밖에 없다. 오늘의 우리의 촛불의 주체는 이렇게 고립되고 파편화된 주체가 될 가능성을 강하게 지니고 있기도 하다. 그러면서도 이 주체는 역설적이게도 여전히 홀로 주체였던 시절, 이른바 '우리 없는 나'였던 시절이 겁이 나서 '우리 안의 나'이기를 무의식적으로 갈망하기도 한다. 촛불집회를 통해 나 개인의 생명과 자율성을 최대한 보장받고, 자신의 상상력을 최대한 발휘하고자 하였던 그 '나'도 "대한민국은 민주공화국이다. 모든 권력은 국민으로부터 나온다"는 헌법 제1조를 주문 외우듯이 읊지 않았던가?

내 안에 존재하는 이런 자기모순은 우리 현대사가 안겨준 상처의 흔적이라고 보아야 할 것이다. '우리' 없이 살고 싶지만, 끝없이 '우리'

를 불러들이는 이 모순적 주체는 한국 현대사에 자리하고 있는 우리들의 자화상이다. 그러나 한 가지 다행스러운 것은 바로 이 촛불집회의 주체 안에 흩어지는 고독한 주체가 아니라 공명과 공감으로 향하는 공통감에 다가가는 주체가 작동하고 있었다는 사실이다. 이것은 '우리'에 '나'를 구속시켜버리는 '나' 없는 '우리'를 추구하는 추상적 보편자의 길도, '우리'를 '나'에서 지워버리는 추상적 개별자의 길도 아니다. 그 것은 '나'와 '우리'가 공통감을 통해 만나는 새로운 길이다.

그동안 우리들 각각은 한편에서는 그렇게 시달렸던 '우리'를 여전히 밀실에서 함께 공유하며, '우리가 남인가?'라는 운명애를 노래하며 연고주의와 의리주의로 '나'를 유지하려는 전근대적 삶의 양식을 지속해 왔다. 그런가 하면 다른 한편에서는 내가 '나'를 제대로 사랑하지도 못하면서도 끝없이 남들을 밟고 올라가는 거친 '나'를 만들기 위해서 '우리'를 망각하는 삶의 양식을 지속해 오기도 했다. 이처럼 우리의 주체는 '나'와 '우리'를 서로 살리는 길이 아니라 서로를 죽이는 불행한 길을 걸어왔다.[62] 혹자는 이를 두고 우리 사회에는 '유사공동체주의'와 '유사자유주의'가 악순환을 겪고 있는 사회라고 하였다.[63] 우리는 제대로 된 정의도, 제대로 된 연대도 구축하지 못하고, 계산적 이기주의와 집단적 의리주의로 서로를 소모시키는 서글픈 길을 걸어왔다. 한국 현대사의 주체의 빈곤이 이기적 주체와 이타적 주체의 급격한 결합으로 이어져, 결국 이기주의와 연대주의의 비합리적 결합을 만들어 내는 불행을 낳기도 했다.

이 모든 것이 '우리'와 '나' 사이에서 생겨난 상처와 그 상처로 인한 불신의 장벽이 만든 결과이다. 이제 우리는 이 불행한 역사를 청산해

---

62. 타자로부터 상처를 많이 입은 주체일수록 타자에 대해서 의심을 더 많이 하면서 자기를 더욱더 많이 감추려고 한다. 우리의 현대사의 질곡을 걸어온 빈곤한 주체는 강한 감시와 강한 익명이라는 과도한 이중성을 간직하고 있기도 하다.

63. 이승환, 「한국에서 자유주의와 공동체주의 논의는 적실한가?」, 哲學研究會 99춘계학술대회보, 『자유주의와 공동체주의』, 1999, 149쪽.

야 한다. 그것은 '우리' 속에 '나'의 길이 열려 있어야 하고, '나' 속에 '우리'가 스며들 수 있는 소통의 길이어야 한다. '나'를 희생양으로 삼거나, '우리'를 외면해 버리는 '추상적 개별자'나 '추상적 보편자'의 길이 아니라 '나'를 '우리' 속에서 살리고, '우리'를 '나' 속에서 살리는 '구체적 보편자'의 길이어야 한다. 이것이 가능하기 위해서는 더 이상 강한(닫힌) '우리'나 강한(닫힌) '나'가 아니라 부드러운(열린) '우리'와 부드러운(열린) '나'여야 한다. 이 길은 자율성과 연대성이 상생하는 길이다.

그러나 유감스럽게도 우리의 국민(민족)적 주체도, 민중적 주체도, 시민적 주체도 이런 길을 제대로 마련해 주지 못했다. 후자로 올수록 자율성은 확대되었지만, 그 자율성도 집단의 논리에 기초한 자율성이지, 자신의 생활 속에서 발생하는 문제들을 스스로 제기하고 이를 풀어가는 개인적 자율성이 아니었다.[64] 역으로 전자로 거슬러 갈수록 연대성은 강화되었지만, 그 연대성도 위로부터 명령된 연대성이지, 생활인들의 자발적인 의지로 형성된 연대성이 아니었다. 자율성이 가장 많이 진척된 87년 이후의 시민운동에도 정치주의적 관점이 아닌 생활주의적 관점에서 출현한 에토스적 주체는 제대로 성장하지 못했다. 한국의 시민운동은 민주화운동의 연장선에 놓여 있었지, 생활정치의 길로 이어지지 못했다.[65]

이제 한국의 시민운동도 감시와 비판이라는 부정적 운동을 포월하는 생활정치의 길, 이른바 조직에 묻혀버린 지역의 특수성이 살아나는, 그리고 이 특수성들이 공명하는 생활정치의 길을 만들어가야 할 것이다. 이런 의미에서 기존의 시민운동은 (주민, 마을, 시민)자치운동으로 발전해야 할 것이다.[66] 바로 이 가능성을 담고 있는 한국 현대사의 사건

---

64. 권용혁, 같은 글, 3쪽.
65. 권용혁, 같은 글, 3-4쪽.
66. 여기에 대한 자세한 논의는 필자의 졸고, 「자율, 인정, 연대, 자치 : 21세기 새로운 시민자치

이 촛불이다. 이 촛불의 주체는 정치꾼의 주체가 아닌 생활자치의 주체로 태어날 수 있는 가능성을 지니고 있다. 우리는 이 주체의 성숙을 통해 정치가 더 이상 정치인의 정치가 아니라 생활인의 정치가 되도록, 가르침의 정치가 아니라 함께 하는 정치가 되도록 해야 할 것이다. 그래서 우리는 이를 통해 권력을 중앙으로 결집시켰던 조국근대화를 넘고 권력을 분산하는 지방분권도 넘어가야 한다. 이제 우리는 분권적인 소극적 차원을 넘어 미시권력의 자율성과 그것이 함께 공명하는 지방자치의 길로 나아가야 할 것이다.[67]

촛불집회와 그 속에 자라난 주체는 이런 시대정신을 구현해야 할 것이다. 단순히 이들 주체가 상상력의 유희에 함몰되어 버린 취미집단이 되어서는 안 될 것이다. 이 주체는 취미집단이 추구하는 공통감을 넘어 함께 하는 이념의 세계로 이행하는 보다 이성적인 노력도 결코 소홀히 해서는 안 될 것이다.[68] 한국 촛불집회의 주체가 지나치게 심미적 주체로 질주할 경우, 그 주체는 필히 나르시시스트의 비애를 맛볼 수밖에 없을 것이다. 이 주체가 자신을 죽이는 비애를 벗어나기 위해서는 과학적 합리성과 도덕적 규범성이라는 근대성의 긴 과정을 숙지하고 인내해야 할 것이며, 함께 연대하는 공통감에 대한 고민을 간직해야 할 것이다. 이 길만이 그동안 우리가 겪었던 거대주체의 함정을 빠져나와 미시주체들, 생활주체들의 자율성과 연대성의 놀이 공간을 가능하게 해줄

의 가능성」(사회와 철학 연구회 편, 『사회와 철학』 제14권, 2007). 「개인에 있어서 '자치' 란 무엇인가」(한국자치학회 편, 『마을과 자치』, 2008. 9. 4). 「마을(공동체)에 있어서 '자치' 란 무엇인가」(한국자치학회 편, 『마을과 자치』, 2008. 10. 16). 「개인자치와 마을자치의 새로운 만남 ― 자율성과 연대성의 원리를 중심으로」(한국자치학회 편, 『마을과 자치』, 2008. 11. 11, 참조.
67. 그동안 우리는 지방분권을 형식적으로 추진해 왔지만, 각 지방이 제대로 자율성을 갖는 지방자치를 마련하지는 못했다.
68. 권용혁, 같은 글, 5쪽. 이는 칸트의 공통감이 이념의 길을 가기보다 취미의 길로 가는 것을 원했던, 그것도 칸트적인 향수적 숭고가 아니라 혁신적 숭고로 나가기를 원했던 포스트모던의 길이 지니고 있는 위험성에 대한 경계이다.

것이다.

따라서 결론적으로 촛불의 주체는 일시적으로 켜졌다가 사라지는 유행적 주체가 되어서도 안 될 것이며, 그렇다고 우리 사회를 다 태워버리는 광기적 주체가 되어서도 안 될 것이다. 이 주체는 우리가 버려야 할 절망적 주체만도 아니고, 우리가 몰입해야 할 이상적 주체만도 아니다. 그 속에 담긴 여러 얼굴들이 성숙하여 다양성 속에 조화를 일구어내기를 기다려야 하는 주체이자, 함께 이루어가야 할 주체이다.

참고문헌

고원,「촛불집회와 정당정치개혁의 모색」, 서울대학교 한국정치연구소 편,『한국정치연구』제17집, 2008.

권용혁,「촛불집회와 시민사회」, 사회와 철학 연구회 하계 심포지엄 발표회보『촛불 어떻게 볼 것인가?』, 2008. 8. 27.

김미영,「한국과 일본의 마을조직의 비교고찰」,『민속연구』제4집.

김민웅,「씨올의 싸움, 그리고 씨올의 권력」,『씨올의 소리』통권 제201호, 2008.

김석수,「개인에 있어서 '자치' 란 무엇인가」, 한국자치학회 편,『마을과 자치』, 2008. 9. 4.

김석수,「개인자치와 마을자치의 새로운 만남 — 자율성과 연대성의 원리를 중심으로」, 한국자치학회 편,『마을과 자치』, 2008. 11. 11.

김석수,「마을(공동체)에 있어서 '자치' 란 무엇인가」, 한국자치학회 편,『마을과 자치』, 2008. 10. 16.

김석수,「상징적 폭력과 전근대적 학벌사회」, 사회와 철학 연구회 편,『사회와 철학』제16호, 2008.

김석수,「자율, 인정, 연대, 자치 : 21세기 새로운 시민자치의 가능성」, 사회와 철학 연구회 편,『사회와 철학』제14권, 2007.

김석수,「칸트의 '주체' 개념에 대한 반성적 고찰」, 대한철학회 편,『哲學硏究』제82집, 2002.

김석수,「현대 웰빙(well-being) 문화의 발생 원인에 대한 분석과 미래의 새로운 방향에 대한 모색」, 경북대학교 동서사상연구소 편,『동서사상』제1집, 2006.

김석수,『한국 현대 실천철학』, 돌베개, 2008.

김일영,「'촛불시위' 의 희망과 불안」, 철학문화연구소 편,『철학과 현실』제79호, 2008 겨울.

김종엽,「촛불이 갈 길」, 창비주간논평. 2008. 7. 9.

김호기,「촛불집회, 거리의 정치 : 서울광장에서 그람시와 하버마스를 다시 읽는다」, 세교연구소, 진보와개혁을위한의제27, 참여사회연구소, 코리아연구원, 경향신문 편,『촛불집회와 한국 민주주의』, 2008. 6. 16.

문교부 편,『국민교육헌장독본』, 동아출판사, 1969.

민경우,「촛불의 정치세력화에 단호하게 참여하라」, 한국노동사회연구소 편,『노동

사회』 2008년 7 · 8월.

박구용, 「촛불과 지성」, 사회와 철학 연구회 하계 심포지엄 발표회보 『촛불 어떻게 볼 것인가?』, 2008. 8. 27.

박종홍, 「民族的 主體性」, 열암기념사업회 편, 『朴鍾泓全集』 VI권, 민음사, 1998.

서유석, 「촛불이 요구하는 '성찰'」, 『시대와 철학』 제19권 2호, 2008.

선우현, 「촛불 이념인가 이해관계인가?」, 사회와 철학 연구회 하계 심포지엄 발표회 보 『촛불 어떻게 볼 것인가?』, 2008. 8. 27.

스피노자, 『국가론』, 김성근 옮김, 서문당, 2001.

아고라 페인들 엮음, 『대한민국 상식사전 아고라』, 여우와 두루미, 2008.

安浩相 博士 編述, 『일민주의의 본바탕』, 檀紀 4283年度, 서울: 一民主義硏究所 發 行.

양현아, 「촛불집회, 차이와 공공성의 새로운 공간」, 세교연구소, 진보와개혁을위한 의제27, 참여사회연구소, 코리아연구원, 경향신문 편, 『촛불집회와 한국 민주주 의』, 2008. 6. 16.

윤평중, 「사실과 합리성의 관점에서 본 '촛불'」, 철학문화연구소 편, 『철학과 현실』 제79호, 2008 겨울.

이동연, 「촛불집회와 스타일의 정치」, 『문화/과학』 통권 55호, 2008년 가을.

이득재, 「촛불집회의 주체는 누구인가?」, 『문화/과학』 통권 55호, 2008년 가을.

이병천, 「이명박 정부와 촛불 연대: 뒤바뀐 위기와 기회, 6.10과 그 이후」, 세교연구 소, 진보와개혁을위한의제27, 참여사회연구소, 코리아연구원, 경향신문 편, 『촛 불집회와 한국 민주주의』, 2008. 6. 16.

이병훈, 「촛불민주주의와 양극화 그리고 진보운동의 과제」, 한국노동사회연구소 편, 『노동사회』 2008년 7 · 8월.

이승환, 「한국에서 자유주의와 공동체주의 논의는 적실한가?」, 哲學硏究會 99춘계 학술대회보, 『자유주의와 공동체주의』, 1999.

이정은, 「한국현상 촛불시위에 관한 철학적 고찰」, 한국철학사상연구회 편, 『시대와 철학』, 2003.

이진경, 「촛불은 '근대의 벽'을 넘는 과정」, 『한겨레』 2008. 8. 8.

이한구, 「촛불은 우리에게 무엇을 남겼는가?」, 철학문화연구소 편, 『철학과 현실』 제 79호, 2008 겨울.

이해진, 「촛불집회 10대 참여자들의 참여 경험과 주체 형성」, 한국사회산업학회 편,

『경제와 사회』 통권 제80호, 2008년 겨울.

장석준, 「촛불에서 사회운동적 노동조합의 출발점을 보다」, 한국노동사회연구소
　　편, 『노동사회』 2008년 7 · 8월.

정연교, 「촛불, 어떻게 수습할 것인가?」, 철학문화연구소 편, 『철학과 현실』 제79호,
　　2008 겨울.

조대엽, 「2008년 촛불집회와 '제4의 결사체'」, 세교연구소, 진보와개혁을위한의제
　　27, 참여사회연구소, 코리아연구원, 경향신문 편, 『촛불집회와 한국 민주주의』,
　　2008. 6. 16.

하승창, 「2008년 촛불집회와 사회운동」, 『노동사회』 2008년 9월.

허우성, 「촛불시위와 주체성의 문제」, 철학문화연구소 편, 『철학과 현실』 제79호,
　　2008 겨울.

Benjamin, Walter, "Das Kunstwerk im Zeitalter seiner technischen Reproduzierbarkeit,"
　　Rolf Tiedemann und Hermann Schweppenhäuser (Hrsg.), *Gesammelte Schriften*,
　　Werkausgabe Band I, Frankfurt a.M.: Suhrkamp, 1980.

Kant, I., *Kritik der Urteilskraft*, in W. Weischedel (Hrsg.), Kant Werke 8권, Darmstadt:
　　Wissenschaftliche Buchgesellschaft, 1983.

Spinoza, Baruch de, *Die Ethik*, in Günter Gawlick (Hrsg.), *Baruch de Spinoza · Sämtliche
　　Werke* Band 2, Hamburg: Felix Meiner Verlag, 1984.

촛불집회를 통해 본 정치와 문화의 연관성에 대한 성찰

나종석

울산대학교

나종석 울산대학교 연구교수. 독일 에센대학교에서 철학박사학위를 받았으며, 주요 저서와 논문으로는 『차이와 연대 — 현대 세계와 헤겔의 사회·정치철학』, 『삶으로서의 철학』, 『칸트에서의 공적 이성과 토의정치』, 『헤겔 역사철학의 근본주장 및 그 의미에 대하여』, 『하버마스인가 아니면 슈미트인가? — 인도주의적 개입과 근대 주권국가 사이의 긴장』, 『홉스의 사회계약론의 의미와 한계』 등이 있고, 역서로는 『존재와 가상 — 헤겔 논리학의 비판적 기능』, 『비토리오 회슬레, 21세기의 객관적 관념론』, 『철학의 이해』(공역) 등이 있음.

들어가는 말

이 글은 지난해 초 대한민국을 뜨겁게 달구었던 대규모 촛불집회를 통해 드러난 한국 민주주의의 문제점과 가능성에 대해 성찰한 것이다. 특히 이 글은 민주주의의 문화적 조건들에 대한 성찰을 통해 촛불집회의 성격이 무엇인지를 이해해 보려는 것이기도 하다. 따라서 이 글은 촛불집회(문화제)를 해석하는 다양한 흐름들이 명시적으로 주장했거나 함축하고 있는 민주주의에 대한 시각을 비판적으로 검토하는 작업을 포함한다. 민주주의에 대한 다양한 해석과 태도 역시 민주주의를 구성하는 문화적 조건들의 한 영역이기 때문이다. 민주주의는 민주주의에 대한 다양한 시각들, 가령 심지어 민주주의를 비판하고 거부하는 관점이 실질적인 행동을 통해 민주주의를 전복하려고 하지 않는 이상 역시 하나의 의견으로 존중되어야 함을 인정한다. 그러나 민주주의가 존립하기 위해서 시민들 사이에 민주주의에 대한 공통된 견해들이 존재해야 함 역시 자명하다. 현대 사회에서는 공통의 견해는 그저 주어지는 것이 아니며 다양한 해석들 사이의 치열한 논쟁이 없이는 형성될 수 없다. 그런 점에서 다양한 해석은 권력이나 공권력에 의해 억압되어서는 안 되며 치열한 논쟁과 토의 과정을 통해 민주주의에 대한 일정한 합의를 도출하는 것이 민주주의의 지속적 존립을 위한 필수적 전제조건의 하나이다. 이때 중요한 것은 공개적이고 자유로운 토론을 통한 의견과 견해의 교류가 최대한 존중되고 그 공론의 장이 돈의 논리나 효율적인 행정 권력에 의해 왜곡되지 않는 것이다. 이런 조건들이 확보되어 있을 때 자유로운 탐구정신이 제대로 빛을 발휘할 것임은 물론이고 정치적 의지형성의 민주적 정당성이 더욱더 잘 확보될 것이다. 언론 · 출판 · 결

사의 자유가 바로 민주적 공동체를 형성하는 데 필수적 요소라고 주장
되는 이유도 바로 이런 까닭에서이다.

이 글은 철학적 정신의 핵심적 알갱이가 자유로운 탐구에 있다는
점, 그리고 이런 자유로운 탐구정신이 현실에 대한 새로운 해석의 가능
성을 제시함에 의해 현실에 대한 비판적 개입의 가능성을 보여줄 수 있
다는 점을 전제한다. 철학과 민주주의가 적어도 자유로운 탐구를 공동
으로 요구하고 있으며, 또 이런 점에서 철학과 민주주의는 때로는 긴장
을 형성하지만 궁극적으로는 운명을 같이할 친구임에 틀림없다. 이 글
에서 촛불집회에 대한 상이한 접근방식 그리고 촛불집회를 매개로 하
여 촉발된 다양한 민주주의에 대한 해석들에 대하여 비판적으로 검토
하는 작업을 수행하는 까닭도 이와 긴밀하게 연결되어 있다. 해석은 세
계를 달리 보는 가능성을 포함하고 있으며 기존의 통념의 자명성을 거
부하고 이에 대해 비판적으로 접근할 수 있도록 도움을 준다. 이리하여
해석은 기존질서를 구성하고 그 질서에 지적인 정당성을 부여하는 사
유 방식 및 행위 습관들을 흔들어서 세계를 새롭게 사유할 수 있게 만
든다고 보기 때문이다.

이렇게 세계를 바라보는 방식에서의 변화를 추구하는 일은 특히 철
학자로서의 정체성을 간직하고자 하는 사람들에게 중요한 작업이라고
생각된다. 현실과 철학이 만나는 특정한 방식에 대해 모든 철학자들이
동의할 수 없을지라도, 많은 사람들에게 자연스러운 것으로 여겨지는
견해들에 대한 새로운 해석을 통해서도 철학과 현실의 만남이 가능할
수 있다는 것이 이 글을 쓰는 저자의 입장이기도 하다. 더 나아가 나는
기존의 통념을 되새김질하면서 세계에 대한 새로운 인식의 가능성을
보여주는 노력이 오늘날 철학적 사유가 담당해야 하는 중요한 역할일
뿐 아니라, 그런 작업 자체가 정치적 의지 형성에 참여하는 하나의 의미
있는 방식이라고 생각한다. 글쓴이는 철학자들이 세계를 해석하는 작
업을 넘어서 세계를 변혁하는 것이 중요하다는 카를 마르크스의 경구

를 거부하면서도 다른 방식으로 그 정신을 이어받고자 하는 것이다.

물론 현실에 대한 철학적 개입방식에 관한 필자의 태도는 다른 방식으로 사회에 참여하는 것이 가능하다는 것과 그런 다른 방식이 더 효과적일 수 있을지도 모른다는 점을 부인하는 것은 아니다. 예컨대 촛불문화제에 적극 참여하거나 그것을 능동적으로 조직하거나 이런 일을 하는 사람들을 보조하는 일들을 통해 정치적 활동에 책임 있는 시민으로서의 역할을 담당할 수도 있을 것이다. 그러나 솔직히 고백하건대 글쓴이는 작년의 촛불문화제에 직접 참여한 적이 없다. 다만 그 현상을 여러 인터넷 신문이나 방송들을 통해 간접적으로 접근했을 뿐이다. 그렇기에 더더욱 글쓴이는 촛불시위 현상에 대한 다양한 반응들을 나름대로 정리하고 해석하여 그에 대한 이해를 도모하고자 하는 것이다. 또 이런 방식이 역사적 현장에 참여하여 역사를 직접 창출한 사람들로 인해 형성된 사건의 의미를 이해하는 데 장점이 될 수도 있지 않을까 하는 생각도 해본다. 간단하게 말해 이 글은 촛불문화제에 대해 참여자의 입장에서가 아니라 방관자 혹은 관찰자의 입장에서 작성된 것이다.

촛불문화제의 진행과정에서 글쓴이에게 커다란 흥미를 자아낸 것은 다음 두 가지 현상이다. 하나는 촛불집회에 대한 최장집 교수의 해석을 둘러싸고 진행된 민주주의에 대한 다양한 입장들의 분출이고, 다른 하나는 소위 '집단지성' 내지 '다중지성'에 대한 논쟁이었다. 이 두 가지 문제는 민주주의적 정치 문화의 중요성에 대해 진지하게 성찰할 것을 요구한다. 달리 말하자면 2008년의 촛불집회는 민주주의의 문화적 조건들이 무엇인지 그리고 민주주의가 가져다주는 문화적 변형들 내지 사람의 생활방식 및 사유방식에 대한 변동의 경향과 그것이 지니는 함축들이 무엇인지에 대해 주목할 필요성을 보여주고 있다. 그런데 민주주의의 정치 문화적 조건에 대한 성찰은 촛불시위를 둘러싼 논쟁에서 그리 큰 주목을 받고 있는 것 같지 않다. 이런 현상은 촛불집회의 성격을 이해하는 데에서도 그리고 이 집회가 한국의 민주주의에 대하여 제기하는 과제들을 고민하는 데에서도 일정한 방해 요인으로 작용하는 것처럼 보인다. 민주주의의 문화적 조건에 대한 성찰은 민주주의를 이해하는 데 중요한 요인일 뿐 아니라, 지난해의 촛불집회의 성격을 보다 종합적으로 파악할 수 있는 시야를 제공한다. 누구나 인정하듯이 민주주의는 제도나 선거와 같은 절차만으로 구성되지 않는다. 잘 작동하는 민주주의는 공동체 의식과 공적 삶에 대한 참여 의식 등 자유와 평등의 원칙들을 열정적으로 사랑하는 시민적 품성들civic virtues의 함양뿐만 아니라 민주주의적 제도와 절차에 어울리는 민주적 시민문화의 형성을 요구한다.

1. 민주주의적 평등의 원리의 문화적 표출로서의 '집단지성' 현상

이 단락에서 제기하는 주장은 촛불집회를 이해하는 데 민주주의가 문화 및 지식권력에 미치는 영향에 주목할 필요가 있다는 것이다. 민주주의가 문화에 미치는 영향에 주목하여 촛불문화제를 이해하려는 접근 방식은 미흡하다. 그렇지만 이번 촛불집회에 드러난 대중지성 현상은 평등의 이상에 의해 추동되는 민주주의가 인간의 사상과 감정에서의 평등을 초래하는 경향이 있다는 점을 보지 않는다면 제대로 이해될 수 없다.

촛불집회에서 등장한 집단지성의 현상을 분석하기 전에 우선 민주주의에 대한 간략한 설명이 필요할 것이다. 민주주의를 정의하는 방식은 대단히 다양하다. 예를 들어 민주주의에 대한 '최소 정의적 개념'에 의하면 민주주의는 "공정하고 자유로운 투표를 통한 주기적 선거, 평등한 투표권, 언론, 출판, 집회의 자유, 그리고 정당 및 이익집단과 같은 정치적 결사의 자유 등 보통 절차적 최소 요건이라고 말하는 일련의 제도적 장치를 갖는 통치체제"로 이해된다.[1] 고대 그리스의 도시국가에서 실현된 바 있던 민주주의의 고전적 정의에 의하면 민주주의는 '인민에 의한 통치' 내지 '인민의 지배'이다. 민주주의에 대한 이런 이해는 민주주의의 그리스 어원인 데모크라티아demokratia라는 단어의 의미에서도 분명하게 드러나 있다. 이 말의 의미는 주지하다시피 인민을 뜻하는 demos와 힘이나 지배를 의미하는 kratia의 합성어로 '인민에 의한 지배'를 뜻한다. 또 미국 혁명 당시 독립선언서를 기초했으며 미국의 3대 대통령이었던 토머스 제퍼슨은 민주주의를 "피치자의 동의에 의한 통치"라고 정의했다.[2] 현대 정당정치 이론가로서 이름난 샤츠슈나이더E. E. Schattschneider에 의하면, "민주주의는 지도자들과 조직들이 공공정책에 대한 대안을 가지고 경쟁함으로써 일반 대중이 정책 결정과정에 참여할 수 있게 되는 일종의 경쟁적 정치체제이다."[3]

민주주의에 대한 이런 다양한 정의를 볼 때, 2,500년 이상 민주주의에 대해 토의가 있었지만 대부분의 사람들이 합의에 이를 만한 적절한 개념을 도출하는 데 실패했다는 로버트 달의 지적은 새삼스러운 것은 아니다.[4] 그러나 민주주의가 어떻게 정의되든지 그것은 권력을 특정한 정치적 공동체에 속하는 구성원들, 즉 시민들에게 골고루 평등하게 배분하는 것을 이상으로 삼고 있다는 것은 분명하다. 즉, 민주주의가 추구하는 가치는 시민들이 스스로 통치의 주체로서 공적 사안을 결정하는 경우 평등한 존재로 간주되어야 한다는 점에서 평등의 이념을 추구하고 있음은 분명하다. 이처럼 민주주의는 시민의 자치와 평등의 이념을 결합하고자 한다.

촛불이 지핀 민주주의 논쟁에서 무엇보다도 커다란 주목을 받은 것

---

1. 최장집, 『한국 민주주의 무엇이 문제인가』, 생각의 나무, 2008, 59쪽.
2. E. E. 샤츠슈나이더, 『절반의 인민주권』, 현재호·박수형 옮김, 후마니타스, 2008, 21쪽 이하.
3. 같은 책, 222쪽.
4. 로버트 달, 『민주주의』, 김왕식 외 옮김, 동명사, 1999, 17쪽.

은 소위 새로운 주체의 등장이라고 평가받고 있는 '다중지성' 내지 '집단지성'의 등장이다. 이런 용어들 외에도 '대중지성'이나 '집합지성' 등의 용어도 사용되고 있다. 요즈음 많은 사람들의 관심을 끌고 있는 '다중지성,' '집단지성,' 그리고 '대중지성' 등의 용어는 함축하는 바가 대개 비슷하나 미묘한 차이가 존재한다. 특히 다중과 대중의 용어가 어떤 유사성과 차이성을 지니는가에 대해서는 별도의 논의가 필요할 것이지만, 이 글에서는 이들 용어들을 동의어로 느슨한 방식으로 사용한다.[5] 여하튼 많은 지식인들은 인터넷을 매개로 한(특히 다음의 아고라 광장) 토론의 장에서 벌어진 일련의 문화적 현상에 흥분을 감추지 못하고 있다. 촛불시위에 적극 참여할 뿐 아니라 전문가 못지않은 식견으로 쇠고기 정국을 능동적으로 타개하고 정부 및 조·중·동으로 대표되는 한국의 보수적 언론의 논조와 주장의 허구성을 여지없이 폭로하여 시민들의 광범위한 동의와 합의를 이끌어내 대규모 시민들의 동원을 가능하게 한 것은 다름 아닌 인터넷을 매개로 한 시민들의 자발적인 토론이었다.

이를 두고 이진경 서울산업대 교수나 문학평론가 조정환 등은 촛불시민의 '집단지성'을 안토니오 네그리A. Negri 등의 탈근대적 다중이론[6]

---

5. 천정환, 『대중지성의 시대 ― 새로운 지식문화사를 위하여』, 푸른역사, 2008, 15쪽 이하 참조 바람. 천정환은 "대중지성은 다중지성의 유의어이자 '집합적 지성'의 다른 이름이며, '연대'·'소통' 같은 오래된 말의 새로운 버전"이라는 입장을 제시한다(같은 책, 20쪽).

6. 요즈음 인구에 회자되는 '다중多衆'이라는 개념은 주지하듯이 네그리 및 하트 등에 의해 널리 사용되게 된 용어로 스피노자의 라틴어 'multitudo'에서 유래한 것이다. 네그리는 이를 'multitude'로 번역하여 사용하였고, 이 용어를 '다중'으로 번역해 사용한 것은 조정환 및 서창현 등에 의해서이다. 국내의 대표적인 네그리주의자의 하나로 분류될 수 있는 윤수종은 처음에 multitude를 '대중'으로 번역하였다. 천정환의 책, 343쪽 주석 43 참조, 네그리와 하트는 다중의 개념을 민중 혹은 인민people, 대중the mass, 노동 계급working class 등의 개념과 구별하고 있다. 다중은 다원성과 복수성을 드러내는 용어로 일정한 단일성이나 집단적 정체성을 전제하는 민중 혹은 인민 개념과 구별된다. 다중은 내적 차이를 유지하면서 적극적인 소통을 추구한다는 점에서 무차별성과 수동성을 특징으로 하는 대중과 구별된다. 마지막으로 노동 계급 개념은 주로 산업 노동자 계급만을 배타적으로 특권화 하는 제

을 적용하여 해명하려는 시도를 했고, 이런 해석은 많은 사람들의 공감을 불러일으켰다. 이진경은 촛불집회를 통해 등장한 '집단지성'에 세계사적 의미를 부여한다. 그에 의하면 "서구 학자인 네그리와 마이클 하트M. Hardt가 21세기 새로운 저항의 주체로 '집단 지성'을 거론했는데, 이를 세계에서 가장 먼저 성공적으로 실행한 것이 한국의 촛불집회"인 셈이다.[7] 또한 이진경은 촛불시위의 대중을 근대 정치의 표상인 '대의'의 틀을 넘어 대중 자신의 "사유와 행동으로 자신의 삶을 만들어가는 정치의 장"을 새로 개척한 주체로 평가하면서, 근대 정치의 외부에서 활동하는 새로운 대중적 주체를 탈근대적 변혁주체의 등장이라고 본다.[8]

　　연구공간 '수유+너머'(대표 고병권)에서 활동하는 사람들은 이미 '2007 대중지성 프로젝트' 선언을 한 바 있다. 이 선언에 의하면 오랫동안 지식의 생산과 유통 그리고 계몽의 독점적 공간이었던 대학과 지식인이 지식기반사회의 논리에 편승하여 돈에 대한 열정 속에서 죽어가고 있다. 그러나 근대 아카데미와 지식인의 죽음과 함께 새로운 지성의 주체, 다름 아닌 '대중지성'이 탄생하고 있음을 이 선언은 동시에 확인한다. 대중지성이란 대중들 스스로 지식을 생산, 유통, 공유하는 현상을 가리키는 것이다. 대중지성에서는 과거처럼 가르치는 지식인과 수용하는 대중의 이원적 분리가 존재하지 않으며, 지식은 대중들의 집합적 지혜로서 산출되는 것이다. 이처럼 대중지성은 대중에 대해 훈계하거나 대중에 대해 연민을 갖고 있는 지식인의 모습을 넘어 대중과 지식의 결

한된 개념이지만, 다중 개념은 가난한 자나 주부와 같은 무임금 가사노동자 그리고 실업자까지도 포함하는 상당히 포괄적이고 개방적 개념으로 쓰인다(안토니오 네그리·마이클 하트, 『다중 ― 제국이 지배하는 시대의 전쟁과 민주주의』, 조정환 외 옮김, 세종서적, 2008, 18쪽 이하).

7. 안수찬, 「진화하는 '집단 지성' 국가 권력에 '맞장'」, 『인터넷 한겨레』, 2008년 6월 19일.
8. 이진경, 「촛불은 '근대의 벽'을 넘는 과정 ― 촛불, 100일을 말하다」, 『인터넷 한겨레』, 2008년 8월 8일.

합을 꾀하는 것이기도 하다. 대중지성의 성격을 앞에서 언급한 선언의 내용은 다음과 같이 설명하고 있다. "선언컨대 이제는 대중이 지식의 신체이고 대중이 지식을 생산하는 지성이다. 지식은 어떤 개별 지식인 의 천재적 두뇌가 아니라, 익명으로 존재하는 여러 두뇌들의 네트워크 속에서 태어나고 있다. 지식은 아카데미의 강단이 아니라 대중적 네트 워크를 타고 소통되고 있다. 회사원인 채로, 농부인 채로, 학생인 채로, 예술가인 채로 지식의 생산과 소통에 참여하는 일은 얼마든지 가능하 다. 아카데미도, 지식인도 없지만, 가르치고, 배우고, 묻고, 읽고, 쓰는 일 은 어느 때보다도 활발하다."⁹

그러나 새로운 집단지성의 출현이 진정으로 한국의 민주주의를 새 로운 차원으로 심화 발전시키는 것으로 귀결될지는 두고 볼 일이다. 게 다가 촛불집회를 주도한 대중을 근대 정치의 틀을 내파하고 이를 극복 할 '탈근대적 변혁주체'로 규정하는 것이 얼마나 적절한 해석인가에 대해 상세하게 다룰 수는 없다. 다만 지적되어야 할 것은 집단지성의 출 현은 촛불시위에서 처음으로 등장한 것은 아니며 그런 현상에 대한 평 가가 긍정적이지만은 않았다는 점이다. 우리는 이미 황우석 사태나 심 형래 감독의 〈디워〉를 계기로 폭발적으로 등장한 집단지성의 또 다른 얼굴을 경험한 바 있다. 촛불시위 정국에서 가장 주목을 받은 진보 지식 인인 진중권은 황우석 사태 및 〈디워〉 사태를 경험하면서 '대중지성' 에 관해 다음과 같은 글을 발표한 바 있다. 좀 길지만 중요한 부분만을 인용하면 다음과 같다.¹⁰

> 몇 년 전에 어디엔가 '계몽은 끝나지 않았으나, 이미 계몽의 시대는 지났
> 다'고 쓴 기억이 난다. 그때 내가 맹아의 형태로 보았던 그것이 지금은 일
> 반적 현상이 되었다. 요즘 대중들은 여기저기서 '가르치려 들지 말라'고

---

9. 천정환, 앞의 책, 341쪽 주석 23.
10. 강조한 부분은 필자에 의한 것이다.

반발한다. 일부 언론에서는 이런 움직임을 '대중지성'이라는 말로 축성하기에 바쁘다. […] 언론에서 떠드는 대중지성이란 게 얼마나 허망한지 황우석 사태를 통해서 이미 경험한 바 있다. 고작 영화 한 편에 사회 전체가 들썩이는 것도 그 잘난 대중지성이 연출한 해프닝이다. 돌멩이를 산더미처럼 쌓아봐야 어차피 돌무더기, 거기서 저절로 지성이 나오는 건 아니다. […]

하지만 지금 인터넷의 상황은 어떤가? 도처에서 들리는 것은 외려 반지성주의 선동이다. 계몽의 시대는 지나갔다, 전문가의 시대는 끝났다, 대중의 시대가 왔다, 우리를 가르치려 들지 마라. 대중의 이 자부심은 도대체 어디서 비롯되는 것일까? 오늘날 대중은 계몽주의 시대처럼 문맹이 아니다. 게다가 컴퓨터와 인터넷이라는 디지털 매체로 무장하고 있다. 이는 아직도 먹물들이 주로 사용하는 인쇄매체보다 더 진화된 미디어다. 그러니 감히 자기들을 가르치려 드는 먹물이 우습지 않겠는가? […] 대중들은 머리를 모아 '지성'을 이루는 대신, 영웅과 더불어 신화를 창조하려 한다. 그 영웅은 물론 황우석일 수도 있고, 심형래일 수도 있다. […] 한마디로 황우석과 심형래의 비판자들을 향한 대중의 분노는 이른바 게임의 환상이 깨지는 데 대한 노여움이다. 게임을 할 때 상대보다 더 얄미운 것이 게임 자체를 비웃는 자, 이른바 '게임을 망치는 자'(Spielverderber)다. 과연 이런 것이 대중지성인가? 지금 우리가 보는 것은 '대중'일지는 모르나 '지성'과는 전혀 관계가 없다. 이 반지성주의가 때로는 글자 그대로 파시즘으로 발전하기도 한다. 그것을 적나라하게 보여주는 예가 있다.

얼마 전 유엔에서 우리나라의 순혈주의 문화에 인종차별적 요소가 있다고 지적한 바 있다. 그 문제에 관한 토론을 마치고 게시판에 들어가니, 온통 혈통의 신화를 부르짖는 대중의 아우성뿐이다. '솔직히 히틀러 총통께서 인종 청소를 안 해주셨으면 지금 유럽은 열등 유태인들로 인해 온갖 악의 소굴이 되었을 것이다. 우리나라에서도 위대한 히틀러 총통의 정기와 근성을 지닌 위대한 독재자가 출현하여야 한다.'

먹물들의 토론에 분노한 대중의 지성(?)이 외친다. '단군왕검이시여, 그

리고 조상님들이시여, 우리를 굽어 살펴주소서. 민족주의 만세! 순혈주의
만세!!! 이번 토론에서 국제화 운운하는 민족의 반역자들은 동남아 열등인
종들과 함께 대량 멸절시켜야 한다. 배달민족 만세다.' [11]

진중권은 집단지성에서 히틀러의 나치시대를 연상하는 비합리적
이고 광기에 사로잡힌 대중들의 등장을 보고 있다. 그에 의하면 황우석
교수를 열광적으로 지지하는 대중들(인터넷 네티즌과 대중들을 포함하
여)이 지식인의 계몽주의적 태도를 비판하지만, 그들은 근대적인 "문자
문화의 비판성, 성찰성, 합리성"을 극복하지 못했다. 진중권에 비판적인
어느 TV 시청자가 적고 있는 것처럼 일부 대중들에게 그는 일반 대중들
을 무지한 사람들로 보고 이들에게 무엇인가를 가르치려고 달려드는
전형적인 엘리트 지식인으로 비쳐졌다. 그러나 이들 대중들은 "새로운
구술문화, 새로운 영상문화의 잠재성을 가지고 외려 문자문화 이전의
전근대로 퇴행한" 것에 지나지 않는다고 진중권은 강조한다.[12] 이렇게
일부 대중들에 의해 마녀사냥의 대상이었던 진중권은 2008년 촛불집회
에서 집회 참여 대중들과 인터넷 공간에서 그 누구보다도 인정받는 지
식인 중의 하나였음은 아이러니하다.

　황우석 사태에서도 인터넷 공간은 황우석을 열광적으로 옹호하고
지지하는 사이트와 동시에 황우석의 연구에 대해 비판적이었던 '브릭
BRIC'과 같은 연구자 중심의 사이트가 존재했다. 우리는 집단지성에서
도 좋은 집단지성과 그렇지 않은 집단지성이 존재한다고 주장해야 할
까? 그렇다면 이 둘 사이를 판정하는 주체는 누구인가? 대중인가? 아니
면 계몽적인 전문가인가? 판단의 주체가 전문적 지식인이든 아니면 대

11. 「진중권의 상상」〈14〉이른바 '대중지성'에 관하여 — 합리적 사유 없는 한국의 인터넷」,
　　『한국일보』, 2007년 8월 27일.
12. 진중권, 「디지털 문맹의 마술적 제의」, 『신화의 추락, 국익의 유령 — 황우석, 〈PD수첩〉그
　　리고 한국의 저널리즘』, 원용진 · 전규찬 엮음. 한나래, 2006, 51쪽 이하.

촛불, 어떻게 볼 것인가

중이든 판단 기준에 대한 물음은 또 다른 문제를 낳는다. 대중 스스로 어떤 판단을 기준으로 하여 선한 집단지성과 나쁜 집단지성을 구별할 수 있을 것인가에 대해서는 적절한 해답이 존재하지 않는 것처럼 보인 다.

집단지성이 전문가 집단의 독단과 허구성을 폭로하는 지성과 합리 성을 보여주는 것과 동시에 반지성주의의 극단적 현상을 보여주는 이 양면성은 어디에서 기인하는 것일까? 또한 집단지성을 바라보는 무조 건적인 찬양과 백안시하는 두 가지 극단적인 현상을 어떻게 이해해야 하는 것일까? 나는 이런 현상을 평등주의적 이상을 궁극적 가치로 두고 있는 민주주의의 전개과정이 가져오는 사회문화적 효과 및 그것이 안 고 있는 이중적 특성으로 이해해야 한다고 생각한다. 토크빌A. Tocqueville이 지적하고 있듯이, 평등의 원리를 지향하는 민주주의는[13] 이 를 운영하면서 살아가는 사람들의 "사상과 감정"에 영향을 미치고, 이 러한 사상과 감정은 민주사회의 정치에 역으로 영향을 준다. 그런데 평 등은 경제적인 평등이나 권력의 평등한 배분에 국한된 것은 아니다. 물 론 민주주의에서 극단적인 사회적 대립과 갈등을 억제할 일정한 정도 의 경제적 평등은 필수적이다. 통치형태로서의 민주주의는 단순한 습 속은 물론이고 지위와 재산에서의 평등을 필요로 하는 것이라는 루소 의 주장은 우연한 것이 아니다.[14]

평등은 민주사회에서 사람들의 지성과 자질 그리고 감정의 영역에 도 영향을 미치게 마련이다. 20세기 프랑스의 대표적 지성의 하나인 레 이몽 아롱R. Aron은 토크빌의 이론을 설명하면서 그가 지식의 영역에서

---

13. 실질적 민주주의와 절차적 의미에서의 민주주의의 두 가지 의미에 대해서는 보비오의 책 『자유주의와 민주주의』(황주홍 옮김, 문학과지성사, 1992), 43쪽 이하 참조.
14. 장 자크 루소, 『사회계약론』, 이가형 옮김, 을유문화사, 1994, 73쪽 참조. 재산에서의 적정 수 준의 평등을 주장하는 것은 진보적인 관점에 서 있는 사람들만의 것은 아니다, 근대 자유 주의 형성에 큰 영향을 준 홉스도 국가의 평화를 유지하는 방안으로 국가에 의한 사회정 책을 인정하고 있음은 주목할 만한 사실이다.

의 평등을 '어리석은' 것으로 경제적 평등을 '불가능' 한 것으로 간주
했다고 주장하지만,[15] 민주주의가 모든 귀족주의적인 특권을 거부하는
것과 마찬가지로 전문가주의에 대한 불신과 회의를 보여주고 있음은
분명하다. 평등하고 자유로운 시민들이 스스로 통치하는 것을 구현하
고자 하는 민주주의는 공적 사안에 대해 스스로 결정하거나 지도자에
게 정치권력을 위임하는 것과 무관하게 일정 정도의 지식과 판단력의
배양을 전제로 한다. 시민들이 공적인 사안들에 관련된 정보들을 이해
할 수 없거나 주어진 정보를 기초로 하여 스스로 판단할 수 있는 능력
이 전제되어 있지 않다면 민주주의는 제대로 작동할 수 없다. 가령 글을
읽고 쓸 줄 모르는 시민들이 대다수를 형성하는 사회에서 그들은 기득
권 세력에 의해 여론 조작의 대상으로 보다 쉽게 전락할 수 있다. 그래
서 문맹을 민주주의 발전을 저해하는 암적인 존재로 보는 입장은 타당
하다. 1791년의 프랑스 헌법이 시민들에게 필요한 교육을 무상으로 제
공하는 공립학교의 설치를 선언했던 이유도 이와 연관된 것이다.[16] 문화
연구cultural studies에서 독보적인 업적을 쌓은 영국 출신의 학자 레이먼
드 윌리엄스Raymond Williams는 정치적 민주주의의 확대와 장기간에 걸
쳐 수행된 문화혁명 사이의 상호작용에 주목한 바 있다. 그에 의하면
1820년에 영국 사회에서 일간지를 읽는 인구는 대략 1% 정도이고 일요
신문을 읽는 인구도 1%를 약간 상회하는 정도였지만 약 130년이 지난
후에 성인 인구의 88%가 일간지를, 93%가 일요 신문을 읽을 수 있는 사
회로 변화했다. 이런 변화를 일컬어 그는 '기나긴 혁명long revolution' 이
라 했던 것이다.[17]

　　민주주의의 평등의 원리는 지식의 영역이라고 예외일 수는 없는 것

15. 레이몽 아롱, 『사회사상의 흐름』, 이종수 옮김, 기린원, 1988, 202쪽 참조.
16. 에른스트 볼프강 뵈켄회르데, 『헌법과 민주주의 ─ 헌법이론과 헌법에 관한 연구』, 김효
　　전 · 정태호 옮김, 법문사, 2003, 271쪽 참조.
17. 레이먼드 윌리엄스, 『기나긴 혁명』, 성은애 옮김, 문학동네, 2007. 특히 258쪽과 318쪽 참조
　　바람.

이다. 그렇다면 민주주의가 초래하는 다양한 영역에서의 평등화의 경향을 필연적인 것으로 바라보면서도, 그 경향이 가져올 이점과 폐해가 무엇인지를 면밀하게 검토하는 것이 필요할 것이다. 지식의 평등이 수학과 같은 학문의 영역에서가 아니라 정치적인 공적 사안들에 대한 적정수준에서의 평등을 의미한다면, 그것은 결코 비판받을 만한 것은 아니다. 이런 점에서도 평등의 이상을 거부한다는 것은 사실상 민주주의를 거부하는 것이나 다름없을 것이기 때문이다. 그러나 우리는 집단지성에 대해 앞에서 언급한 양 극단적인 평가에서 보듯이 평등이 가져올 정치사회에서의 부정적인 결과와 긍정적인 결과가 무엇인가를 검토하면서 폐단을 없애거나 줄이면서도 이로운 점들을 향상시키려고 노력해야 할 것이다.

토크빌이 주장하듯이 평등은 두 가지 얼굴을 갖고 있다. 그 하나는 자유의 가능성과 결합될 수 있는 참답고 고상한 평등이고, 다른 하나는 천박한 열정과 동반된 평등으로 이는 인간들을 새로운 형태의 전제주의로 몰고 갈 평등이다. 황우석 교수의 우상화에서 보듯이 여론과 상식의 형태를 띠고 나타나는 집단적 지식이 갖고 있는 가공할 만한 획일성과 이 여론과는 다른 입장을 보이는 태도를 경멸하고 저주하며 배제하는 폭력성의 결합은 대중 민주주의 사회에서 등장할 수 있는 전형적 현상이라 할 것이다. 피해자를 자살로까지 몰고 갈 정도로 심각한, 인터넷에서 종종 등장하는 집단 이지매 현상이나 '왕따' 현상도 역시 이런 현상의 또 다른 예들이다. 네그리 등이 주장하는 자율주의 및 다중이론에 호의적인 이론가들은 획일화된 대중이나 자본 및 권력에 의해 동원된 대중을 진정한 대중의 본연적 다양성을 상실한 것으로 보면서 이를 "대중의 죽음"이라고 부른다. 즉, "대중이 하나의 이념이나 우상에 자발성을 양도하는 것, 전쟁과 파괴에 역동성을 동원당하는 것이 '대중의 죽음'"이라는 것이다. 이렇게 본연적인 대중과 그렇지 않은 대중으로 구분하는 것은 대중의 양면성을 포착하고 대중의 긍정적인 측면을 강조하고자 한다는 점에서 일리가 있다. 그러나 대중의 양면성을 넘어서 참다운 "대중이 역사를 만들며 대중만이 민주주의를 행한다"는 주장은 선뜻 동의하기 어렵다.[18] 이 주장은 아마도 "다중이 마침내 스스로를 통치하는 능력을 손에 넣을 때 비로소 민주주의는 가능하게 된다"는 네그리와 하트의 입장과 동일한 것으로 보인다. 그런데 이런 주장은 우선 국가형태로서의 민주주의를 거부하고 국가의 폐지 상태에서의 민주주의를 지향하는 무정부주의적 특성을 보여준다. 물론 이 역시 민주주의에 대한 하나의 견해이지만, 내가 보기에 민주주의를 국가형태[19]로서 파악하지 않는 관점은 실현 불가능한 유토피아주의에 불과하다.[20] 나중에 다시 언급하겠지만 네그리류의 민주주의 이해는 치자와 피치자의 동일성, 즉 인민의 자기통치라고 불리는 민주주의에 대한 잘못된 해석에 기인하는 것으로 보인다. 간단하게 말하자면 치자와 피치자의 동일성으로서의 민주주의가 근본적으로 대표제나 대의제적 성격을 배제하지 않는다는 점 그리고 인민의 자기통치의 원리를 무조건적인 방식으로 실현하고자 하는 곳에서도 대의제적 요소는 필수적이라는 점을 잊어서는 안 된다.[21]

두 가지 얼굴을 갖고 있는 평등을 보고 부정적인 측면에 두려움을 느낀 나머지 이를 니체가 한 것처럼 전적으로 우중 도덕이나 무리 도덕으로 폄하하여 평등에 등을 돌리는 것은 대단히 일면적인 것이다. 천박한 열정으로 타락하여 새로운 전제주의의 토양으로서 작동할 가능성이 있는 어두운 얼굴의 평등에 대해 우려하는 것과 평등을 곧바로 전제주

---

18. 천정환, 앞의 책, 107쪽 참조.
19. 민주주의는 국가형태이자 통치형태로서 국가에 의해 조직된 정치적 지배를 폐지하거나 극복하는 것으로 이해되어야 한다는 주장에 대해서는 뵈켄회르데, 앞의 책, 215쪽 및 303쪽 참조 바람.
20. 나는 네그리와 하트의 입장을 무정부주의로 이해하고 이 입장이 국가의 자립성을 무시하고 있다는 데에서 결정적인 한계점을 보는 고진의 견해에 동의한다. 가라타니 고진, 『세계공화국으로』, 조영일 옮김, 도서출판 b, 2007, 219쪽 참조.
21. Carl Schmitt, *Verfassungslehre*, Neunte Auflage, Berlin, 2003, 206쪽 참조.

의니 무리 도덕이니 하고 내치는 것은 서로 다른 것이다. 전자는 평등이 가져올 피해에 대해서는 눈을 감은 채 그것에 대해 지나치게 환호하는 태도에 대해 염려하고 있지만 기본적으로 평등의 이념의 긍정성을 부인하지 않는다. 그에 반해 후자는 평등을 곧바로 모든 다양성을 파괴하는 획일성으로 보고 그 이념 자체와의 결별을 추구하고 있기 때문이다. 이런 입장은 민주주의가 안고 있는 문제점들과 결함들에 대한 비판적 성찰을 통해 민주주의를 보다 강건하게 하려는 시도와는 분명히 다른 것이다. 여하튼 평등의 두 얼굴에 대해 예리한 감수성을 갖지 못한 채로 평등을 우상시하는 것이 위험한 것처럼 평등을 획일성으로만 바라보는 관점 역시 그 못지않게 위험한 것이다. 우리는 이 두 가지 양 극단의 태도를 버려야 한다. 그러므로 우리는 평등이 노예 상태가 아니라 자유와 인류의 번영과 함께 할 가능성을 모색해야 할 것이다. 평등이 가져올 위험성에 대해 경고하면서도 평등이 자유의 조건임을 긍정하며 자유와 평등의 만남의 가능성을 모색하는 토크빌의 다음과 같은 주장은 여전히 우리에게 무언가를 말해 주고 있다. "현대 국가는 인간의 조건이 평등화하는 것을 막을 수 없다. 그러나 이 평등의 원리가 인간으로 하여금 노예상태와 자유, 지혜와 야만, 번영과 고통 중에서 어느 길로 나아가게 할 것인가 하는 것은 전적으로 인간 자신에게 달려 있다."[22]

평등을 자유와 번영 그리고 지혜와 결합하려는 모색은 우리가 어떤 민주주의를 택해야 하는가라는 물음에 대한 대답이 없이는 해결될 수 없다. 특히 집단지성의 현상에서 보듯 계몽주의적인 지식인에 대해 불신하고 전문가의 지식권력에 대해 회의적이고 대중들 스스로 사태를 파악하고 사회를 구성하려는 움직임은 민주주의에 대한 일정한 태도를 수반하고 있다. 촛불집회가 진행되는 동안에 촛불집회의 성격 규정 및 민주주의에 대해 열띤 논쟁을 벌인 것은 이를 잘 보여준다. 다음 단락에

---

22. 알렉시스 토크빌, 『미국의 민주주의 2』, 임효선 · 박지동 옮김, 한길사, 1997, 906쪽.

서 보듯 집단지성의 출현에 대해 환호하고 이를 긍정적으로 생각하는 사람들은 일반적으로 현재의 대의제 민주주의에 대해 회의적이거나 비판적인 태도를 보여주었다. 그러므로 집단지성에 대한 평가 그리고 이의 긍정적 차원을 잘 활용할 방안에 대한 모색은 바람직한 민주주의가 무엇인가 하는 문제와 긴밀하게 연결되어 있다.

2. 촛불집회와 민주주의 논쟁

　이 단락에서 필자는 진보진영 내에서 진행된 촛불집회에 대한 대표적인 시각을 검토하면서 촛불집회가 우리나라 민주주의 발전에 제기하고 있는 과제들이 무엇인가를 살펴볼 것이다. 특히 이 단락에서 문제가 되는 것은 현대 민주주의를 정당 민주주의 내지 대의제로 파악하면서 촛불집회의 한계를 지적하는 최장집의 평가와 이에 대한 비판들을 중심으로 한국 민주주의의 문화적 조건들에 대해 살펴볼 것이다.

　강준만은 촛불집회에 대한 시각을 크게 세 가지로 나눈다. 첫째는 한나라당과 보수적인 지식인이 바라보는 시각이다. 이 시각에 의하면 촛불집회는 반미 친북적 좌파세력이 국민들을 선동하여 공포와 불안을 조장한 결과에 지나지 않는다. 소설가 이문열은 심지어 촛불집회를 "집단난동"으로 규정하고 이를 막아낼 "의병"이 일어날 때라고 주장하기도 했다. 강준만은 이런 시각에 대해 한국 민주주의 발전과 우리들의 민주주의 이해를 도모하는데 하등의 도움이 되지 않는다고 본다. 그는 진보진영에서의 논쟁이 민주주의의 이해와 관련해서 중요하다고 본다. 그는 촛불집회에 대한 진보진영 내부의 시각을 두 가지로 나눈다. 그중 하나는 촛불집회에 대한 일방적 찬양론이고, 다른 하나는 촛불집회의 긍정성을 인정하면서도 그 한계를 지적하는 것이다.[23]

내가 보기에 진보진영 내부의 시각을 다음과 같이 세 가지로 분류하는 것이 더 적절한 것 같다. 그중 하나는 촛불집회에 대한 적극적인 긍정을 직접민주주의적 관점에서 바라보는 시각이다. 이런 시각을 주장하는 사람들로는 이진경, 조정환, 박노자, 대안지식연구회, 지행네트워크 등에서 활동하는 문학평론가 이명원과 하승우 등이 있다. 다른 시각은 최장집과 박상훈 후마니타스 대표[24] 등이 피력하는 것인데, 이들은 촛불집회의 긍정성을 높이 평가하면서도 운동으로서의 촛불집회만으로는 민주주의를 발전시키는 데 한계가 있기에 정당정치를 활성화하는 것이 필요하다는 입장을 갖고 있다. 진보진영 내부의 또 다른 시각은 종합적 내지 중간적 입장으로, 이를 주장하는 사람으로는 이병천, 조희연, 정상호 등이 있다. 이들은 정당정치와 운동으로서의 광장 정치의 "이중 민주주의two-track democracy"[25] 혹은 "제도정치와 직접행동정치"의 협력관계를 주장하고 있기 때문이다.[26] 물론 최장집 및 박상훈의 정당정치 활성화 논의와 조희연 및 이병천의 입장은 '거리의 정치'의 긍정성과 제도정치 및 대의제 민주주의의 불가피성을 인정한다는 점에서는 상당한 정도 의견이 일치하고 있다. 그렇지만 전자는 정당정치 활성화에 후자는 한국 민주주의 발전에 광장 민주주의 내지 직접행동정치가 기여할 수 있는 의미에 보다 더 강조점을 두고 있다는 점에서 이 둘 사이의

23. 강준만, 「진보진영의 소통불능, 최장집 비판의 편협성 개탄」, 『인물과 사상』, 2008년 9월호, 인물과사상사, 52쪽 이하. 최장집과 관련된 여러 자료들을 나는 강준만의 글을 통해서 접근할 수 있었다.

24. 박상훈과 하승우의 논쟁에 대해서는 『경향신문』의 기사(손제민 · 이지선 · 임지선, 「"시위 지나치게 신화화" "참여의 즐거움 보여줘" : 박상훈-하승우 박사의 '촛불집회' 논쟁」, 『경향신문』, 2008년 6월 18일)를 참조 바람.

25. 이병천, 「이명박 정부와 촛불집회」, 『촛불이 민주주의다』, 권지희 외 지음, 해피스토리, 2008, 112쪽 이하 참고.

26. 조희연, 「촛불시위, 제도정치와 직접행동정치」, 같은 책, 230쪽 이하 참조. 정상호의 경우는 직접민주주의와 대의민주주의, 즉 정당정치와 운동정치 사이의 소통과 생산적 결합을 주장한다. 이에 대해서는 강준만, 「진보진영의 소통불능, 최장집 비판의 편협성 개탄」, 앞의 책, 57쪽 이하 참조.

차이점이 존재한다.

　최장집의 촛불집회에 대한 평가를 간단하게 살펴보자. 2008년 6월 17일 최장집은 촛불집회의 긍정적인 측면에 대해 다음과 같이 말한다. "촛불집회는 민주주의의 제도들이 무기력하고, 작동하지 않고, 그 중심적 메커니즘으로서의 정당이 제 기능을 못할 정도로 허약할 때 그 자리를 대신한 일종의 구원투수 같은 역할을 수행했다. 이 점에서 촛불집회는 한국 민주주의를 수호하는 역할을 맡고 있다는 평가가 가능하다."[27] 인용문이 보여주듯이 그는 촛불집회의 원인을 한국 사회에서 민주주의가 제대로 작동하지 않는다는 데에서 구한다. 그러나 최장집은 운동만으로는 민주주의를 수호하고 발전시키는 데 충분하지 못하다고 본다. 왜냐하면 현대 민주주의는 대의제 민주주의이기 때문이다. 즉, 민주주의는 "시민들이 스스로 직접 통치하는 것이 아니라 선거를 통해 대표를 선출하여 그에게 통치를 위임함으로써, 그 대표로 하여금 통치하도록 하는 체제이다." 이런 민주주의 관점에 입각하여 최장집은 "한국의 조건에서 운동이 민주주의에 기여할 수 있는 역할과 한계에 대해 지적"한다. 그가 지적하는 운동의 역할과 한계는 다음과 같다.

　　첫째, 운동은 광범한 대중들의 의사의 분출과 강렬한 에너지의 동원을 통해서, 강력한 권위주의적 권력에 대응할 수 있도록 하고, 그들이 추구하는 정책에 대해 강력한 반대 조직을 가능하게 한다. 반면 그것은 찬반의 범위를 넘어서는 문제해결에 필요한 구체적인 대안을 형성하거나, 다른 이해관계와 여러 대안들을 조정하여 결정을 이끌어내는 데는 지난한 것이다.

　　둘째, 운동은 강력한 에너지 동원을 통해 단일의 목표와 이슈를 다루고 성취하는 데는 유효한 반면에, 여러 이슈들이 다투는 과정에서 각 이슈들 간의 중요성의 우선순위를 위계적으로 배열하고, 이에 기초해 정책의 추구

---

27. 최장집, 앞의 책, 143쪽.

를 일상화하는 것이 어렵다.

셋째, 하나의 정책이슈를 운동의 방법으로 해결하려 할 때, 쇠고기수입 협상문제가 끝나면, 민영화, 교육 등, 이슈가 출현할 때마다 시민들은 거리에 나설 수밖에 없고, 이명박 정부 임기 내내 한국 민주주의는 국가와 운동 간의 충돌로 일관하게 된다.

넷째, 운동은 강렬한 열정이 장기간 유지되기 어렵고, 그 참여가 많은 열정과 비용을 수반하기 때문에 참여자들의 계층적 범위를 한정하는 경향이 존재한다는 점에서, 장기적으로 지속되기 어렵다.

다섯째, 운동은 시민사회를 활성화하고 강화하는 동안, 하나의 시민사회가 다른 시민사회의 동원을 불러들이는, '시민사회 대 시민사회'의 상황을 만들 가능성이 크다. 특히 운동이 헤게모니를 불러들이게 될 때, 그것은 위험스러운 효과를 만들어낼 수 있다. 바이마르 공화국을 연구한 미국의 정치학자 셰리 베르만이 지적하듯이, 운동이 자율적 결사체를 통해 시민사회를 활성화하는 데 몰두하는 반면, 제도정치 내에서 정당을 강화하는 데 무관심했던 결과, 반대편에서의 파시즘을 불러들이는 우를 범할 수도 있는 것이다.[28]

현대 사회에서의 민주주의는 대의제 민주주의라는 관점, 그리고 정당정치의 활성화를 통해 대의제 민주주의를 강화하고 발전시키는 것이 중요하다는 관점에서 최장집은 운동의 역할을 제도적으로 흡수하고 그것을 축소하는 문제에 관심을 보이고 있다. 따라서 그는 "촛불집회가 시위 또는 운동을 통해 정치체제의 문제를 해결할 수 있다는 하나의 정치관을 유발"할 수 있다는 점에 우려를 표한다. 즉, "운동이 낭만주의적 정치관의 확산을 통해 반정치주의적 정치관 내지 정조를 강화할 수 있음"에 주목하면서, 최장집은 대통령 소환제나 직접민주주의의 요구로

---

28. 같은 책, 144쪽 이하.

서는 한국 민주주의가 직면한 문제점들을 해결할 수 없다고 주장한다. 그리하여 그는 대통령 소환제와 같은 직접민주주의적 요구는 바람직하지 않은 것이자 "민주주의 제도를 넘어서는" 것으로 이해한다. 이런 낭만적인 반정치주의적 정치관에 대해 비판하면서 그는 촛불집회의 긍정적인 힘을 "정당, 자율적 결사체를 중심으로 한 정치적 대표체계를 강화, 발전하는 방향으로 작용"할 수 있도록 노력해야 한다고 말한다. 이 방안이 바로 촛불집회에서 출현한 시민들의 정치적 욕구를 한국 민주주의 발전의 동력으로 승화하는 것이라고 그는 본다.[29]

　최장집이 내세운 정당정치 활성화 이론은 촛불집회의 와중에서 갑작스럽게 제기된 것이 아니라 그가 지난 수년간 지속적으로 제기한 입장이었다. 그럼에도 불구하고 촛불집회의 와중에서 그가 제기한 정당정치 활성화 및 대의제 민주주의에 대한 강조는 직접민주주의와 운동의 정치에 보다 많은 희망을 품고 있는 여러 진보적인 지식인들의 커다란 비판을 불러일으켰다. 예를 들어 이명원은 "이른바 최장집-박상훈 그룹의 제도민주주의 학파가 한국 정치의 위기다"라는 제목의 글에서 촛불집회를 옹호하고 '최장집 사단'의 입장을 신랄하게 비판했다. 이 글에서 최장집-박상훈 집단이 "양당체제의 복원이라는 대의제의 신화화에 구속"되어 있으며, 이들의 민주주의론을 "낡은 보수주의"로 규정하면서 "그들은 광장에서 이론을 구성하지 않고, 이론에서 광장을 유추하고 있다"고 비판하였다.[30]

　최장집에 의해 촉발된 소위 대의제 민주주의와 직접민주주의를 둘러싼 논쟁은 민주주의에 대한 이해에서 중요한 의미를 지닌다. 이 논쟁은 박상훈과 하승우 사이의 입장 교환을 통해 좀 더 구체적으로 진행된다. 박상훈과 하승우는 경향신문과 진보신당 주최로 2008년 6월 17일에 열린 '촛불집회와 진보정당의 과제'라는 주제의 토론회에서 직접민주

---

29. 같은 책, 146쪽 이하 참고.
30. 강준만, 「진보진영의 소통불능, 최장집 비판의 편협성 개탄」, 앞의 책, 57쪽 참조.

주의와 대의민주주의의 관계에 대해 열띤 토론을 한 것으로 알려져 있
다. 박상훈은 "촛불집회에 대한 해석이 지나치게 과장되고 신화화됐다"
고 주장했지만, 하승우는 "단지 많은 사람들이 촛불을 들고 거리로 나
와서가 아니라, 다양한 목소리가 자신이 요구하는 바를 분명히 표현할
수 있어서 좋았다"고 촛불집회를 긍정적으로 옹호했다.

두 사람의 촛불집회에 대한 시각의 상이함은 이들이 바라보는 민주
주의에 대한 견해와 밀접하게 결합되어 있다. 박상훈은 "민주주의는 대
의민주주의"라고 말하면서, "촛불집회에서 얘기되는 '새로운 민주주
의'나 '직접민주주의' 등은 현실이 될 수 없는 '낭만적 정치관' '복고
주의'에 기초한다"고 비판했다. 그러면서 그는 최장집과 비슷하게 "촛
불집회에 나타난 민주적 열망을 어떻게 정당체제를 변화시키는 에너지
로 확대할 것인가를 고민해야 한다"고 말한 것으로 알려져 있다. 박상
훈의 입장에 대해 하승우는 민주주의에 대한 자신의 견해를 다음과 같
이 표현했다. "민주주의를 얘기할 때 늘 직접민주주의는 불가능하다는
것을 전제한다. 하지만 직접은 은유적 표현이다. 결정이 내려질 때 누군
가가 하는 게 아니라 내가 관심 있으면 나도 가서 말해야겠다는 것이지
모든 사람을 불러 모아 결정해야 한다는 것은 아니다." 이렇게 말하면
서 하승우는 "다만 그런 결정들에 대해 내가 복종하지 않을 수 있고 권
력의 문제가 드러나면 언제라도 바꿀 수 있으며, 설령 문제가 없다 해도
그 권력이 순환될 수 있도록 하는 것"이 중요하고 "우리 마음에 들지 않
으면 정부가 바뀌어야 하는 것이 직접민주주의"라는 입장을 피력했
다.[31]

대의민주주와 직접민주주의를 둘러싼 논쟁에서 핵심이 되는 주제
는 아마도 직접민주주의의 원칙으로 간주되는 치자와 피치자의 동일성
과 대의제 사이의 관계를 어떻게 이해할 것인가 하는 문제이다. 이 문제

---

31. 손제민·이지선·임지선, 「"시위 지나치게 신화화" "참여의 즐거움 보여줘": 박상훈-하승
  우 박사의 '촛불집회' 논쟁」, 『경향신문』, 2008년 6월 18일.

는 대단히 복잡한 정치철학적 주제로 간단하게 다루어질 사안이 아니
다. 그래서 이 글에서 나는 간단하게 동일성과 대의제는 양자택일적인
것으로 바라보아서는 안 된다는 입장이 민주주의에 대한 보다 적절한
이해라는 관점을 피력하는 데 만족한다. 그런 점에서 나는 자율주의 그
룹의 입장이나 정당정치와 대의제의 틀을 넘어서 소위 탈근대적 정치
의 가능성을 모색하는 입장이 초래할 부정적인 결과들에 대한 최장집
과 박상훈의 지적은 존중되어야 한다고 본다. 대중지성에 관한 논의에
서도 언급되었지만 대중과 지식인의 동일성을 추구하는 입장과 대중의
자발성에 대한 낙관적인 믿음에 입각하여 정당정치와 대의민주주의의
틀을 넘어서려는 시도는 거의 해결 불가능한 딜레마에 직면할 수밖에
없다. 이 딜레마는 자발성과 대표 사이의 딜레마이다. 물론 불필요한 오
해를 피하기 위해 언급해 두어야 할 것은 치자와 피치자의 동일성 원리
로서의 인민의 자치의 이념은 민주주의에서 포기될 수 없다는 점이다.
헤겔이 『정신현상학』에서 주장하는 것처럼, "자신das Selbst이 단지 대표
되고repräsient 표상되는 곳vorgestellt에서 자신은 현실적이지 않"으며 오로
지 "자신이 대변되는vertreten 곳에서 자신은 존재하지 않는다."[32] 그러나
민주주의가 동일성의 원리를 절대적이고 무조건적으로 실현할 수 있는
것은 아니다. 그런 시도는 실현 불가능한 것에 대한 시도일 뿐 아니라
바람직하지 않은 것이다. 그런 점에서 칼 슈미트Carl Schmitt는 동일성 원
리와 대표의 원리를 민주주의 국가의 불가결한 요소로 본다. "정치적
삶의 현실 속에서 대표의 모든 구조적 요소들을 포기할 수 있는 국가가
존재할 수 없는 것과 마찬가지로 동일성의 원칙의 구조적 요소들을 포
기할 수 있는 국가도 존재하지 않는다. 절대적 동일성을 무조건적으로
실현하고자 하는 시도가 행해지는 곳에서도 대표의 요소와 방법들은
불가피하게 존립한다. 이와 정반대로 동일성의 사상이 없는 대표가 가

---

32. Hegel, *Phänomenologie des Geistes*, in: *Hegel Werke in zwanzig Bänden*, hg. v. E. Moldenhauer und Karl Markus Michel, Band 3, Frankfurt am Main, 1970, 435쪽.

능하지 않다는 것 역시 마찬가지이다. 이 양자의 가능성, 즉 동일성과 대표는 상호 배제하는 것이 아니라, 정치적 통일성의 구체적 형성에 대한 단지 두 개의 대립되는 지향점에 불과할 뿐이다. 각각의 국가에서 이 양자 중 어느 한 가지가 우세를 보일 수 있지만, 양자는 모두 인민의 정치적 실존에 속한다."[33]

　대중의 자발성에만 전적으로 기초한 민주적 질서의 형성이 어떻게 가능한지 자율주의 그룹이나 촛불집회의 와중에서 직접민주주의적 요소들을 강조한 사람들이 구체적 대답을 제시해야 할 것이다. 그리고 그들 역시 대표의 가능성을 전적으로 부인하지 않는다면 그들이 추구하는 민주주의가 어떤 민주주의인지를 밝힐 필요가 있다. 그리고 이 과정에서 그들은 자신들이 추구하는 민주주의가 과연 근대의 대의제 민주주의를 넘어선 새로운 유형의 민주주의인지를 설명할 필요가 있다고 본다. 그렇지만 이런 질문들에 대해서 그들이 설득력 있는 견해들을 표현했는지는 의문스럽다. 이와 더불어 여러 자발적인 대중들의 집합적 지성에 의해서 근대적인 지식인과 대중의 위계질서를 해체하고자 하는 시도 역시 불가능에 가까운 시도인 것처럼 보인다. 촛불집회 현상을 대중지성의 발현으로 보고 이에 대해 이론적으로 규명하는 작업을 통해 불가피하게 대중 속에 또 다른 형태의 분화가 등장하는 것이고, 이런 규정은 필연적으로 일부 대중들을 수동적인 존재로 배제할 수밖에 없을 것이기 때문이다. 이는 특정 지식인의 해석 방식이 일정한 방식으로 권위적인 지위를 누리는 상황으로 귀결될 것이다. 박상훈이 따갑게 지적했듯이, 촛불집회 시기에 '위대한 시민' 혹은 '대중의 놀라운 창발성' 등의 현란한 용어들을 동원하면서 한국 대중들의 진보성을 칭찬했던 일부 사람들이 지난 대선을 평가하면서 대중의 보수화를 질타했을 뿐 아니라 대중을 욕망의 정치에 포획된 집단으로 신랄하게 비판했던 장

33. Carl Schmitt, 앞의 책, 205쪽 이하.

본인이었음은 상당히 흥미로운 사실이다.[34]

　　물론 계몽적 지식인의 상을 거부하면서 계몽주의의 권위적이고 위계적인 특성에 대해 철저하면서도 끈질기게 비판적 태도를 견지하는 것은 집단지성과 지식인의 이원적 분화의 가능성을 우회할 수 있는 하나의 대안일지도 모른다. 그러나 이런 대안 역시 자체 내에 해결할 수 없는 모순을 안고 있음은 분명하다. 이런 입장은 시종일관 한편으로는 기존의 지식권력의 엘리트주의적 모습과 이 지식권력과 공존하는 현실에 대한 비판을 수행하면서, 다른 한편으로 비판의 대상인 현재 질서를 해체한 이후의 보다 바람직한 질서 형성의 가능성을 부인해야만 할 것이기 때문이다. 이는 결국 자신에 대한 끝없는 회의적 혹은 비판적 거리두기의 작업이라는 점에서 매력적이지만 자신의 비판적 활동의 의미에 대해 아무런 긍정적 대답을 제시할 수 없다는 점에서는 해결불가능한 자기 분열적 모습을 보여준다.

3. 정치와 도덕의 문제

　　최장집의 민주주의론이 갖고 있는 문제점은 대의제냐 직접민주제냐의 틀에 의해서 파악되기보다는 다른 데에서 기인하는 것으로 보인다. 최장집의 정당정치 이론의 문제점은 정치에서의 갈등과 적대성의 성격을 해결하는 데 지나칠 정도로 낙관적인 태도를 보여주는 데 있는 것처럼 보인다. 물론 최장집은 정치에서의 갈등의 문제를 강조한다. 그는 정치를 "갈등과 그 타협의 과정"으로 정의하고 민주주의를 "공정하고 주기적인 선거와 이에 참여하는 정당 간 경쟁을 통해 이러한 갈등을

---

34. 박상훈, 「촛불논쟁 ─ 거리정치인가 정당정치인가」, 『인터넷 오마이뉴스』, 2008년 8월 17일.

표출하고 타협하고 해소하는 정치체제"로 본다.[35] 이처럼 그는 항상 정치에서의 갈등의 중요성에 주목하고 있다. 그가 정당정치의 활성화를 강조하는 이유도 그것이 사실상 갈등을 민주적 방식으로 해결할 수 있는 최선의 방안이라는 믿음에 기인한다. 그래서 그는 정당정치를 민주정치의 핵심으로 간주하는 것이다.[36] 이런 관점은 앞에서 보았듯이 운동 중심의 정치관을 비판하는 태도와 긴밀하게 결합되어 있다. 그런데 최장집은 한국 정당체제에서 가장 결정적인 의미를 지니는 갈등축을 "민족문제를 둘러싼 이데올로기적 갈등"으로 본다. 그가 적절하게 지적하듯이 이 갈등은 서구사회에서 일반적으로 관찰되는 것과 같이 "국민들의 삶의 현실에서 가장 중요한 사회 경제적 이슈를 둘러싼 정치적 균열이 아니다."[37] 최장집의 설명에 따르면, "민족문제는 이데올로기적이고 상징적이며 강렬한 열정을 쉽게 불러들이기 때문에 훨씬 더 감정적이고 추상적"인데 반해 "사회 경제적 문제는 보통사람들의 삶의 현실에 보다 직접적이고 현실적"이다. 이 두 가지 갈등 중 사회 경제적 문제를 둘러싼 갈등이 민족문제의 갈등보다 합리적으로 해결하기가 상대적으로 용이하다.[38] 그리하여 그는 한국 민주주의 정치 발전을 위해서 "과도하게 정치화된 민족문제를 억제하는 한편, 노동문제를 보다 더 정치화하는 것"이 필요하며 "민족문제가 야기한 이데올로기의 정치가 노동문제의 영역으로 들어오는 것을 차단함으로써, 이 두 가지 근본이슈를 분리시키는 일"이 요구된다고 주장한다.[39]

나는 여기에서 최장집의 민족문제와 노동문제에 대한 입장을 상세하게 다루지 않을 것이다. 여기에서 내가 주목하는 것은 정치 문화적 주제이다. 따라서 여기에서 내가 관심을 갖는 것은 최장집의 이데올로기

---

35. 최장집, 앞의 책, 27쪽.
36. 같은 책, 37쪽 참조.
37. 같은 책, 67쪽 이하.
38. 같은 책, 78쪽 이하.
39. 같은 책, 106쪽 이하.

적 갈등과 사회 경제적 갈등의 분류, 전자에서 후자로의 이행의 필요성에 대한 강조가 갖고 있는 현실적인 의미나 중요성에 대한 평가가 아니다. 다만 민족문제와 결부된 이데올로기적 정치가 다른 이슈들을 침묵으로 이끌 정도로 커다란 영향력을 발휘하기 때문에 이 문제를 일정 정도 유보하는 것이 필요하다는 최장집의 제안을 정치의 적대적 성격과 연관해서 잠깐 다루어 보고자 할 뿐이다. 이 문제는 또한 정치와 이념의 연관성에 대한 문제 그리고 특정 사회에서 이념적 갈등을 정치적으로 동원하는 정치적 행위 방식에 대한 고찰과 결합된다는 점에서 정치 문화적 주제의 일부이기도 하다. 하여튼 간단하게 말해 "민족주의 이슈를 정치영역에서 탈정치화하는 것이 요구"된다는 주장의 진정성과 중요성을 의심하는 것이 아니라, 그 주장이 갖고 있는 정치와 갈등에 대한 낙관적 견해가 나에게는 비판적으로 거론해 볼 만한 문제로 보인다는 것이다.

　샤츠슈나이더가 지적하듯이 갈등을 관리하는 것은 정치의 핵심적인 문제다. 갈등을 적절하게 다루지 못하는 공동체는 지속될 수 없다는 것 역시 의심의 여지가 없다.[40] 갈등 관리의 중요성을 강조하는 최장집과 샤츠슈나이더의 입장 배후에는 사실 정치적 영역에서 주요 문제가 갈등과 적대라는 인식이 깔려 있다. 그런데 인간의 삶에서 갈등과 적대의 요인은 무수하다. 특히 가치와 도덕 그리고 종교 등도 종종 적대적 갈등의 근원으로 기능한다는 점이 주목되어야 한다. 칼 슈미트는 그 누구보다도 적대성과 갈등을 정치의 근본 특성으로 간주한 대표적 사상가이다. 그는 다음과 같이 말한다. "모든 종교적 · 도덕적 · 경제적 · 인종적 또는 그 밖의 대립은 그것이 실제로 인간을 적과 동지로 효과적으로 분류하기에 충분할 정도로 강력한 경우에는 정치적 대립으로 변화한다."[41] 이 주장을 규범적인 것으로 이해하면 곤란하다. 즉, 인간은 모

---

40. E. E. 샤츠슈나이더, 앞의 책, 127쪽 이하 참고.
41. 칼 슈미트, 『정치적인 것의 개념』, 김효전 옮김, 법문사, 1992, 45쪽.

든 것을 이용하여 적대적인 분리와 대립을 추구해야만 한다는 것으로 이해해서는 안 된다는 것이다. 이 주장을 나는 일단 정치 현실에 대한 냉정한 분석으로 이해한다. 특히 내가 강조하고자 하는 것은 경제적 이해관계뿐 아니라 종교나 인종적 구분 그리고 도덕적 구분 역시 때로는 인간을 적과 동지로 구별하는 데 사용될 수 있다는 점이다. 이를 간단하게 말하면 아마 도덕의 정치화의 문제라고 정의할 수 있을 것이다.

정치와 도덕의 문제는 대단히 중요한 철학적 문제일 뿐 아니라 현실적으로도 중요한 주제이다. 보편적 도덕의 이름으로 행해지는 야만이 그 어떤 야만보다도 더 추악하고 해결하기 힘들다는 것은 근대 초기의 종교전쟁이 잘 보여준 바 있다. 칼 슈미트도 도덕이 어떻게 정치적 갈등의 핵으로 등장하고, 더 나아가 이 갈등을 더욱더 비참한 것으로 만드는가에 대해 강력한 의문을 제기한 논쟁적인 이론가이다. 인류 도덕의 정치적 도덕화 내지 정치의 도덕화가 가져오는 위험한 결과를 그는 다음과 같이 말한다. "그러나 인류라는 무엇보다도 최고의 보편적인 개념이 개별 국민이나 일정한 사회적 기구를 그 개념과 동일시하기 위하여 사용된다면, 거기에는 가공할 팽창주의와 광폭한 제국주의의 가능성이 생긴다." 슈미트는 정치의 도덕화가 가져올 위험한 결과에 대해 비판적 견지에서 인류의 이름은 신의 이름과 마찬가지로 함부로 남용되어서는 안 된다고 경고한다.[42] 이와 같이 슈미트는 보편주의적인 국제질서의 형성을 통해 국제사회에서 평화를 유지하려는 모색을 비판하면서 국가의 다수성의 현실을 수용하는 것이 오히려 국제주의적인 평화주의의 추구와 비교해서 더 긍정적인 결과를 가져올 것이라고 강조한다. 즉, 슈미트가 보기에 국가의 복수성을 수용하고 승인하는 것은 세계와 인류를 포괄하는 보편주의와 비교할 때 더욱 "신중한 것"이자 타당한 것이다.[43]

---

42. 칼 슈미트, 「국가윤리학과 다원적 국가」, 『입장과 개념들』, 김효전 · 박배근 옮김, 세종출판사, 2001, 205쪽.

슈미트는 도덕의 정치적 수단화가 초래하는 비참한 결과를 비판할 때 항상 권력과 지식의 밀접한 연관성을 염두에 둔다.

어떤 일이 전쟁인지 아니면 국제정치의 평화적 수단인지, 생명과 사유재산을 스스로 보호할 능력이 없는 어떤 국가의 질서와 안전을 유지하기 위한 평화적 수단인지, 나아가서는 세계의 평화를 확보하기 위한 평화적 수단인지에 관해서는 미국이 결정한다. […] 미국이 일반적이고 개방적인 개념들을 사용하여 왔다는 것은 바로 이 때문에 중요한 것이며, 미국의 위대한 우월성, 놀랄 수밖에 없는 정치적 업적도 일반적이고 개방적인 개념들의 사용이라고 하는 바로 그러한 사실에서 드러나고 있는 것이다. 나는 그러한 일방적이고 개방적인 개념의 사용을 저열한 교활함이나 마키아벨리즘이라고 말하려고 하는 것이 아니다. 그러한 종류의 탄력성, 그리고 넓은 개념을 조작하고 전 세계의 사람들에게 그것을 강제하며 그것을 존중하도록 만드는 능력은 세계사적인 중요성을 갖는 현상이다. 결정적으로 중요성을 갖는 정치적 개념들에 있어 중요한 것은 바로 누가 그것을 해석하고 정의하며 적용하는가 하는 것, 평화란 무엇이며 군비축소란 무엇이고 간섭이란 무엇인가, 그리고 공공의 질서와 안전이란 무엇인가에 관하여 누가 구체적인 결정을 내리고 발언하는가라는 것이다. 정말로 힘을 가진 자가 스스로 개념들과 단어들을 결정할 수 있다는 것은 인류의 법적 · 정신적 생활의 극히 중요한 현상의 하나이다."[44]

위 인용문이 보여주듯이 슈미트는 현대의 포스트모던의 사상가인 푸코와 마찬가지로 권력을 단지 억압이나 금지라는 부정적인 메커니즘

---

43. 같은 책, 205쪽. 오해를 피하기 위해 다음과 같은 점이 언급되어야 할 것이다. 슈미트의 비판이 지니는 중요성에도 불구하고 필자는 국가들 사이의 적대성을 극복하고 세계시민사회로의 이행에 필수조건인 국제질서에서의 항구적인 평화의 가능성을 모색하는 작업이 포기될 수 있다고 보지는 않는다.

44. 칼 슈미트, 「현대 제국주의의 국제법적 형태들」, 같은 책, 255쪽 이하.

으로만 이해하는 것이 아니다. 권력은 슈미트에게 있어서 항상 자신에게 유리한 개념들을 결정하고 형성하고 유포시킴으로써 자신의 힘을 관철시키는 것이다. 그리하여 슈미트는 제국주의의 본질적인 요소에 속하는 것으로 단지 군사력이나 경제력만을 보는 것이 아니라 "스스로 정치적·법적 개념들의 내용을 결정할 수 있는" 능력 역시 강조한다.[45]

'인도(인간의 존엄성)에 반하는 범죄crimes against humanity'나 전쟁범죄를 막기 위한 보편적인 도덕적 의무가 존재함에 입각하여 '인도주의적 개입humanitarian interventions'을 주장하는 담론들이 제2차 세계대전 이후 점차로 널리 인정되게 되었다. 그렇지만 인권의 이념과 보편적인 도덕적 의무에 입각한 인도주의적 개입이론이 국제정치에서 권력정치의 도구로 전락하고 악용되는 사례는 드물지 않다. 예를 들어 미국은 연례 인권보고서를 통해 중국이나 러시아의 인권 침해를 강하게 규탄하고 있지만 정작 9.11 이후 관타나모 해군기지나 아부그라이브 교도소에서 일어난 심각한 인권침해에 대해서는 침묵으로 일관했다. 또한 미국은 이라크 전쟁을 정당화하는 과정에서 자유의 옹호와 폭정의 종식, 그리고 반인도적인 테러집단과의 연루설 등을 사용한 것은 널리 알려진 사실이다. 이런 점에서 인권과 도덕, 즉 가치들 역시 정치적 갈등의 소용돌이에서 벗어날 수 없다는 점은 분명하다.

지금까지 살펴본 것처럼 정치적 갈등의 영향력에서 벗어나 존립할 수 있는 것은 없다. 이데올로기든 종교든 아니면 고상한 도덕이든 정치적으로 동원되는 운명에서 벗어날 수 없는 것은 마찬가지이다. 따라서 나는 이 자리에서 최장집이 민족문제를 이데올로기적 정치에 의해 극단으로 치닫는 과장된 갈등으로 규정하는 것에 이의를 제기하는 것이 아니다. 또 분단의 극복과 통일이라는 민족문제의 궁극적 해결은 아니라고 해도 남과 북의 긴장 상태를 지속적인 평화의 상태로 변화시키려

---

45. 같은 책, 256쪽.

는 노력 없이 노동문제의 진보적 해결의 가능성이 존재할 수 있는 것인
지에 대하여 논의하고자 하는 것도 아니다. 다만 남북 사이의 긴장과 대
립의 구조가 온존되는 한 사회 경제적 차원의 갈등을 좀 더 폭넓은 차
원에서 드러내고 이를 정치적으로 반영하는 길 자체가 쉽지 않다는 점
을 지적하는 것으로 만족한다. 즉, 분단구조의 고착화에 토대를 두고 있
는 반대세력에 대한 '친북 좌파 빨갱이'라는 낙인이 발휘하는 정치적 효
과는 대단히 컸으며 그것이 조금은 빛이 바랜듯하지만 여전히 강한 위
력을 발휘하고 있는 엄연한 사실을 생각한다면 민족문제와 노동문제가
상호 연결되어 있다는 사실을 부인하기 힘들다. 물론 최장집도 이를 부
인하지 않는다.

　　남과 북이 실제로 전투를 하고 있지는 않으나 전쟁상태 혹은 준 전
쟁상태에 있는 것은 분명하다. 홉스가 적절하게 지적하고 있듯이 "전쟁
이라는 것은 싸움 혹은 전투 행위의 존재 유무만으로 판단하는 것"이
아니라, "일정한 기간에 걸쳐 전투의 의지가 존재하는 것이 확실하다면,
그 기간 동안은 전쟁상태에 놓여 있는 것"이기 때문이다. 그리고 "끊임
없는 공포와 생사의 갈림길에서 인간의 삶은 고독하고, 가난하고, 험악
하고, 잔인하고, 그리고 짧다"[46]는 홉스의 평가를 동원하지 않더라도 지
속적인 전쟁상태 속에서 인간의 삶이 얼마나 야만적인가는 남과 북의
현대사가 보여주고 있다. 이런 긴장 상태는 바람직하지 않고 그러므로
그것의 극복은 그 자체로도 좋은 일이다.

　　혹자는 이런 나의 분석에 대해 대한민국의 현대사가 그렇게 비참한
것만은 아니고 오히려 성공적인 역사로 자리매김되어야 한다고 반론할
지도 모르겠다. 나 역시 대한민국의 역사가 분단의 역사 속에서도 정
치·경제영역을 포함한 여러 사회 분야에서 자부심을 느낄 정도의 성
취를 이룩했다는 데 동의한다. 그리고 이런 평가는 우리 사회가 과소평

---

46. 토마스 홉스, 『리바이어던1』, 진석용 옮김, 나남, 2008, 171쪽 이하.

가되어서는 안 될 수많은 문제점들을 안고 있음에도 변함이 없다. 따라서 나는 분단의 역사를 전적으로 고통과 비극의 역사로 단정하는 태도에 대해 비판적이며 무조건적인 통일만이 우리 사회가 취해야 할 길이라고 보지도 않는다. 이루 말할 수 없는 고통과 좌절을 안겨준 분단의 역사임에도 불구하고 우리 사회는 여러 의미 있는 성과들을 이루어냈기 때문이다.

다만 한 번 우리가 성찰해 보아야 할 것은 분단 상황, 사회 경제적 양극화, 보수 세력 중심의 정당정치의 현실 그리고 정치적 갈등을 대하는 우리 사회의 양자택일적 태도 등을 고려해 볼 때 대한민국이 성취한 역사적 업적들이 얼마나 지속가능한 것일까 하는 문제일 것이다. 이 물음에 대해 자신 있게 긍정적인 대답을 내릴 수 없다면 지나치게 회의적인 생각을 가지고 있는 것으로 비쳐질지도 모른다. 그러나 미래에 대해 회의적이라고 해도 희망의 가능성을 전적으로 배제하는 것 역시 무책임한 태도로 보인다. 비극적 상황 속에서 이룩된 한국 현대사의 긍정적 성과들을 보다 지속가능한 것으로 만들려는 노력에 대한 희망이 전혀 없다면 정치의 문화적 조건들에 대해 성찰해 보려는 이 글의 존재 이유도 없는 것이리라.

정치와 도덕의 문제로 되돌아가 보자. 앞에서 보았듯이 최장집은 민족문제를 잠정적인 타협에 의해 유보하고 사회 경제적인 갈등을 정치적으로 해결할 수 있는 방안을 모색하고 있다. 그러나 인간의 삶에서 도덕이 정치적으로 동원될 수 있는 유용한 무기이고 이를 기꺼이 사용함으로써 정치적 이득을 볼 수 있는 사람들이 존재한다면, 과연 이 갈등에 대한 탈정치화가 어떻게 가능한 것인가? 앞에서 언급했던 것처럼 이 물음은 나에게는 정치와 민주주의를 이해하는 데 매우 중요한 문제로 보인다. 그럼에도 최장집은 적어도 내가 보기에 이 문제를 대단히 쉽게 처리하는 것 같고, 따라서 이를 한 번 중요한 문제로 제기하고 싶은 것이다. 첫째로 최장집이 앨버트 허쉬만A. Hirschmann의 갈등 분류법을 활

용하여 민족문제를 '나눌 수 없는 갈등nondivisible conflicts'에 속하는 것
으로, 그리고 사회 경제적 문제를 '나눌 수 있는 갈등divisible conflicts'으
로 나누는 것[47]은 의문스럽다. 달리 말하자면 전자, 즉 나눌 수 없는 갈
등에 속하는 것으로 민족문제 외에도 인종, 언어, 종교 등을 둘러싼 갈
등과 더불어 최근 미국 정치의 중요 갈등 이유들인 낙태와 다문화주의
등을 거론하고 있고, 사회적 생산물을 둘러싼 갈등을 나눌 수 있는 갈등
으로 보는 것이 과연 타당한 것인가 하는 점이다. 역사적으로 볼 때 19
세기와 20세기의 인류사가 계급 문제, 즉 사회 경제적 문제와 결부된 갈
등이었음을 생각해 보면 이 갈등의 분류는 사실성이 좀 부족한 것처럼
보인다. 최장집이 사회 경제적 문제를 나눌 수 있는 갈등으로 분류하는
이유가 그런 갈등들이 "사회적 생산물의 분배를 둘러싼 것으로" 더 많
거나 아니면 더 적은 것을 둘러싼 것으로 "협상과 조정이 가능"하다는
데 있다면, 왜 소위 민족문제나 언어나 다문화주의와 같은 주제들을 둘
러싼 갈등, 즉 정체성 갈등의 문제는 협상과 조정이 불가능한 영역에 해
당되는 것으로 파악되어야 하는지 의문이 든다. 만약 정체성 정치의 주
제들이 나눌 수 없는 갈등에 속한다면 이 문제들을 민주적인 방식으로
혹은 평화적 방식으로 해결하는 것은 거의 불가능하다는 추론이 가능
할 것이다. 그런데 이런 추론들은 필연적인 것이 아닌 것처럼 보이고,
그런 문제들을 평화적 방식으로 해결할 가능성을 추구하는 것이 우리
가 해야 할 일이라고 생각된다.

　　나눌 수 없는 갈등과 나눌 수 있는 갈등의 경계가 고정 불변의 것이
아니라 시대적 상황에 따라 변화될 수 있다는 사실은 사회 경제적 문제,
즉 전통적인 용어로 본다면 계급문제의 해결 가능성을 모색한 역사를
되돌아보면 더 분명해지는 것 같다. 현재의 사회 경제적 문제는 자본주
의 시장질서의 근본적 변혁을 통해서만 참답게 해결될 수 있다고 주장

---

47. 최장집, 앞의 책, 78쪽.

하는 급진적 좌파의 입장은 일단 도외시하자. 최장집 역시 이 가능성을 염두에 두고 있지 않다. 그런데 19세기와 냉전이 붕괴되기 이전의 20세기 후반에 이르기까지 많은 사람들은 사회 경제적 문제를 사회적 생산물의 분배를 둘러싼 것으로, 즉 사회적 생산물을 누가 더 많이 갖고 누가 덜 갖고 하는 성질의 것으로 보지 않았다. 제2차 세계대전 후에 유럽의 사회민주적인 방식을 통한 사회 경제적 문제의 합리적 해결이 인류의 위대한 업적의 하나로 평가되어야 마땅하다고 생각하지만, 그 당시 유럽의 많은 좌파들 역시 사회민주적 타협에 대단히 비판적이었음을 기억해야 할 것이다. 그렇다면 19세기와 20세기에 걸쳐 많은 사람들이 사회 경제적 문제를 둘러싼 갈등들을 나눌 수 없는 것으로 생각했지만, 이제 그것들은 나눌 수 있는 갈등으로 분류될 정도로 그 성질이 달리 이해되기에 이른 것이다. 민족문제도 마찬가지다. 식민지 모국에 대한 해방투쟁의 과정에서 민족문제는 극단적 대립의 성질을 띠고 진행되었다. 그러나 그런 투쟁을 통해 대다수의 나라들이 민족독립을 이루고 자립적 국가를 형성하는 식으로 민족문제는 일단락되었다. 우리 민족이 당면한 민족문제나 정체성 정치의 중요 이슈인 종교나 인종 문제 등도 나눌 수 없는 갈등인 것처럼 보이지만 궁극적으로는 나눌 수 있는 갈등으로 전화될 가능성은 존재한다. 비록 그 가능성이 대단히 적을지라도 말이다.

민족문제를 탈정치화하자는 최장집의 주장은 다른 점에서도 문제가 있다. 그는 민족문제를 탈정치화하는 것이 어떻게 가능한지 그리고 그런 시도들을 방해하는 조건들이 무엇인지 등에 대해 많은 설명을 하지 않는다. 그러나 현실적으로 이런 주장이 실현될 수 있는 조건들에 대해 면밀하게 검토하지 않는다면 공허한 주장에 그칠 것이다. 민족문제가 왜 그토록 적대적 정치로 등장하는지 그리고 그 문제를 억제하고 경제적 갈등을 중요한 정치 주제로 만들 수 있는 방안으로 그가 항상 내세우는 사회적 약자를 대변하는 정당정치의 활성화 방안 이외에 무엇들이 있는지를 검토하는 것이 필요하다는 것이다. 그 출발점이 바로 정치의 적대적 성격에 대한 냉철한 이해가 아닌가 한다. 실제로 칼 슈미트의 주장도 정치에서의 정념과 정서의 중요성을 강조한 것으로 이해될 수 있을 것이다.

　정치의 적대성에 대한 충분한 이해를 기초로 해서 우리가 더 검토해야 할 문제는 한국 정치의 문화적 조건들에 대한 반성이다. 이는 한국의 정치행위방식에 대한 분석을 포함하는 것이다. 예를 들어 한국의 정당이나 정치세력이나 여론 주도세력 등은 과연 정치적 갈등의 증폭을 통해 자신에게 유리한 정치지형이 존재함에도 민족문제를 이데올로기적인 정치로 동원하는 것을 절제할 정도로 신중한가? 또 한국의 시민사회와 일반 시민들은 민족문제를 소위 '탈정치화'하는 것을 가능하게 할 수 있는 것인가? 이런 문제들에 대해서 여기에서 상세하게 언급할 수는 없지만, 우리가 촛불집회를 둘러싼 진보진영의 논쟁의 양상을 바라보면 사회적으로 너무나 큰 비용이 드는 갈등을 억제하고 그것들을 합리적으로 해결 가능한 갈등으로 만들 가능성에 대해 적어도 우리가 현재 회의적으로 판단할 정도의 근거는 존재하는 것처럼 보인다. 더 나아가 최장집의 문제제기가 안고 있는 한계점으로부터 우리는 역설적으로 정치적 적대성을 절차나 토론의 활성화나 정당정치의 활성화에 의해서만 해결하기에는 역부족이라는 소중한 통찰을 얻을 수 있다. 의미 있는 토론을 가능하게 하는 조건들에 대해 우리가 더 많은 반성과 성찰을 해야 하는 이유가 바로 여기에 있는 것이다. 그러므로 적대적 대립을 완전히 제거할 수는 없지만, 이를 정당정치의 경쟁체제나 시민들이 갖추고 있는 합리적 토론에 입각한 소통의 정치로 변형하기 위해서도 민주주의의 공동의 문화적 토대들에 대해 더 많은 성찰이 필요한 것이다. 그중의 하나가 민주주의 사회에서 시민들의 건전한 토론문화의 배양임은 말할 필요가 없다. 따라서 마지막으로 촛불집회를 둘러싼 논쟁에서 드러난 토론문화의 문제점을 간략하게나마 다루는 것이 필요하다.

강준만이 적절하게 지적하고 있듯이 최장집-박상훈의 견해에 대해
서 하승우와 이명원 등이 보여준 태도는 상당히 문제가 있다.[48] 이들은
상대방을 보수적('낡은 보수주의')이라는 딱지를 붙여 공격했다. 과연
최장집의 입장이 보수적인 것이었는가? 나는 그렇지 않다고 생각한다.
앞에서 보았듯이 이명원은 심지어 최장집-박상훈의 "제도민주주의 학
파"를 "한국 정치의 위기"라고 단정했는데, 이는 생산적인 토론과 무관
한 것으로 보인다. 강준만은 이런 식의 무분별한 공격이 소통을 어렵게
만들 뿐이라고 지적한다.[49] 인터넷의 토론 공간이 새로운 민주주의의 장
으로 평가받을 만한 여지가 전혀 없는 것은 아니지만 그런 평가가 한국
의 인터넷 토론문화에 대한 전반적이고 공정한 평가라고 보기는 어렵
다. 예를 들어 최근 인터넷 포털 사이트 네이버가 확인한 바에 따르면
인터넷 상에서 극소수의 사람들이 리플을 조직적으로 작성하여 네티즌
여론을 조작하려는 움직임이 있었다.[50] 이처럼 인터넷에서의 토론이 권
력과 자본의 영향력에 의해 조작되고 있다는 점을 도외시하더라도, 여
러 주제들에 대한 토론 과정에서 네티즌들이 보여주는 야만적인 태도
는 소위 만연해 있는 '악성댓글'의 현상이 웅변적으로 보여준다. 그렇
다고 소위 전문적 지식인이나 자칭 진보적 지식인들의 토론 모습은 일
반 네티즌들의 수준과 질적으로 다르다고 할 수 있는가? 그렇다고 보는
사람은 드물 것이다. 지식인들이나 어느 정도 배웠다는 사람들의 토론
에서 지나친 정파성과 진영논리에 매몰되는 모습으로 인해 토론의 장
이 허물어지는 경우는 드물지 않기 때문이다.

토론문화의 문제점과 더불어 지적해 두어야 할 또 다른 사항은 인
터넷 공간이 과연 민주주의의 활성화에 얼마나 긍정적으로 기여할 것

---

48. 강준만, 「진보진영의 소통불능, 최장집 비판의 편협성 개탄」, 앞의 책, 56쪽 참조.
49. 같은 곳.
50. 전규찬, 「황우석 사태를 통해서 본 한국 저널리즘 양식의 비판과 전망」, 『신화의 추락, 국익
    의 유령』, 한나래, 2006, 349쪽 주석 3 참조.

인가 하는 점이다. 이 문제는 과학기술의 발전, 특히 컴퓨터 기술의 발
전이 민주주의적 정치에 어떤 영향을 미칠 것인가 하는 문제와 연결된
것이기도 하다. 컴퓨터와 같은 과학기술의 발전은 민주주의에 긍정적
인 영향을 줄 것이라고 믿어 소위 전자 민주주의의 가능성을 주장하는
사람들도 존재하지만, 우리는 이 과학기술이 시민들의 일상 행동의 거
의 전 영역을 감시할 무제한적 권력을 강화할 가능성에 대해서도 눈을
감아서는 안 된다. 예를 들어 정보통신 기술의 발달로 인해 이제 오늘날
의 정부나 거대 기업은 일반 시민들에 대한 세세한 정보들을 이제까지
의 그 어떤 절대적 권력자보다도 더 많이 축적하고 이를 자신의 이익에
맞게 조작할 가능성이 존재한다는 것은 의심의 여지가 없다. 인터넷 공
간 역시 기업과 권력 집단의 영향력에 의해 조작되고 지배되는 영역으
로 전락할 가능성이 크다. 사실 인터넷 공간은 일반 시민의 이익에 기여
하기보다는 기득권 집단의 영향력 강화에 봉사할 가능성이 더 크다고
보아야 할 것이다. 이처럼 인터넷 공간의 등장은 정부 행위에 대한 공적
인 감시의 가능성을 약화시켜 민주적인 정치의사 형성 과정의 본질적
특성이라 할 공개성과 투명성의 원칙을 훼손할 가능성이 크다. 이는 정
치적 행위가 비밀스럽게 소수의 힘 있는 자들에 의해 결정되는 것을 가
능하게 하고, 결국 일반 시민들이 스스로 권력행사에 대해 결정하고 그
들을 대신하는 대표 세력의 행위에 대해 통제할 수 있다는 믿음에 기반
하고 있는 민주주의를 후퇴시킬 것이다. 시민의 능력을 어떻게 배양할
것인가 하는 문제는 여전히 한국의 민주주의가 해결해야 할 중요한 문
제의 하나이다. 따라서 독일의 헌법학자인 뵈켄회르데E.-W. Boecken-
hoerde의 다음과 같은 지적은 경청할 만한 것이다.

    특히 민주제의 생존능력은 윤리적 전제들에도 달려 있다. 그와 같은 윤리
    적 전제들로 들 수 있는 것으로는 한편으로는 시민과 공직자들에게 최소
    한의 민주적 에토스가 있어야 한다는 것이다. 그와 같은 에토스는 가령 —

타인의 정치적 견해를 정면으로 거부하는 경우에도 — 타인에게 동등한
정치적 생존권을 인정하는 자세, 논증과 타협에 대한 개방적 태도, 민주적
게임의 규칙들, 특히 정치권력의 획득의 기회 균등에 대한 유보 없는 존중,
민주제의 원리들 자체를 의문시하지 않는 다수결에 대한 충실성 등에서
나타난다. 다른 한편, 정치적 결정을 자기 자신의 이익이 아니라 만인의 공
통된 이익의 관점에서 내리려는 자세가 그와 같은 에토스의 일종이다. […]
그와 같은 에토스(품성)는 민주제의 조직적 건축양식에서 민주주의를 유
지하는 원리로 전제되어 있으며, 그에 대한 존중은 민주제의 실존과 실현
을 정신적인 영역에서 비로소 가능하게 만드는 것이다.[51]

나가는 말

다중지성 내지 대중지성을 운위하는 사람들을 포함하여 많은 사람
들은 소통, 토론 그리고 심의 등을 언급하지만, 소통을 의미 있게 해주
는 조건들이 무엇인지 그리고 그런 전제조건들을 갖추기 위해 우리가
무엇을 해야 하는지에 대해서는 많은 이야기들을 하지 않는 것처럼 보
인다. 그러나 사회제도나 절차 등을 포함하여 인간의 사회적 삶을 궁극
적으로 지지해 주는 것은 합리적 소통 능력만은 아니다. 아니 진정한 의
미의 합리적 소통 능력은 타자에 대한 개방성과 진리에 대한 겸허함 등
윤리적 태도 등을 포함하고 있는 보다 포괄적인 것이다. 이런 의미의 소
통을 활성화시키는 작업이 성공적인 것으로 드러나고, 또 이런 소중한
경험들이 누적되는 과정 속에서 정당정치를 포함한 모든 사회적 제도
의 합리적 지속을 가능하게 해줄 인간과 인간 사이의 참다운 우애와 연

---

51. 에른스트-볼프강 뵈켄회르데, 앞의 책, 305쪽. 번역을 약간 변경했음.

대성이 싹틀 것이다. 욕망의 정치에 포획된 대중에 대한 지나친 힐난도 촛불집회의 대중에 대한 지나친 신비화도 우리 사회의 불안정성을 드러내 주는 양상일 것이다.

　어려운 시기에도 시대에 대한 냉소주의와 염세주의에 빠지지 않고 미래에 대한 희망을 우리는 어떻게 키워 갈 수 있을까? 더디고 어렵지만 성공적인 우애와 연대성의 경험의 축적 속에서 비로소 미래에 대한 희망을 말할 수 있을 것이다. 그리고 이것은 모든 대화상대자들이 스스로 소통이나 이성적 대화를 윤리적인 태도와 결합시키려는 노력을 경주하지 않는다면 불가능할 것이다. 대화와 토론에서 가장 결정적인 것은 승리나 주도권 장악이 아니라, 나와 너의 견해의 편협성을 반성하고 보다 확장된 정신의 눈으로 더 바람직한 것을 서로 허심탄회하게 추구하는 것이다. 소크라테스적으로 말하자면, 정치적으로 성숙된 시민의식은 자신이 무지하고 자신과 다른 견해가 더 올바른 것일 수 있다는 것을 자각하는 데서 비로소 싹틀 수 있다. 나는 아는 것이 없다는 무지의 지에 대한 소크라테스적 고백은 타인에 대한 개방성과 참다운 겸손함의 표현에 그치지 않는다. 그것은 타인에게 들이대는 잣대를 자신에게도 엄정하게 적용할 수 있는 일관성, 즉 이성의 요구에 전적으로 성실하게 응대하는 엄청난 용기의 표현이기도 하다. 우리에게 구원의 길이 있다면 아마 그중의 하나는 진리에 대한 숭고한 사랑, 즉 철학함을 온몸으로 보여준 소크라테스적 삶일 것이다. 소크라테스적 대화의 길에서 새로운 희망의 빛을 본다면 또 하나의 낭만적 꿈의 토로에 지나지 않는 것일까?

참고문헌

가라타니 고진, 『세계공화국으로』, 조영일 옮김, 도서출판 b, 2007.

강준만, 「진보진영의 소통불능, 최장집 비판의 편협성 개탄」, 『인물과 사상』, 2008년
    9월호, 인물과사상사.

노르베르토 보비오, 『자유주의와 민주주의』, 황주홍 옮김, 문학과지성사, 1992.

레이먼드 윌리엄스, 『기나긴 혁명』, 성은애 옮김, 문학동네, 2007.

레이몽 아롱, 『사회사상의 흐름』, 이종수 옮김, 기린원, 1988.

로버트 달, 『민주주의』, 김왕식 외 옮김, 동명사, 1999.

박상훈, 「촛불논쟁 ― 거리정치인가 정당정치인가」, 『인터넷 오마이뉴스』, 2008년 8
    월 17일.

E. E. 샤츠슈나이더, 『절반의 인민주권』, 현재호 · 박수형 옮김, 후마니타스, 2008.

손제민 · 이지선 · 임지선, 「"시위 지나치게 신화화" "참여의 즐거움 보여줘": 박상
    훈-하승우 박사의 '촛불집회' 논쟁」, 『인터넷 경향신문』, 2008년 6월 18일.

안수찬, 「진화하는 '집단 지성' 국가 권력에 '맞장'」, 『인터넷 한겨레』, 2008년 6월
    19일.

안토니오 네그리 · 마이클 하트, 『다중 ― 제국이 지배하는 시대의 전쟁과 민주주
    의』, 조정환 외 옮김, 세종서적, 2008.

알렉시스 토크빌, 『미국의 민주주의 2』, 임효선 · 박지동 옮김, 한길사, 1997.

에른스트 볼프강 뵈켄회르데, 『헌법과 민주주의 ― 헌법이론과 헌법에 관한 연구』,
    김효전 · 정태호 옮김, 법문사, 2003.

이병천, 「이명박 정부와 촛불집회」, 『촛불이 민주주의다』, 권지희 외 지음, 해피스토
    리, 2008.

이진경, 「촛불은 '근대의 벽'을 넘는 과정 ― 촛불, 100일을 말하다」, 『인터넷 한겨
    레』, 2008년 8월 8일.

장 자크 루소, 『사회계약론』, 이가형 옮김, 을유문화사, 1994.

전규찬, 「황우석 사태를 통해서 본 한국 저널리즘 양식의 비판과 전망」, 『신화의 추
    락, 국익의 유령 ― 황우석, 〈PD수첩〉 그리고 한국의 저널리즘』, 원용진 · 전규
    찬 엮음. 한나래, 2006.

조희연, 「촛불시위, 제도정치와 직접행동정치」, 『촛불이 민주주의다』, 권지희 외 지
    음, 해피스토리, 2008.

진중권,「디지털 문맹의 마술적 제의」,『신화의 추락, 국익의 유령 ― 황우석,〈PD수첩〉그리고 한국의 저널리즘』, 원용진 · 전규찬 엮음. 한나래, 2006.

진중권,「진중권의 상상 〈14〉 이른바 '대중지성'에 관하여 ― 합리적 사유 없는 한국의 인터넷」,『인터넷 한국일보』, 2007년 8월 27일.

천정환,『대중지성의 시대 ― 새로운 지식문화사를 위하여』, 푸른역사, 2008.

최장집,『한국 민주주의 무엇이 문제인가』, 생각의 나무, 2008.

칼 슈미트,『정치적인 것의 개념』, 김효전 옮김, 법문사, 1992.

칼 슈미트,「국가윤리학과 다원적 국가」,『입장과 개념들』, 김효전 · 박배근 옮김, 세종출판사, 2001.

칼 슈미트,「현대 제국주의의 국제법적 형태들」,『입장과 개념들』, 김효전 · 박배근 옮김, 세종출판사, 2001.

토마스 홉스,『리바이어던 1』, 진석용 옮김, 나남, 2001.

Aristoteles, Politica, in *The Works of Aristotle*, translated into english under the editorship of W. D. Ross, Volume X, Oxford, 1966.

Carl Schmitt, *Verfassungslehre*, Neunte Auflage, Berlin 2003.

Hegel, *Phänomenologie des Geistes*, in: Hegel Werke in zwanzig Bänden, hg. v. E. Moldenhauer und Karl Markus Michel, Band 3, Frankfurt am Main 1970.

촛불과 지성

박구용

전남대학교

박구용 전남대학교 철학과 교수. 독일 뷔르츠부르크 대학에서 철학박사학위를 받았으며, 주요 저서와 논문으로는 『우리 안의 타자: 인권과 인정의 철학적 담론』, 『포스트모던 칸트』(공저), 『5.18, 그리고 역사』(공저), 「다원주의와 담론윤리학」, 「예술의 종말과 자율성」, 「시민자치와 절차주의」, 「법다원주의와 의사소통적 세계 민주주의」 등이 있고, 역서로는 『도구적 이성 비판』, 『정신철학(헤겔)』(공역) 등이 있음.

1. 위험, 그리고 아름다움

불이 타오른다. 꽃이 피어난다. 불이 꽃이 되고 꽃이 불이 되면서 불꽃을 태운다. 타오르고 피어나는 꽃은 모든 것, 자기 자신까지 태운다. 불 앞에서 자신을 고집하면 꽃을 볼 수 없고, 꽃 앞에서 자신을 잃으면 불을 볼 수 없다. 불꽃은 자기가 사라지면서 생성하는 과정이다. 삶이 죽음의 서곡이고 죽음이 새 생명의 씨앗이다. 불꽃은 아름다운 만큼 위험하고 위험한 만큼 아름답다. 그 때문에 불꽃은 프로메테우스의 신화에서뿐만 아니라 엠페도클레스의 계몽에서도 동경의 이마주이면서 금지의 이마주다. 금지하는 자가 동경하고 동경하는 자가 금지하는 것이 불꽃이다.

모든 것을 태우면서 자신을 태우지 않으려는 방화는 불씨조차 태워버리는 절대적 폭력인 불바다를 만든다. 남을 태워 자기를 유지하려는 사람이 든 불은 파괴와 죽음을 사랑하는 충동의 현실태다. 반면 어떤 것도 태우지 않으면서 자기만 태우는 사람, 자기를 파괴함으로써 남의 길을 밝혀 주려는 사람은 등불이 아니라 불나방이다. 자기를 파괴하는 사람은 모든 것을 파괴할 수 있다. 나르시스가 발산하는 불꽃에 현혹되어 몸을 던진 에코는 황홀하게 태워진다. 나르시스와 에코는 모두 불꽃을 사랑하지만 자기 또는 남의 도구화를 통해 사랑을 성취하려는 가운데 꽃이 없는 불에 타죽는다. 사랑의 불꽃을 피우고 그 불에 태워진다. 주체의 전능과 무능은 이처럼 파괴와 형성의 변증법을 이탈한다.

불꽃은 자기상실이 아니라 자기부정의 과정이다. 자기상실이 타자 속에 자기를 맡기는 것이라면 자기부정은 타자와 함께 불타는 것이다. 너에게 나를 맡기는 것은 빼앗긴 자, 점령당한 자의 가장 오래된 생존전략이다. 자기를 상실한 자의 자기는 사라진 것이 아니다. 남이 자기 노릇을 한다. 노예에게 자기는 주인이다. 자기를 상실하면 남이 주인이 된다. 남을 주인으로 섬기는 자는 결국 주인의 논리로 자기의 세계를 폄훼하며 주인의 세계를 동경한다. 자기상실이 강요된 사회는 주인과 노예만 있을 뿐 인격체와 그들의 권리를 위한 자리가 없다. 자기상실의 고통에 아무런 뜻이 없는 까닭이다.[1]

자기부정은 자기를 관계의 그물망에 던지며 그 그물망을 흐트러뜨린다. 자기부정은 단순히 자기를 업신여기거나 상실하는 것이 아니다. 자기부정은 부정적 자기를 부정하는 자기 개혁이다. 모든 관계가 관리되는 사회에서 자기부정은 자기를 태우며 사회를 태운다. 여기서 태움은 심심풀이 불장난이 아니다. 불장난이 된 태움은 모든 것을 한 번에 부정하려 든다. 나뿐만 아니라 너와 우리조차 전면적으로 부정한다. 전면적 부정은 냉소와 체념이 뒤범벅된 허무주의로 귀착되거나 환상에 매혹된 테러를 이상화한다. 자기부정은 전면적 부정을 부정하고 끝없는 부정을 실천하는 과정이다.

목욕은 한 번에 끝나지 않는다. 끝없는 자기부정의 과정에서 사회적 부조리를 청소하려는 불꽃의 은유는 촛불의 미학에서 자리를 찾는다. 유용성의 관점에서 보면 촛불의 시대는 지났다. 전등이 등불의 동의어가 된 이후 촛불은 음습한 계곡의 동굴에서 신과의 접속을 꿈꾸는 욕심쟁이들의 바람에 시달리고 있다. 그러나 한때 촛불은 절망 속에서 피

---

1. 자기상실과 자기부정은 자율성의 유무에 따라 구별할 수 있다. 자기상실이 수동적 수용성이라면, 자기부정은 자발적 수용성이다. 자기상실이 '너'를 '나'의 주인으로 수용하는 것이라면, 자기부정은 '나'가 '너'가 되는 과정에서 새로운 '나'와 '너'를 만든다. 동학농민전쟁과 5.18민중항쟁은 한국의 역사가 자기상실에서 자기부정으로 전환하는 대표적 사건이다. 이에 관해서는 박구용, 「서로주체의 형성사로서 동학농민전쟁과 5.18항쟁」, 최영태 외, 『5.18 그리고 역사』, 도서출판 길, 2008, 375쪽 이하 참조. 필자와 달리 김상봉은 자기상실과 자기부정의 차이에 무관심한 것으로 보인다. 이는 함석헌이 그랬던 것처럼 자기상실의 고통과 슬픔으로부터 새로운 씨올의 뜻을 직접 도출하려는 절박한 마음에서 비롯된 것으로 보인다. 김상봉, 『나르시스의 꿈』, 한길사, 2002, 378쪽 이하 참조.

어오르는 희망의 꽃이었다. 윤동주는 「초한대」에서 촛불 꽃의 향내로 어둠의 시대를 넘어서는 희망을 본다.

> 초 한 대—내 방에 품긴 향내를 맡는다.//광명의 제단이 무너지기 전/나는 깨끗한 제물을 보았다.//염소의 갈비뼈 같은 그의 몸/그의 생명인 심지(心志)/백옥 같은 눈물과 피를 흘려/불살라 버린다.//그리고도 책머리에 아롱거리며/선녀처럼 촛불은 춤을 춘다.//매를 본 꿩이 도망가듯이/암흑이 창구멍으로 도망한/나의 방에 품긴/제물의 위대한 향내를 맛보노라.[2]

1934년 식민지 조선의 17세 청년이었던 시인에게 촛불은 컴컴한 구석방의 유일한 불빛이었다. 시인은 어둠과 싸우는 허약한 촛불과 일체가 된다. 구석진 어둠에 감금된 시인은 꺼지기 쉬운 불빛이 되어 바깥으로 나아간다. 시인은 죽는 날까지 촛불과 하나가 된다. "모가지를 드리우고/꽃처럼 피어나는 피를/어두워가는 하늘 밑에/조용히 흘리겠습니다."는 그의 '자화상'이었다.[3] "단 한 여자를 사랑한 일도 없다./시대를 슬퍼한 일도 없다."[4]던 시인 윤동주가 꿈꾼 「또 다른 고향」의 "지조 높은 개는/밤을 새워 어둠을 짖는다."[5] 무시무시한 고독 속에서 죽어간 시인의 촛불은 바람에 흔들리는 잎새가 되고 별이 된다. "별을 노래하는 마음으로/모든 죽어 가는 것을 사랑해야지/그리고 나한테 주어진 길을/걸어가야겠다./오늘 밤에도 별이 바람에 스치운다."[6]

바슐라르G. Bachelard의 말처럼 철학자들은 촛불 앞에서 모든 것, 평화뿐만 아니라 폭력까지도 꿈꿀 수 있을지 모른다.[7] 지각을 멈추고 상상

---

2. 윤동주, 「초한대」, 『윤동주 시집』, 범우사, 2002, 106쪽 이하.
3. 윤동주, 「십자가」, 『윤동주 시집』, 범우사, 2002, 21쪽.
4. 윤동주, 「바람이 불어」, 『윤동주 시집』, 범우사, 2002, 22쪽.
5. 윤동주, 「또 다른 고향」, 『윤동주 시집』, 범우사, 2002, 25쪽.
6. 윤동주, 「서시」, 『윤동주 시집』, 범우사, 2002, 8쪽.
7. 가스통 바슐라르, 『촛불의 미학』, 이가림 옮김, 문예출판사, 2001, 54쪽 이하 참조.

에 몰입하는 철학자들에게 촛불은 자기의 이념적 세계를 정당화하는 사물이 된다. 이들은 어둠 속에 감금된 촛불을 끄고 광장으로 뛰쳐나간다. 시인은 스스로 촛불이 되었지만, 이들은 촛불을 들고 촛불에 감탄하며 촛불을 도구화한다. 시인은 촛불이 되어 죽어갔지만, 이들에게 촛불은 그들이 보고 싶은 것만을 볼 수 있게 해주는 등불이다. 광장의 하늘에는 별이 없다. 촛불이 광장의 별이 된다. 그러나 광장의 촛불은 그것이 정의롭기 때문에 아름다운 것이 아니라 아름답기 때문에 정의로운 것이다. 촛불의 아름다움은 촛불이 되어 죽어간 시인의 몸에서 나는 향기이다.

> 어지러운 세상에 떠밀려 백두의 나이에 이르도록/목숨 버리려다 그만둔 것이 몇 번이던고./오늘에야 참으로 어쩔 수 없는 지경에 이르렀으니/바람 앞의 촛불 번쩍번쩍 창천에 비추누나.//(…)//조수도 슬피 울고 강산도 찡그리오./무궁화 이 세계는 망하고 말았구려./등불 아래 책을 덮고 지난 역사 헤아리니/세상에 글 아는 사람 되기 어렵기도 합니다.[8]

매천梅泉 황현黃鉉은 1910년 「절명시」를 쓰고 세상을 떠났다. 조선의 마지막 시인이자 역사가였던 황현은 관리도 아니었지만 애국계몽가나 의병장도 아니었다. 그는 지식인이었을 뿐이다. 황현은 망해 가는 나라를 바라보며 실천적 저항을 하지 못하는 자신을 끝없이 질책하는 시를 썼다. "한강물도 목이 메고 북악산도 찡그리는데… 나라 팔지, 나라 위해 죽은 자 있었던가"[9]라고 물으면서 그는 세상의 어둠을 기록하는 일에만 몰두했다. 글 아는 사람이 해야 할 실천이라고 생각한 것이다. 글 아는 사람 황현은 이렇게 촛불 앞에서 어둠의 세계와 씨름하다 어느덧 스스로 촛불이 되고 만다. 기우는 큰 집을 지탱할 하나의 나무이길 완강

8. 황현, 「절명시」, 『매천야록』, 임형택 외 옮김, 문학과지성사, 2005, 664쪽 이하.
9. 황현, 「聞變三首」, 전남대학교 호남문화연구소편, 『매천전집』 1권, 1985, 297쪽.

히 거부했던 그는 결국 큰 집이 무너지는 소리를 듣고 아편을 먹고 세
상을 뜬다.

> 꺼지는 촛불은 죽어 가는 태양이다. 촛불은 하늘의 별보다도 더 천천히 죽
> 는다. 심지가 구부러지고, 심지가 까맣게 된다. 불꽃은 그것을 둘러싸고 있
> 는 어둠 속에서 자신의 아편을 먹는다. 그리고 불꽃은 아무 말 없이 죽는
> 다. 그것은 잠들면서 죽는다.[10]

황현에게 글을 아는 사람은 영원한 삶의 황홀경에 빠져 죽음을 찾
아가는 불나방이 아니다. 그에게 지식인은 작은 불꽃, 촛불 꽃이 되는
사람이다. 지식인은 불을 훔치기 위해 불에 뛰어드는 사람, 곧 프로메테
우스이면서 엠페도클레스이다. 프로메테우스가 훔친 불은 진·위, 선·
악뿐만 아니라 미·추의 이분법을 넘어가려는 신의 세계, 특히 에로스
의 이마주다. 프로메테우스는 불을 훔친 죄로 코카서스의 큰 바위에서
낮에는 독수리에게 간을 쪼아 먹히고 밤이 되면 간이 되살아나는 고통
을 겪는다. 이처럼 영원한 자기부정 속에서 프로메테우스의 간은 세계
의 부조리를 정화한다. "프로메테우스, 불쌍한 프로메테우스/불 도적한
죄로 목에 맷돌을 달고/끝없이 침전하는 프로메테우스."[11] 프로메테우
스의 불은 이처럼 시인 윤동주와 황현의 촛불이 된다.

많은 고전적 사유는 물, 흙, 공기와 함께 불을 우주를 형성하는 원소
로 간주한다. 우주가 네 가지 원소의 결합과 분리의 과정에서 형성된다
고 생각한 것이다. 엠페도클레스는 네 가지 원소의 결합과 분리가 그것
바깥에 어떤 힘이 작용하기 때문에 가능하다고 말한다. 그에 따르면 사
랑philia은 네 가지를 결합하는 힘이고 미움neikos은 분리시키는 힘이다.
엠페도클레스는 분리하고 쪼개는 미움의 시대를 넘어서 따로 또 함께

10. 바슐라르, 『촛불의 미학』, 47쪽.
11. 윤동주, 「간」, 『윤동주 시집』, 범우사, 2002, 35쪽.

하는 사랑의 시대를 위해 스스로 불에 뛰어든다. 사랑 속에서 자연과 자
유는 하나다. 사랑 속에서 구별과 연대가 자유인들의 소통과 인정, 그리
고 저항의 상징적 기호라면 분리와 쪼갬은 언제나 지배자의 전략이다.
잘 알려진 것처럼 휠덜린은 분리와 쪼갬에 의해서 지배되는 시대에 온
몸으로 저항한 〈엠페도클레스의 죽음〉에 매료된다. 휠덜린의 글로 새
생명은 얻은 엠페도클레스는 자연에 적대적인 자들과 싸운다. 그러나
엠페도클레스는 사람들에게 "일찍이 자연이 그대들을 앗아가기 전에,
오, 그대들을 자연에 내주게나!" 하고 말한 뒤 에트나 화산으로 향한
다.[12]

　사랑의 힘을 믿지 않는 사람은 불꽃을 관찰하고 찬양할 수는 있지
만 스스로 불꽃이 될 수는 없다. 불꽃처럼 살다간 김수영은 4.19에서
"사랑을 만드는 기술"을 배운다.[13] "어둠 속에서도 불빛 속에서도 변치
않는/사랑을 배웠다 너로 해서//그러나 너의 얼굴은/어둠에서 불빛으
로 넘어가는/그 찰나에 꺼졌다 달아났다/너의 얼굴은 그만큼 불안하다
//번개처럼/번개처럼/금이 간 너의 얼굴은."[14] 김수영이 배운 사랑은 온
몸으로 시를 쓰는 것이다. "복사씨와 살구씨가/한번은 이렇게/사랑에
미쳐 날뛸 날"을 위해,[15] "모기소리보다도 더 작은 목소리로 아무도 하
지 못한 말"을 온몸으로 썼다.[16]

　시는 온몸으로, 바로 온몸을 밀고 나가는 것이다. 그것은 그림자를 의식하
지 않는다. 그림자에조차도 의지하지 않는다.[17]

---

12. F. Hoelderlin, *Sämtliche Werke und Briefe in zwei Bdn., II*, Darmstadt: Wissenschaftliche
　　Buchgesellschaft, 1984, 67쪽, 김형기, 「『엠페도클레스의 죽음』을 통해 본 휠덜린의 현실비
　　판」, 『독일문학』 55, 1995, 54쪽 재인용.
13. 김수영, 「사랑의 변주곡」, 『김수영 전집: 1. 시』, 민음사, 2003. 344쪽.
14. 김수영, 「사랑」, 『김수영 전집: 1. 시』, 211쪽.
15. 김수영, 「사랑의 변주곡」, 345쪽.
16. 김수영, 『김수영 전집: 2. 산문』, 민음사, 2003, 403쪽.
17. 김수영, 『김수영 전집: 2. 산문』, 403쪽.

　　4.19에서 사랑의 힘을 찾은 김수영은 더 이상 이상으로 현실을 재단하는 참여파 시인이 아니었다. 그는 이미 매혹과 절망, 환희와 냉소 사이를 왔다갔다 헤매는 참여에 피로를 느꼈다. 〈달밤〉에 〈싸리꽃 핀 벌판〉에서 김수영은 자기부정 없는 타자부정에서 피로를 느낀다. "달 밝은 밤을/(…)서른아홉 살의 중턱에 서서/서슴지 않고 꿈을 버린다//피로를 알게 되는 것은 과연 슬픈 일이다/밤이여 밤이여 피로한 밤이여."[18] 피로는 사랑의 씨앗이다. 피로를 모르는 사람은 모든 사람, 모든 것을 사랑할 듯 보이지만 아무것도 사랑하지 못한다. 시인에게 4.19가 가르쳐준 사랑은 빛과 어둠의 변증법을 넘어서는 것이다. 불안한 현실 속에서 불안을 느끼지 않는 것이다. 그리고 4.19를 끝까지 실천하는 것이다.

　　꽃을 꺾는 마음으로/(…)죽은 옛 연인을 찾는 마음으로/(…)이번에는 우리가 배암이 되고 쐐기가 되더라도/(…)우리가 혁명이 성취되는 마지막날에는/그런 사나운 추잡한 놈이 되고 말더라도/(…)우리는 우리가 찾은 혁명을 마지막까지 이룩하자.[19]

　　황현과 윤동주가 그랬듯이, 김수영은 대상을 면밀하게 관찰하는 시인이 아니다. 그들은 모두 어둠 속에서 시를 썼다. 그들에게 불빛은 어둠을 밝혀 주는 도구가 아니었다. 그들은 어둠 속에서 스스로 불꽃이 된다. 자신들의 이상에 맞추어 대상을 관찰하고 분석한 것이 아니라 스스로 대상이 되었다. 대상을 자기화한 것이 아니라 자기를 대상화했다. 그렇게 그들은 모두 아름다운 불꽃, 촛불 꽃이 되었다. 맥락 없는 진공상태에서 타는 촛불은 없다. 촛불은 혼자 타면서 혼자 꿈꾸는 것이 아니다. 조선의 멸망과 식민화, 그리고 독재의 긴 터널에서 시인들의 촛불 꽃이 타올랐다. 시인들의 촛불 꽃은 시대에 불온한 것, 위험한 것으로

18. 김수영, 「달밤」, 『김수영 전집: 1. 시』, 157쪽.
19. 김수영, 「기도」, 『김수영 전집: 1. 시』, 184-6쪽.

평가된다. 위험한 것이 아름다운 것은 아니지만, 아름다운 모든 것은 위험하다.

2. 불가능한 것을 요구하는 현실주의자들

촛불시위라는 새로운 사건 앞에서 비약을 즐기려는 사람들이 여기저기서 삐져나오고 있다. 예상하지 못한 사건을 과거의 패러다임으로 평가 절하하려는 사람들도 있다. 이문열을 비롯한 몇몇 대중 지식인들은 촛불시위를 불장난에 비유하며 특정 세력에 의해 의식이 조작된 대중들이 국가를 위협한다고 비난했다. 이들은 촛불시위와 그 주체를 자신들에게 익숙한 이데올로기로 단순화시켜 비난하는 일에 몰두한다. 이들의 논변을 정치적으로 자기화한 사람들은 있지만 합리적 담론의 대상으로 수용하는 사람은 많지 않다. 과거를 향한 이들의 비약에는 그만큼 날개 없는 추락이 예정되어 있다.

문제는 촛불시위를 타고 미래로 비약하려는 사람들이다. 이미 오래전에 현대에서 탈현대로 비약을 즐기고 있던 이들은 촛불시위 현장에 들뜬 상태로 착륙을 시도한다. 이들은 현대사회를 벽으로 감금 분할되고 벽과 벽 사이에 파인 홈을 통해서만 만남과 소통이 가능한 통제된 사회로 규정한다. 이와 같은 사회 구조에서 정보와 담론이 감금되고 통제되는 것은 어쩌면 당연할 것이다. 지성을 독점한 전문가 집단이 벽과 홈을 관리하면서 대중의 의식과 정신을 감시하고 처벌한다. 그와 반대로 탈현대사회는 벽과 홈이 해체된 사회를 가리킨다. 이들에 따르면 디지털 시대의 가상공간은 벽이 없는 만남과 소통의 흐름을 가능하게 만들고 있다. 가상공간에서 현대사회의 벽과 홈을 무너뜨리거나 우회하면서 새로운 담론과 지성을 형성하는 것은 전문가 집단이 아니라 다중과 대중 집단이라는 것이다.

탈현대주의자들, 특히 이진경이 이끄는 코뮨주의자들은 동일성의 체계를 거부하고 "공통된 것the common과 특이한 것the singular"을 지향한다.[20] 이들의 비약은 앎의 안쪽 세계에서 무지의 바깥 세계로 나아가는 구성의 과정이다. 구성은 존재와 당위의 긴장 위에서 있어본 적이 없는 세계, 있을 수 없는 세계를 상상하는 것이다. 구성을 이끄는 상상은 망상이나 몽상이 아니라 구상이고 이상이다. 구성은 낡은 것들의 조각모음처럼 보이지만 사실은 전적으로 새로운 판짜기이다. 그들에게 문제가 되는 것은 "코뮨의 존재가 아니라 구성이다."[21]

코뮨주의자들이 구성한 세계는 계급의 관계가 역전되는 해방이 아니라 계급 관계가 청산된 해방 사회다. 이들은 타자가 아니라 타자들, 곧 대중의 형상을 취하고 있는 무리들, 예를 들어 "착취당하는 자, 소수자, 광인과의 긴밀한 유대"의 과정에서 대안적 삶을 실험한다. 이들은 정주할 곳을 찾아가는 것이 아니라 끝없이 이주하면서 살아가는 사람들이다. 말하자면 자기동일성, 혹은 정체성을 가진 주체가 아니라 유령처럼 가상의 초원을 떠도는 "신유목민"들인 것이다.[22] 과거의 유목민이 동물의 먹이사슬을 따라 이주했다면 신유목민들은 새로운 대안적 삶을 찾아 이주한다고 말한다. 이들에게 대안적 삶은 정해져 있지 않다. 정해진 것은 아무것도 없다. 신유목민, 코뮨주의자는 대중을 사랑하는 대중이다.

우리 안에는 우리의 변신을 부추기며 말을 건네는 무수히 많은 대중이 있다. 우리 안에는 우리를 구성하고 있는 우리 아닌 '타자들'이 있다. 코뮨주의는 이 타자들, 이 대중들의 운동에 대한 사유이다. '나'만이 아니라 이 사

20. 고병권 · 이진경 외, 『코뮨주의 선언』, 교양인, 2007, 11쪽.
21. 고병권 · 이진경 외, 『코뮨주의 선언』, 8쪽.
22. 피에르 레비, 『집단지성』, 권수경 옮김, 문학과지성사, 2002, 18쪽.

회, 이 우주를 이루는 대중들의 흐름을 사유한다. 우리는 우리에게 가장 친숙하면서도 가장 낯선 무리들, 우리 안에도 우리 바깥에도 있는 이 무리들을 사랑한다. 생성의 순간마다 닥치는 이 이방인들을 우리는 사랑한다. 그들의 정체를 밝히는 것은 불가능하다. 그들은 정체성을 지닌 자가 아니라 정체성을 벗어나는 자들이고 주어진 정체성을 받아들이는 자가 아니라 새로운 정체성을 끊임없이 만들어내는 자들이기 때문이다.[23]

탈현대, 탈주체 신유목민들의 공동체를 지향하는 코뮌주의자들은 이처럼 우리 안팎의 타자들에 대한 사랑을 반복적으로 강조한다. 그러면서 그들의 공동체를 위해 개인의 울타리와 국가의 울타리를 포함한 모든 형태의 울타리에서 벗어날 것을 주문한다. 그러나 울타리가 없다면 그들이 말하는 '우리'도 없다. '우리'가 없으면 '우리 안팎의 타자들'도 없다. '우리 안팎의 타자들'의 코뮌이 가능하기 위해서는 '우리'의 은유인 울타리가 있어야 한다. 현실은 울타리로 넘쳐난다. 울타리는 코뮌주의자들이 말하는 것처럼 정상과 비정상을 가르는 감금과 통제의 벽이기도 하고, 울타리 밖의 이방인에 대한 두려움의 표현이면서 울타리 안의 거주자들을 '우리'라는 마술적 개념으로 포박하는 장치다.

"'안'의 관념이 신뢰와 안정의 의미를 함축하고 있다면, '밖'의 관념은 자체가 불신과 불안의 원천이다. 그 때문에 철학은 언제나 '울타리 밖에 아무도 없는 상태'를 이상 세계의 근본 조건으로 간주해 왔다. 이상은 울타리 자체를 제거함으로써 실현된다. 현실에 울타리가 엄연히 존재함에도 불구하고 울타리 밖의 타자에 대한 두려움을 극복하기 위해 울타리 자체를 없는 것으로 간주하는 것은 근대유럽철학의 어두운 그림자다. 신화가 울타리를 견고하게 만듦으로써 타자를 배척한다면, 계몽은 울타리를 제거함으로써 울타리 밖의 타자를 소멸시킨다."[24]

---

23. 고병권 · 이진경 외, 『코뮌주의 선언』, 24쪽.
24. 박구용, 『우리 안의 타자』, 철학과현실사, 2003, 6쪽.

울타리가 사라진 세계의 이상은 코뮨주의자들이 알레르기 반응을 보이는 주체 중심의 현대의 철학, 예를 들어 데카르트, 베이컨, 홉스, 로크, 루소, 칸트 철학의 공통된 특성일 뿐만 아니라 레비나스와 같은 타자 중심의 철학의 출발점이기도 하다. 이들은 모두 실재하는 울타리를 자신들이 만든 이념적 가상 속에서 제거한다. 견고한 실체로서 울타리 안의 세계를 홀로주체성과 몰주체성이 지배한다면, 울타리가 없는 곳에서는 홀로주체성과 탈주체성이 지배한다. 반면 상호주체성은 헐렁한 울타리, 만남, 소통, 연대의 통로가 발달한 울타리의 이념이다. 상호주체성의 울타리는 끝없이 개혁되고 부정되면서 사라지고 다시 만들어진다. 그러나 울타리가 없는 세계는 현실이 아니라 순수한 가상의 세계일 뿐이다.

헐렁한 울타리 안에서 상호주체성은 정치·경제적 민주주의를 대의 민주주의로 환원하지 않고 다양한 형태의 시민자치를 통해 실현된다. 시민자치는 이질적인 사람들의 만남과 소통을 통해 연대성을 구축한다. 그러나 아무리 다공적인 울타리라고 할지라도 그것이 울타리인 한 시민자치가 구축한 연대성은 차이에 대한 감수성을 떨어뜨린다. 이때 상호주체들의 시민자치는 언제나 다수의 독재로 변질될 수 있다.[25] 심지어 촛불이 아니라 촛불들도 그런 가능성을 배제할 수는 없다. 이런 맥락에서 국가를 포함한 모든 울타리의 바깥에 타자들의 새로운 공동체를 꿈꾸는 코뮨주의는 상호주체성을 거부하고 탈주체성의 이념을 지향한다고 볼 수 있다. 이들은 에코의 몰주체성이나 나르시스의 홀로주체성뿐만 아니라 울타리 안의 상호주체성도 거부한다. 코뮨주의가 지향하는 탈주체들의 향연은 총체적으로 관리되는 사회에 대한 총체적이고 전면적인 비판이고 저항이다. 그러나 코뮨은 또 하나의 새로운 울타리이며, 상호주체성이 없는 그곳 울타리에는 홀로주제와 몰주체만 남

---

25. 박구용, 「시민자치와 절차주의」, 『철학연구』 106, 2008, 99쪽 참조.

을 수 있다.

낡은 것에 대한 총체적 비판과 전면적 부정은 가상 속에서 낡은 것을 반복할 위험이 있다. 진정한 혁명은 전면적 부정이 아니라 끝없는 부정이다. 적은 상호주체성이 아니라 홀로주체성과 몰주체성이다. 상호주체성과 탈주체성은 긴장 관계 속에서 서로를 보완하고 제약해야 한다. 이는 대의 민주주의와 직접 민주주의, 거리의 정치와 제도의 정치가 국가 체계의 안팎에서 작동해야 한다. 그런데 코뮨주의자들은 모든 형태의 주체성을 전면적으로 부정함으로써 촛불시위를 홀로주체·몰주체에 맞선 상호주체와 탈주체의 새로운 민주주의 형성과정으로 보지 못하고, 전문가지성과 대중지성의 대결로 단순화시킨다.[26] 자신들이 만든 이념적 가상의 실재를 관찰하려는 열망 때문에 '지성'을 선점하려는 싸움에서 벗어나지 못하는 것이다.

지젝S. Zizek에 따르면 19세기가 이상에 대한 열망에 의해 지배되었다면 20세기는 실재의 열망Passions of The Real이 넘쳐나는 시대다.[27] 사람들은 '실재에 대한 직접적 경험'을 열망한다. 사람들은 환멸을 일으키는 사회적 부조리에서 벗어나기 위해 혹은 개인적 욕망이나 사회적 이상을 실현하기 위해 실재에 대한 극단적이고 직접적인 경험을 원한다. 그런데 이 경험은 대개의 경우 폭력을 매개로 이루어진다. 부조리를 폭로하고 교정하기 위한 저항은 부조리를 폭파하는 실재적 사건을 경험하려는 열망으로 바뀐다. 성적 욕구는 성기에 대한 직접적 관찰에 대한 열망으로 도착화된다. 유토피아를 위한 실천은 현실이 파괴된 모습을 관찰하려는 열망으로 바뀐다.

일반적으로 사람들은 실재하는 것을 열망하는 것이 아니라 열망하는 것이 미래에 실재하길 원한다. 현재 실재하는 것은 열망의 대상이 아

26. 이진경, 「촛불은 '근대의 벽'을 넘는 과정」, 『한겨레』, 2008. 8. 8, 7쪽.
27. 슬라보예 지젝, 『탈이데올로기 시대의 이데올로기』, 김상환 외 옮김, 철학과현실사, 2005, 15쪽 이하 참조.

니다. 욕망은 없는 것을 있게 하고 싶은 몸의 의지이다. 현실에서 만들어낸 이상조차도 아직은 현실이 아니다. 그럼에도 불구하고 실재에 대한 열망은 실재하지 않는 것을 참지 못하고, 어떻게든 욕망과 이상의 실재를 직접적으로 경험하려고 한다. 이 때문에 실재의 열망은 폭력에 쉽게 매혹된다.

욕구의 대상이나 사회적 이상이 지금 실재하지 않는다는 것을 인정해야 한다. 우리는 욕구와 이상의 실재를 경험할 수 없다. 이상의 실재는 그 자체가 환상이다. 따라서 이상을 실재로 경험하려는 열망을 포기하지 못할 경우 이상은 곧바로 실체화된다. 실체화된 이상은 폭력을 통해서라도 실재를 경험하려는 충동 때문에 공포정치나 테러리즘으로 전환된다. 더구나 현대사회에서 공포정치와 테러리즘이 현실화된 폭력은 마치 가상처럼 경험된다. 전쟁과 테러가 매체를 통해 가상으로 경험되면서 직접적 폭력조차 컴퓨터 놀이처럼 보인다. 그러나 가상처럼 보이는 것은 가상이 아니라 현실이다.

그렇다고 실재의 열망을 거부하거나 부정할 이유는 없다. 실재의 열망은 부정적 현실을 부정하는 힘이다. 예를 들어 예술은 실재의 열망을 가상 속에서 실현한다. 가상은 현실을 모방한 형상이나 그림자, 혹은 거울 속에 비친 현실의 허상을 가리킨다. 우리는 그림 속의 커피와 맥주를 마실 수 없으며, 거울 속의 빵을 먹을 수도 없다. 그러나 현대사회에서 가상은 단순히 가상으로 경험되는 것에 멈추지 않고 현실처럼 경험된다. 인터넷을 통한 가상 세계의 경험은 현실적 경험보다 더 실제적이다. 이전에는 경험할 수 없었던 것이 가상 세계를 매개로 경험된다. 가상 세계에서 우리는 현실 속에서 금지되고 감금된 욕망들을 분출할 수 있을 뿐만 아니라, 현실에서 좌절된 만남, 소통, 연대를 구성할 수 있다. 가상 세계는 현실 체계의 관계를 확대 재생산할 수도 있지만 새로운 짜임관계를 통해 가상적으로나마 현실의 지배 체계를 전복할 수도 있다. 가상은 현실과 실재의 단순한 모방일 수도 있지만 동시에 새로운 판짜

기일 수도 있는 것이다.

헤겔에 따르면 예술의 가상은 본질보다 더 본질적이다.[28] 예술의 가상은 실재보다 더 실재적인 것을 표현하기 때문이다. 피카소의 '게르니카'는 실재의 게르니카보다 더 게르니카의 진실에 가깝다. 피카소의 말처럼 게르니카를 그린 것은 피카소가 아니라 독일군이다. 독일군은 게르니카의 실재를 경험하기 위해 게르니카를 파괴했다면, 피카소는 가상을 통해 실재의 게르니카를 보여준다. 가상이 실재의 효과를 갖는다면, 실재는 허구적 가상을 통해 유포된다. 예술은 이상의 실재를 가상을 통해 경험한다. 예술은 현실을 전면적으로 부정하면서 수용 불가능한 것을 요구하는 실재의 열망이 아니다. 예술은 현실을 끝없이 부정하지만 불가능한 것을 요구하지는 않는다. 예술은 어떤 것을 요구하는 것이 아니라 어떤 것이 된다. 모든 예술이 그런 것은 아니지만, 어떤 예술은 그렇다. 황현, 윤동주, 그리고 김수영의 촛불 꽃이 그렇다.

2008년 대한민국의 시간을 멈추게 했던 촛불집회에서 오직 자신들의 이념적 이상의 실재를 직접 경험하려는 사람들이 있었다. 앞서 지적한 것처럼 촛불시위에서 경험할 수 있는 몇 가지 유목적 성격을 근거로 현대에서 탈현대로의 패러다임 전환을 주장하는 사람들도 여기에 속한다. 촛불시위가 한국적 탈현대성의 징표라는 해석은 전혀 새로운 것이 아니다. 효순 · 미선 추모 촛불시위와 대통령 탄핵반대 촛불시위 때도 비슷한 주장은 많았다.[29]

---

28. "가상 자체는 분명 본질에서도 본질적이다. 만약 진리가 가상이나 현상을 통해 나타나지 않거나 혹은 자기 자신을 위해서나 정신 일반을 위해, 곧 일자를 위해 존재하지 않는다면 진리는 존재하지 않을 것이다." G. W. F. Hegel, *Vorlesungen über die Ästhetik*, Ffm.: Suhrkamp, 1970, 21쪽.

29. 2002년 6월 13일 여중생 신효순과 심미선이 미군 장갑차에 깔려 사망할 당시 대한민국은 붉은 악마의 열풍에 휩싸였다. 그런데 같은 해 11월 27일 장갑차 운전병에 대한 무죄판결이 있은 후 불붙은 촛불시위는 노사모 현상으로 이어지면서 대통령 선거에 막대한 영향을 미치는 결과를 가져온다. 그리고 탄핵반대 촛불시위 역시 그 당시 총선의 판도를 좌우했다. 두 번의 촛불시위와 관련해서 이미 집단지성에 대한 담론은 다양한 방식으로 진행되었

쇠고기 수입반대의 경우를 포함한 세 번의 거대한 촛불시위는 실제로 유사성이 많다. 가장 큰 특징은 촛불시위의 핵심 주체가 전통적인 운동단체나 정치세력이기보다 가상공간을 즐기는 젊은 대중이었다는 점이다. 이들은 대체적으로 탈이데올로기적이었으며 이념적으로 정체성이 뚜렷하기보다 오히려 매우 유동적이고 심지어 자기 모순적이기도 했다. 이런 특징으로부터 탈현대 · 탈주체의 성격을 찾는 것은 어쩌면 탈이데올로기적으로 보인다. 그러나 탈주체적 집단인 다중이나 대중을 지성의 주체로 규정하고 이 대중지성에서 희망을 찾는 코뮨주의자로서 자신들을 현대적 주체성을 고집하는 전문가지성과 싸우는 전위로 내세우는 것은 지나치게 이데올로기적이다. 더구나 주체성 없는 정치성을 내세우는 탈주체, 곧 탈현대 철학은 자신들의 이데올로기를 위해 전선을 조작한다.

효순 · 미선 추모 촛불집회와 쇠고기 수입반대 촛불집회는 미국으로부터 독립된 주권을 확인하려는 의지, 주권상실이 곧 인권상실이라는 인식과 분명하게 결합되어 있다. 나아가 대통령 탄핵반대 촛불집회는 참여민주주의를 실천하는 사건이었다. 그런데 주권과 인권, 그리고 참여민주주의는 탈현대성이 아니라 현대성의 중추적 이념들이다. 따라서 과거 촛불에서 집단지성이나 대중지성을 찾은 사람들조차도 촛불을 대중지성과 전문가지성의 대결로 규정하지는 않았다. 그런데 특별히 변화된 상황도 없을 뿐만 아니라 새로운 특징도 없는 2008년 촛불에서 이들은 왜 유독 대중지성과 전문가지성의 투쟁을 보려고 하는가? 이유는 매우 단순한 것으로 보인다. 과거의 촛불집회 때와 달리 2008년의 경우 촛불의 적이 국가의 공권력을 장악하고 있다. 따라서 촛불을 현대성

다. 이정은, 「한국현상 촛불시위에 관한 철학적 고찰」, 『시대와 철학』 14, 2003, 434쪽 이하; 정태석, 「탄핵, 촛불, 총선 그리고 한국민주주의의 미래」, 『시민과세계』 6, 2004, 255쪽 이하; 김원, 「사회운동의 새로운 구성방식에 대한 연구 — 2002년 촛불시위를 중심으로」, 『담론 201』 8-2, 2005, 158쪽 이하 참조.

의 상징인 국가에 맞서는 탈현대성의 상징체계로 해석하는 것이 설득력을 갖는 것처럼 보인다. 이런 방식으로 탈현대주의자들을 촛불에서 반국가적 코뮌이라는 불가능한 것을 요구하면서 현실적으로 자신들의 탈이데올로기적 이데올로기를 확산하는 이득을 챙기는 것이다. 한마디로 불가능한 것을 요구하는 현실주의자들이다.

　불가능한 것을 요구하는 현실주의자들은 탈국가적 코뮌이 실재할 수 없다는 것을 잘 알고 있으며, 실제로 자신들의 요구가 실현되기를 원하지도 않는다. 차이들만이 소통할 수 있는 탈국가적이고 반휴머니즘적 코뮌이 실현되면 모든 울타리가 사라지고 이질적인 것들 사이의 생사를 건 권력투쟁이 강화될 것이다. 인간과 다른 존재 사이의 구별이 사라진 곳에는 코뮌이 아니라 야만의 자연상태가 기다리고 있다. 상호주관적 합리성의 타자를 실체화하면 그들이 사랑한다는 다양한 무리의 소수자들은 분업과 경쟁이 폐기된 탈현대적 "협력-체인 코뮌"이 아니라,[30] 전현대적 권위와 복종이 지배하는 코뮌의 부속품으로 전락할 수 있다. 상호주체성의 위선을 폭로하며 금지된 쾌락을 즐기는 동안 그들이 속한 국가공동체는 홀로주체와 몰주체로 들끓게 될 것이다. 그러나 이런 일이 벌어지지 않으리라는 것을 코뮌주의자들은 잘 알고 있다.

　세 번의 촛불에는 참여민주주의라는 상호주관적 현대성과 국가의 바깥으로 나아가는 탈주체들의 탈현대성뿐만 아니라 동질적 전체주의를 지향하는 전현대성도 있다. 전현대, 현대, 탈현대라는 비동시적인 것들이 동시에 뒤섞여 있는 것이다. 탈현대주의자들은 일반적으로 진보에 대한 믿음을 현대적 신화라고 비판한다. 그러면서도 그들은 부지불식간에 역사가 전현대에서 현대를 거쳐 탈현대로 진보할 것이라는 환상을 숨기지 않는다. 그러나 비동시적 동시성은 일시적 현상도 아니고 한국의 특수성도 아니다. 역사는 전현대, 현대, 탈현대로 발전하지 않는

---

30. 고병권 · 이진경 외, 『코뮌주의 선언』, 386쪽.

다. 오히려 각각의 패러다임이 자신의 고유한 발전과 진화의 길을 간다. 어느 사회, 어느 시대나 비동시적인 것처럼 보이는 이념과 현실은 동시에 현재한다. 이에 대한 인식의 기초 위에서 이상주의자는 이념적으로가 아니라 현실적으로 가능한 것을 실천해야 한다. 상호주체들의 민주적 국가 공동체가 무너지면 탈주체들의 코뮌이 도래하는 것이 아니라, 홀로주체의 전체주의가 지배한다.

객관적 기준을 제시할 수는 없지만 한국 사회에는 홀로주체성을 지향하는 전현대적 집단들이 견고한 블록을 형성하고 있다. 더구나 홀로주체는 진화했다. 과거의 홀로주체가 같은 피, 같은 학교, 같은 성, 같은 지역이라는 동질성을 기초로 자신들의 권력을 공고히 했다면, 오늘의 홀로주체는 성공 이데올로기에 사로잡힌 무리들의 욕망을 관리하는 자본의 체계로 발전했다. 과거의 홀로주체가 영남 패권주의, 서울대 패권주의를 양산했다면, 오늘의 홀로주체는 서울, 특히 강남에 진입하려는 중앙 패권주의를 확산시킨다. 실용정부는 이들의 연합전선을 통해 탄생했다.

동학농민전쟁과 독립운동, 그리고 4.19와 5.18로 이어지는 민주화운동을 거치면서 한국 사회에는 상호주체성의 이념과 제도가 비교적 건강하게 성장했다. 국민의 정부와 참여정부는 상호주체성의 이념을 제도화하는 기간이었다. 그러나 다른 한편으로 두 정부는 상호주체 못지않게 홀로주체의 명령에 굴복했다. 초국적 거대자본에 의해 전 세계가 관리되는 상황에 맞설 만큼 한국에서 상호주체성의 체계가 성숙하지 못했던 것이다. 무엇보다 지역단위의 시민자치가 활성화되지 못했을 뿐만 아니라 이를 뒷받침할 정치세력과 제도가 안착되지도 않았다. 그 때문에 상호주체성을 지향했던 많은 시민들이 탈주체성의 이념에 매혹된다. 특히 사회적으로 성공한 급진적 좌파 지식인들과 양심세력, 그리고 민주화운동의 성과를 향유하며 성장한 젊은 세대들은 홀로주체와 탈주체의 이쪽저쪽을 들락거리는 새로운 자유주의 정치세력이 된다.

홀로주체들의 블록에는 아직 균열이 일어나지 않고 있다. 오히려 새롭게 진화하며 거대한 성을 쌓고 있다. 동시에 탈주체들이 급속도로 성장하고 있다. 탈주체들의 코뮌은 거대한 국가공동체에서 실현될 수는 없지만, 그것에 균열을 내면서 작은 공동체를 통해 구체화될 수는 있다. 그런데 탈주체들의 코뮌이 많아지면 국가공동체는 가벼워질 수는 있지만 더욱 건강해질 수도 있다. 이것이 가능하기 위해서는 상호주체들의 시민자치와 절차적 민주주의의 제도화가 성숙되어 있어야 한다. 중앙이 지방을 관리하는 정치 경제적 체계가 아니라 지역 단위별 민주주의가 활성화되어 있어야 한다. 이런 조건이 성숙되지 않은 상황에서 탈주체성의 성장은 상호주체성의 이념과 제도를 오히려 위협할 가능성이 있다. 홀로주체와 탈주체 사이에서 상호주체가 설자리를 잃어 가는 것이다. 이와 같은 경향은 중앙 혹은 서울 패권주의가 수정되지 않으면 계속될 전망이다. 상호주체와 탈주체의 연합전선인 촛불조차 아직은 중앙 중심주의에서 벗어나지 못하고 있기 때문이다. 그런데도 촛불시위의 현장에서 탈현대의 승리를 알리는 팡파르의 리듬에 맞춰 춤추는 지식인들은 이런 흐름에 무관심한 것처럼 보인다.

3. 여기에 더 푸른 초원을 만들려는 지성

촛불은 상호주체성과 탈주체성의 경계에서 현실을 끝없이 비판하며 가상 속에서 새판을 짜는 실천이다. 상호주체성의 측면에서 볼 때, 촛불은 제도적 정당정치를 전면적으로 부정하는 것이 아니라 새로운 정당정치의 제도화를 위한 의사소통적 권력의 형성 과정이다. 촛불은 대의민주주의를 부정하는 것이 아니라 시민자치를 실현할 수 있는 시민들의 직접적 참여를 제도화한 대의민주주의를 지향하는 것이다. 촛불은 대의민주주의에 저항하는 직접민주주의의 상징이 아니다. 촛불은 두 가지 민주주의 제도의 새로운 관계 형성의 과정일 뿐이다.

탈주체성의 측면에서 촛불은 국가를 전면적으로 부정하는 것이 아니라 국가의 바깥에서 새로운 가능성을 만들어 가는 실천이다. 촛불은 시민을 몰주체로 만들면서 홀로주체이길 꿈꾸는 국가를 부정하지만, 시민과 이방인 모두가 상호주체인 국가를 부정하지는 않는다. 촛불은 국가의 바깥으로 나아가지만 동시에 바깥에서 국가로 들어오는 과정이기도 하다. 이런 맥락에서 촛불은 국가공동체라는 거대한 성의 출구이면서 입구인 것이다.

퇴로가 없었다. 우회할 수도 없었다. 물러나는 순간, 돌아가는 순간 절망은 숙명이 될 수밖에 없었다. 동학 농민군과 독립군 그리고 4.19와 5.18 시민은 퇴로가 없는 저항에 나설 수밖에 없었다. 주권과 인권은 죽음과 맞서면서도 쉽게 포기할 수 있는 것이 아니기 때문이다. 생존과 성장을 위해 주권과 인권을 포기해 온 굴욕과 비참의 우리 역사는 이름도 남기지 못한 저들의 희생을 대가로 바로 설 수 있었다. 그런데 경제적 부흥을 가져다줄 것으로 기대했던 실용정부는 그 대가로 주권과 인권을 내놓으라고 종용한다. 100일을 넘기도록 촛불을 끌 수 없게 만들었던 것이다.

황현과 윤동주, 그리고 2008년 시민들이 들었던 촛불은 이념의 상징이 아니라 사건이다. 촛불은 특정 집단의 정치적 이념이나 문화를 대변하는 상징적 도구가 아니다. 촛불은 진보정치의 수단도 아니며 대중이 지성을 점령하는 무기도 아니다. 촛불은 '어딘가 더 푸른 초원이 있다'는 희망을 좇는 유목민들의 밤길을 밝히는 빛이 아니다. 실용정부를 만든 것은 더 푸른 초원을 향한 욕망에 매혹된 우리 자신이다. 촛불은 매혹이 유혹임을 깨닫고 다른 곳이 아닌 바로 이곳을 더 푸른 초원으로 만들려는 정주민과 국가공동체의 안팎을 넘나드는 유목민의 자유로운 활동이자 사건이다.[31]

　촛불은 지성의 표출이 아니라 지성과 감성의 어울림이다. 아고라에서의 만남과 소통, 그리고 연대의 과정에서 지성을 찾아 찬양하는 것은 지성인의 무책임을 정당화하는 것일 수 있다. 가상공간에서의 아고라도 가상이 아니라 현실이다. 아고라에는 지성도 있고 감성도 있으며, 문명도 있고 야만도 있다. 아고라는 야만의 강물을 헤치고 지성의 바다로 나아갈 수도 있지만, 언제나 평화를 폭력으로 비틀 수도 있다. 아고라와 촛불을 집단지성이나 다중지성과 동일시하는 해석은 실용정부가 바로 집단과 다중, 곧 우리 자신이 만든 괴물이라는 것을 쉽게 망각한다. 상호주체성 없는 탈주체성의 정치성이 은밀하게 현실과 타협하는 지점이 바로 여기다.

　실용정부의 배후를 지키는 것은 경찰의 폭력이 아니라 경제적 성공을 위해 사회적 정의를 희생시킨 우리의 조작된 욕망이다. 욕망은 선도 악도 아닌 자연이다. 자연스런 욕망은 적어도 충족되는 순간만큼은 불만이 없다. 그러나 조작된 욕망은 불만이 사라져도 여전히 불안하다. 불만 없는 불안에 현혹된 욕망은 언제나 남이 가진 것을 더 커보이게 한다. 더 큰 성공을 위해서라면 거짓과 불의도 눈감는 순간이다. 실용정부는 이처럼 조작된 욕망에 사로잡힌 집단에 의해 탄생했다.

　조작된 욕망에 사로잡힌 집단과 촛불을 든 집단을 구별해야 한다는 입장이 있을 수 있다. 현실적이지는 않지만 정치적으로는 동의할 수 있는 입장이다. 하지만 두 집단을 대중과 다중, 야만과 지성이라는 범주를 통해 이분법적으로 분리시키는 것은 옳지 않다. 이 경우 촛불은 '정의로운 우리'와 '부당한 너희'의 싸움으로 단순화된다. 현 정권이 정당성을 크게 상실한 것은 사실이다. 적과 동지를 나누는 정치, 더구나 이편과 저편을 2대 8로 나누는 정치는 끝없는 폭력으로 위기를 만들 수밖에 없다. 실용정부가 제 길을 찾을 것이라는 기대를 갖기가 힘든 까닭이다.

---

31. 이하의 내용은 박구용, 「우리 내면의 조작된 욕망을 넘어서」, 『교수신문』, 2008년 7월 7일 사회면의 내용을 수정 보완한 것이다.

촛불이 먼저 제 길을 찾아야 한다. 이를 위해 촛불은 우리와 너희의 싸움이면서 동시에 우리 자신과의 싸움이 되어야 한다. 너희의 전면적 부정이 아니라 우리 자신의 조작된 욕망을 끝없이 부정하는 오랜 싸움이어야 한다. 그래야만 촛불은 광장에 실재하는 환상이 아니라, 시민자치의 이상을 실현하는 마음속의 가상이 된다.

　촛불은 권력이지 폭력이 아니다. 사람들은 한때 명박산성 안과 바깥으로 분리된 두 개의 권력이 있다고 말했다. 어쨌거나 폭력을 통해서만 지켜질 수 있는 권력은 정당성이 없으며, 정당성을 상실한 권력은 그 자체가 이미 권력이 아니라 폭력일 뿐이다. 그럼에도 불구하고 현실정치에서는 폭력 유발자보다 폭력 사용자가 먼저 권력을 상실할 수밖에 없다. 실용정부가 폭력 사용자가 되면 시민이 불행해지지만, 촛불이 폭력 사용자가 되면 모두의 미래가 어두워진다. 촛불에게 필요한 것은 폭력이 아니라 지역 단위의 시민자치와 정당정치의 제도화다.

　건강한 민주주의는 정당정치의 안과 바깥이 함께 어우러져야 한다. 촛불은 정당 바깥의 정치이다. 촛불은 정당정치와 직업정치에 대한 구토에서 시작되었지만 그것을 외면하는 것이 아니라 오히려 활성화시키는 비판의 힘이 되어야 한다. 그래야만 촛불은 어딘가에 존재하는 민주주의의 실체를 찾아가는 발견의 기술이 아니라 새로운 민주주의를 만들어 가는 시민자치의 예술이 될 수 있다. 시민이 나라의 주인이라는 것이 확인되는 날, 서울이 아니라 지역에서 정치, 경제, 문화가 꽃피는 날, 촛불은 더 이상 광장의 꽃일 필요가 없다. 이렇게 촛불은 꺼지는 것이 아니라 시민의 일상적 삶 속으로 들어가는 것이다. 그러나 아직 일상적 삶으로 가는 출구는 보이지 않는다. 아니 멀리서 냉소가 밀려오며 촛불이 일상과 멀어지고 있다.

참고문헌

고병권 · 이진경 외, 『코뮤주의 선언』, 교양인, 2007.

김상봉, 『나르시스의 꿈』, 한길사, 2002.

김수영, 『김수영 전집 : 1. 시』, 민음사, 2003.

김수영, 『김수영 전집 : 2. 산문』, 민음사, 2003.

김원, 「사회운동의 새로운 구성방식에 대한 연구 — 2002년 촛불시위를 중심으로」,
    『담론201』 8-2, 2005.

김형기, 「『엠페도클레스의 죽음』을 통해 본 휠덜린의 현실비판」, 『독일문학』 55,
    1995.

바슐라르, 가스통, 『촛불의 미학』, 이가림 옮김, 문예출판사, 2001.

박구용, 「시민자치와 절차주의」, 『철학연구』 106, 2008.

박구용, 「우리 내면의 조작된 욕망을 넘어서」, 『교수신문』 2008. 7. 7.

박구용, 『우리 안의 타자』, 철학과현실사, 2003.

윤동주, 『윤동주 시집』, 범우사, 2002.

이정은, 「한국현상 촛불시위에 관한 철학적 고찰」, 『시대와 철학』 14, 2003.

이진경, 「촛불은 '근대의 벽' 을 넘는 과정」, 『한겨레』 2008. 8. 8.

정태석, 「탄핵, 촛불, 총선 그리고 한국민주주의의 미래」, 『시민과세계』 6, 2004.

지젝, 슬라보예, 『탈이데올로기 시대의 이데올로기』, 김상환 외 옮김, 철학과현실사,
    2005.

피에르 레비, 『집단지성』, 권수경 옮김, 문학과지성사, 2002.

황현, 「聞變三首」, 전남대학교 호남문화연구소편, 『매천전집』 1권, 1985.

황현, 『매천야록』, 임형택 외 옮김, 문학과지성사, 2005.

Hegel, G. W. F., *Vorlesungen über die Ästhetik,* Ffm.: Suhrkamp, 1970.

Hoelderlin, F., *Sämtliche Werke und Briefe in zwei Bdn.*, II, Darmstadt: Wissenschaftliche
    Buchgesellschaft, 1984.

촛불축제시위와 세계사적 의미[1]

박병섭

퀸스대학교

박병섭 캐나다 퀸스대학교 철학과 박사후 연구원. 전북대학교에서 철학박사학위를 받았으며, 주요 저서와 논문으로는 『이주민과 다문화 가정과 함께 하는 다문화주의 철학』, 『고조선을 딛고서 포스트 고조선으로』, 「세계사와 한국사에서 근대성, 자유주의, 그리고 소수자들」, 「다문화적 소수자 문제에서 한국의 특수성」, 「역사발전 법칙의 문제: 천문학사의 쟁점」, 「고조선과 스키타이족 문화에 나타난 한국철학의 시원」 등이 있고, 역서로는 『생득어의 정치』(근간)가 있음.

선문답

　　세계사는 초강대국의 붕괴 이후에 지식형태에서 새로운 정신 혁명이 등장했음을 보여주었다. 세계사의 초강대국은 고조선, 몽골대제국, 미국이다. [주: 아마 초강대국 고조선이 붕괴한 후에 고조선-스키타이족의 공격과 병행해서 농경문명권에서 기축 정신혁명이 등장했다. 초강대국 몽골대제국이 붕괴한 후에 서구와 일본의 현대 상공업 문명, 현대 분과학문(물리, 화학, 생물; 경제, 정치, 사회; 문학, 사학, 철학)이 등장했다.] 미국 주도의 세계질서는 오일 피크의 시대를 맞이해서 조만간에 경착륙 혹은 연착륙할 것이다. [윤소영, 『이윤율의 경제학과 신자유주의 비판』, 공감신서 11, 과천연구실 세미나 13, 공감, 2001. '이윤율과 자본축적의 동역학 모형' 중의 '70년대 이후 미국경제의 사례 분석'에서 정확히 2008년경 미국발 세계경제 경착륙을 예측하고 있다. 내 논의는 10여 년 전부터 항상 2008년경 미국발 경제위기의 발발이라는 상수를 전제했다.] 우리는 새로운 대응 시스템을 마련하기 위해서 노력한다. 중세가 망(1270)하고 근대(1500)가 탄생하는 과정은 300~400여 년을 요구했다. 근대의 자유 · 평등 · 박애의 시대가 끝나고 새로운 시대가 등장하는 데에도 그 정도나 그 이상의 시간이 요구될 것이다. [새로운 문명사적 대응 시스템의 큰철학의 시발을 '촛불축제시위에서 이념, 형태, 주체'에서 찾으려고 하고, 고대에서는 고조선의 고유철학인 '상호존중("서로 주체성")의 원리'에서 찾으려고 한다.][2]

---

1. 이 논문은 2007년 정부(교육과학기술부)의 재원으로 한국학술진흥재단의 지원을 받아 수행된 연구임[인문사회분야: KRF-2007-시민인문강좌지원사업 A00005].
2. 선문답에서 고딕체 글씨는 2008년 8월 27일 이전 원고이고, 작은 글씨는 10월 26일 이후 원고이다. 이 글은 세계적 경제위기의 폭발 이전부터 문명사적 전환을 전제하면서 썼다.

1. 머리말

역사적 전개과정은 언제나 인간의 예상을 뛰어넘는다. 사람 입맛이
세상을 바꾸는 동력일 수 있다. 2008년 5월 2일~8월 15일 우리 앞에서
벌어진 촛불축제시위[촛불집회]도 그 한 예이다. 전혀 예상하지 못한 상
황에서 도둑처럼 다가온 촛불집회는 보는 관점도 다양하다. 현재(초고발
표: 2008. 8. 27)는 필자의 문명사적 전환이나 철학사적 대전환의 입장이
부각되기에 좋은 여건이다. 촛불축제시위가 마침내 바람 앞에 등불 신
세가 된 현재 문명사적 전환과 철학사적 대전환을 거론하기 때문이다.[3]

　촛불축제시위에 숨겨진 뜻을 대철학[거시철학]으로 찾아보려고 한
다.[4] 대철학으로 본다는 것은 인간의 인식을 인류의 지식형태사적 발전

---

3. 필자의 입장은 혹자의 네그리 철학, 들뢰즈 철학의 한국 수입사적인 의의 같은 세계사적
   의의와는 구별된다.
4. 서철논문은 서양철학자가 심사하고 동철논문은 동양철학자가 심사한다. 동양철학과 서양
   철학을 동시에 다룬 논문은 철학이 아니거나 전문성이 없는 것으로 취급되는 것 같다. 철
   학과에서 배운 모든 과목들을 다 신뢰해서 종합한 학생은 현실에서는 바보취급을 당할 것
   같다. 그런 종합철학은 현실에서 발표할 철학 학술잡지가 어디에도 없기 때문이다. 소위 성
   적 좋은 신입생들은 법대와 의대로만 몰리고 왜 철학과에는 몰리지 않는가? 철학, 법학, 의
   학은 각각 효용성이 어디에 있는가? 철학: 수학: 물리학과 생물학: 그리고 민주제나 페미
   니즘은 각각 시효가 있는가, 없는가? 같은 문제들은 철학적 문제인지 아닌지 궁금하다. 당
   연한 이야기지만 현실에는 철학, 경제학, 정치학, 사회학 등의 분과학문들이 있고 전문가들
   이 있다. 이 모든 것을 모두 높은 수준으로 다루기 어렵다는 것은 누구나 아는 사실이다. 누
   군가가 이 모든 분과학문들을 종합해서 거론하면 이것은 무엇이 되는가? 거시적 종합은 어
   떤 내용이라도 그 자체로 비전문적 잡문이 되는가? 기존의 전문가들은 새로운 종합개념을
   비전문적 개념이라고 거부하기 쉽다. 철학자들은 모두 함께 철학과에서 배운 후에 논문심
   사를 하면서 거시철학에 직면하면 철학이 아니라고 논리성이 없다고 전문성이 없다고 논
   평한다. 분석철학으로 현상학을 철학이 아니라고 비판하지는 않고 반대의 경우도 마찬가
   지이다. 그렇지만 루이 알튀세르의 비철학 개념이나 찰스 테일러의 서사적 정체성, 뤼스 이
   리가레이의 성별화된 권리 같은 다소 낯선 철학 개념에 근거해서 분석한 경우에 직면하면
   자신만만하게 철학이 아니라고 논평하기도 한다. 알튀세르나 이리가레이가 옳다고 주장하
   면 전문성이 없는 편협한 해석이라고 비판하기도 한다. 테일러의 서사성 정체성에 충실하
   면 논리성이 없는 나열이라고 비판하기도 한다. 궁금한 것은 결국 철학 개념, 논리성 개념,

단계에 맞추어 본다는 의미이고, 이런 역사적 인식론의 관점으로 보면 현재가 문명사적 전환기나 철학사적 대전환기로 보일 수도 있을 것이다. 먼저 축제시위의 등장배경을 살펴보고, 이어 그 축제시위에서 형태의 독자성, 이념의 독자성, 그리고 주체의 독자성을 살펴보고, 마지막으로 남은 미래의 쟁점들을 잠정적으로 정리해 보겠다.

2. 촛불축제시위의 등장배경

촛불축제시위의 배경을 본다는 것은 문명사적 전환이나 철학사적 대전환으로서 초강대국 미국의 상대적 추락을 염두에 두고 한국의 촛불축제시위를 본다는 의미이다. 현재를 달리 보는 사람은 과거도 달리 보고, 반대로 과거를 달리 보는 사람은 마찬가지로 현재와 미래도 달리 본다.

1) 분석의 틀: 역사 인식론과 문명사적 전환의 큰철학, 그리고 촛불축제시위

먼저 역사적 관점에서[5] 촛불축제시위를 고찰해 보자. 우리는 우리

전문성 개념이다. 현실적 해결책은 단순한데 서철논문이나 동철논문을 종합하지 말고 각각 쓰거나 개념을 응용해서 발전시키지 말고 한 철학자의 철학에 대한 주석을 달면 전문가로 대우 받는다. 일반적으로 논문심사와 국정교과서심사는 다르다. 논문심사를 국정교과서 심사하는 것처럼 하면서 모든 새로운 생각들을 반혁명주의자가 혁명의 싹을 제거하듯 깨끗이 청소하면 수준 높은 학술지가 된다고 생각하는 경우도 있는 것 같다. 우리가 보통 논문심사에서 게재거부를 하는 경우는 새로운 생각이거나 거시적인 생각이어서가 아니라 내가 아는 전문지식에 근거하면 수준이 떨어져서 거부한다. 문제는 거시적 전문분야들을 잘 모르는 경우인데, 그러면 철학이 아니라고 말하거나 근거가 없다고 말하는 것이 아니라 사마천이 『사기』「大宛傳」에서 『산해경』을 평가한 것처럼 '감히 논평할 수 없다(余不敢言也)'고 말한다.

에게 주어진 토픽(정세) 속에서 세상을 본다. 인식의 대상은 현실 대상을 전제하나 현실 대상과 준별된다.[6] 우리의 인식의 대상은 주어진 기존 이데올로기에서 절단해서 새로운 이론을 생산한다. 우리는 2008년 현재 현실 대상으로서 촛불집회를 눈앞에 두고 있고 그에 대한 인식의 대상으로서 촛불축제시위를 보고 있다. 토픽의 인식론에 따르면 현실 자체나 사실 자체는 존재하지 않으며, 우리가 현실이나 사실로 인식한 현재의 산물이 존재할 뿐이다.

우리가 인식의 대상을 새롭게 본다는 것은 기존의 친숙한 사고방식으로서 이데올로기와는 다르다는 것이며, 새롭다는 것은 기존 이데올로기와 절단해서 새로운 이론으로 보기 시작했다는 의미이다. 우리는 현재의 촛불축제시위에 대해 '이데올로기/이론'의 토픽을 전개해 보려 한다. 토픽으로 세상을 본다는 것은 우리가 분석 대상인 세상의 일부[이데올로기]이면서 동시에 이 세상 전체를 대상으로 분석[이론]한다는 의미이다.[7] 촛불축제시위에서 기존의 것(이데올로기, 통념)이 아니라 절단해서 등장한 새로운 것(이론, 과학, 개념)으로 분석해 보려 한다. 우리는 현재 토픽에서 이론(과학) 자체의 생산을 담보하지는 못해도 적어도 과학탄생 징표의 일부를 보고 있다.[8]

---

5. Taylor(2000: 115-34); Althusser(1978, 1990; 국역 1992, 1993); Althusser(1982, 1994; 국역 1996); Althusser(1985, 1993, 1994; 국역 1996). 이 새 분야는 철학의 전통분야로는 인식론이며, 그에 적합한 명칭은 역사적 인식론이다. 인간의 인식은 5분 전에 시작된 것이 아니므로 인류의 인식은 직립원인의 인식론과 고조선의 인식론이 다르고, 고조선의 인식론과 고대 그리스인의 인식론이 다르고, 고대 그리스인의 인식론과 현대인의 인식론이 다르다.

6. 알튀세르, 「1978년 오늘의 마르크스주의」, 「1987년 불확정성의 철학」. 양승호, 「알튀세르와 푸코의 인식론」, 1998년 전북대 박사 학위논문.

7. 알튀세르, 1954년 인식론적 절단, 1964년 계속되는 절단, 1975년 토픽 속의 절단. 박병섭, 「알튀세르의 유물론 철학과 정신분석학」, 1994년 한신대 석사논문. 토픽론은 『군주론』(1513, 1532), 『공산주의자 선언』(1848), 「오늘의 마르크스주의」(1978) 같은 정세의 인식론이다.

8. Conguihem, G., *Ideology and Rationality in the History of the Life Science* (1977), Arthar Goldhamner, MIT Press, 1988.

촛불축제시위의 등장배경을 먼저 세계사에서 분석하고 이어 한국사에서 분석하겠다. 인류사는 문명사, 지식형태사, 세계사, 자본주의사, 한국사의 등급이 있다. 문명사는 수렵 · 채집 · 어로 문명, 유목 · 농경 · 해양 문명, 상공업 문명으로 전개되었다. 지식형태사=역사적 인식론는 토테미즘 지식, 자연인격신 지식, 기축정신혁명 지식, 그리고 과학 지식으로 전개되었다. 세계사에서 자연인격신 시대에 고대문명들과 유목문명들이 등장하였고, 그 말기에 고조선과 스키타이족이 강대국이었다. 세계사는 기축시대에 삼항 '차이나 한-스텝 흉노-만주 고구려'의 제1사이클 시대, 삼항 '차이나 수 · 당-스텝 돌궐-만주의 발해 · 신라 · 일본'의 제2사이클 시대,[9] 근대 자본주의의 등장과 삼항 '명과 북원 그리고 청'의 제3사이클 시대로 전개되었다.

자본주의의 역사는 세계체계론(브로델, 월러스틴, 아리기)에 따르면 제네바, 네덜란드, 영국, 미국 헤게모니 순서로 전개되었다. 헤게모니 국가는 새로운 생산기술에 기반해서 이윤이 최고이고 노동력 가치가 최고이고 주변 국가들에게는 따라잡기의 모델국가이다.[10] 헤게모니 국가는 초반에는 실질적 성장을 하고 후반에는 금융적 성장을 한다. 실질적 성장기에는 새로운 기축기관을 기반으로 성장한다. 금융적 성장기는 '벨 에포크' 시대로 금융적으로는 이윤율이 상승하는 황금기이지만 실질적으로는 헤게모니가 붕괴해 가는 시기이다. 미국은 1920년대에 실질적 성장기에 포디즘의 기술혁신을 통해서 세계의 모델이 되고, 1970년 이후에 금융적 성장기로 접어들어 1980년대의 쌍둥이 적자 1991년 이후 우루과이 라운드, 세계무역기구 등으로 전개되고 있다. 미국 헤게모니는 하위 동맹자로 소련 헤게모니를 동반자로 해서 성립되었다. 사회주의 이념은 1917년 러시아혁명에서 시작해서, 1945년 동구혁명, 1949년

9. Thomas J. Barfield, *The Perilous Frontier - Nomadic Empires and China*, Basil Blackwell, 1989.
10. Arrighi(1994).

차이나혁명, 1959년 쿠바혁명, 1975년 베트남혁명에서 정점에 도달했다
가, 1980년 아프가니스탄혁명을 마지막으로 후퇴하다가 마침내 파도 앞
의 모래성처럼 북한, 레드차이나, 쿠바, 베트남이라는 네 개의 사회주의
국가 섬 흔적을 남기고 사라져 갔다. 미국 헤게모니는 홀로 초강대국으
로 남았다.

　초강대국 미국은 한편에서는 자본과 노동의 결합독립변수에서 노
동력의 완벽한 무력화에 성공한 기념비적 이념으로서 신자유주의 이념
전파에 성공하고, 동시에 다른 한편에서는 그 뒷면으로서 과잉설비공
황을 키우고 있었다. 초강대국이 자유주의를 지지하는 것은 정상적 승
리이지만 신자유주의를 강요하는 것은 초과정상적 과잉승리이다. 자유
경쟁의 대상이 상품일 때에는 안정적인 정상시장이 되고, 금융상품까
지일 때에는 초과안정적인 과잉시장이 되고, 식량상품까지일 때에는
초과잉안정적인 폭탄돌리기 게임시장이 된다. 자본주의의 역사는 강대
국들의 등장과 몰락이 경제변화와 군사갈등 사이의 상호관계로 연결되
어 있다.[11] 자본주의 시스템에서 강대국은 경제가 약화되면 군사력도 약
화되어 헤게모니 국가가 교체되는 것이 순리이다. 군사적 초강대국은
경기순환법칙[12] 자체의 붕괴를 가져올 때까지 경제구조에 대한 개입열
망을 항상적으로 지속한다. 초강대국은 외부에 적이 없기 때문에 내적
열망에 사로잡히면 자신 이외에는 그 누구도 그 열정을 통제할 수 없다.
군사적 초강대국이 자국의 과잉설비의 해체를 거부하면 경기순환시스
템 자체가 정체되고, 그 결과 문명시스템 전체가 작동을 멈춘다.[13]

---

11. Paul Kennedy, *The Rise and Fall of The Great Powers - Economic Change and Military Conflict from 1500 to 2000*, Unwin Hyman, London, 1988.
12. 「세계 GDP 성장률 마이너스 "제2 대공황 우려"」, SBS, 2008. 12 . 24. 경제공황보다 무서운 것은 불황을 극단적으로 거부해서 경기순환 자체를 없애버리려는 태도이다.
13. 초강대국이 몰락할 때에는 각자의 출발조건으로 회귀해서 꽃비가 되는 경향이 있다. 고조 선은 자중지란 앞에서 선인仙人으로 초탈했고, 몽골대제국은 자중지란 앞에서 '전략적 후 퇴'로 퇴진했다. 초강대국 미국은 금융적 자중지란에 빠져들었고 이제 금융적 대책과 군 사적 향배는 열려 있다. 레닌과 케인즈가 보여준 교훈은 구체적 상황에 대한 구체적 분석

한국사는 고대 하천문명 시대에 초강대국 고조선이었고, 제1사이 클 시대에 포스트 고조선인 고구려 등, 제2사이클 시대에 수 · 당의 하위 파트너인 신라, 발해와 일본 등이었고, 근대 자본주의 시대에 영 · 미의 하위 파트너인 남한과 북한 등으로 이어져 왔다. 한국은 서구인에게 독자적인 차이나와 니혼과 구별되는 동아시아의 종속적 변방 코리아로 이해된다.[14] 2008년 과잉설비공황으로 세계사가 요동치면서 미국과 한국은 시스템 선택에 직면해 있다.

세계사는 초강대국의 붕괴 이후에 지식형태에서 새로운 정신혁명이 등장했음을 보여주었다. 세계사의 초강대국은 고조선, 몽골대제국, 미국이다.[15] 고조선과 스키타이족이 붕괴한 후에 기축정신혁명이 등장했고, 몽골대제국이 붕괴한 후에 근대자본주의혁명이 등장했다. 철학사에서 철학의 대전환도 초강대국의 붕괴로 시작되는 문명사적 전환과 보조를 같이했다. 고조선과 스키타이족이 붕괴한 이후에 첫 번째 대철학인 고대 그리스 "철학" 등이 등장했고,[16] 몽골대제국이 붕괴한 이후에 두 번

이지만 사람들은 보통 그렇듯이 그 분석한 답을 통역사적으로 되뇌다가 망하는 경향이 있다.

14. Edwin O, Reischauer and John K. Fairbank, *East Asia - The Great Tradition*, Houghton Mifflin Company, Boston, 1960. 1장에서 서장을 열고, 중국은 2장-9장이고, 한국은 10장이고, 일본은 11장, 12장, 13장이 필요하고, 14장에서 종장을 닫는다.

15. 아마 초강대국 고조선이 붕괴한 후에 고조선-스키타이족의 공격과 병행해서 농경문명권에서 기축 정신혁명이 등장했다. 초강대국 몽골대제국이 붕괴한 후에 서구와 일본의 현대 상공업 문명, 현대 분과학문(물리, 화학, 생물; 경제, 정치, 사회; 문학, 사학, 철학)이 등장했다 '아마' 라는 단어를 쓰는 이유는 결정적 증거는 확보했지만 그럼에도 불구하고 다른 해석의 여지도 열어두기 위해서이다. 나의 고조선 초강대국설의 결정적 근거는 『환단고기』가 아니다. 고조선 초강대국설이라면 이후 연구해 볼 필요도 없이 무조건 거부하는 사람에게는 다 똑같아 보일지 모르지만 이 문장에서 '아마' 의 유무는 차이가 있다.

16. 먼저 고조선이 '초강대국인 것을 *어떻게 알았을까? 어떻게 알 수 있을까?*' 를 물어야 할 것이다. 중요한 것은 근거 없는 실증주의가 아니라 실증적 증거이다. 나는 잘 모른다고 말해야 할 때 너는 틀렸다고 단언하는 사람들이 있다. 내가 학부에서 자랑스럽게 배운 분석철학에 따르면 먼저 어떻게 알았느냐고 물어야 한다. 나는 제도정비로서 학술진흥재단에 인문학 특허권제도를 요구하고 있는데, 내 생각의 유효성 여부를 떠나 제도제안의 공개적 통로조차 없는 것은 소통에 문제가 있다. 이과의 기술적 지식은 보통 특허권으로 보상받을 수 있지만 인문학 지식은 특허형태로 특별히 보상받을 수가 없다. 인문학 특허권이란 논문

째 대철학인 근대철학들이 등장했고,[17] 만일 미 중심의 세계[경제]시스템
이 붕괴하면 세 번째 대철학이 등장할 것이다.[18] 현재 문명사적인 전환
기, 초강대국의 몰락, 그리고 철학의 대전환을 예감하며 세 번째 대철학
의 어슴푸레한 여명을 현재의 촛불축제시위와 과거의 고조선의 상호존
중의 원리에서 찾아보고 있다.

2) 배경: 기축기관과 첨단과학기술, 그리고 경제-정치-사회-문화

촛불축제시위의 과학기술적 시대배경은 기축기관이 석유를 이용
하는 내연기관이고, 첨단과학으로 생명공학기술과 정보공학기술을 활
용한다. 유럽인은 15세기에 입맛이 변해서 향신료를 찾다가 바닷길을
개척했고, 16세기에 서구근대 세계가 되었다. 15세기 무장상선이 바로
해적선이자 무역선이었다. 노예무역선까지를 포함한 영국과 미국의 무
역 · 해적선(1577년 이래 엘리자베스 1세 여왕과 해적 드레이크 선장: 1866년 7월
제너럴 셔먼호)이 다른 편에서 바로 노예제 없는 근대의 공장제 세계(『자
본』)를 준비했다. 노예제 없는 근대세계가 자유주의를 잉태하고, 자유주
의가 민족주의를 잉태하고, 민족주의가 다문화주의를 잉태했다.[19] 근대

에 대해 저자가 요구하는 보상을 하지 않으면 국가가 (국정이든 검인정이든) 어떤 형태의
교과서에서도 그 내용을 사용하지 못하는 것이다. 인문학 특허권제도의 적용은 예컨대, 인
문학자가 논문을 발표해서 인문학자의 생각이 별 볼 일 없다면 그것으로 끝이지만, 만일
중요한 내용이라면 국가는 인문학자가 요구하는 보상을 하지 않으면 그 내용을 교과서에
실을 수 없다는 것이다. 국정교과서에 들어온 빈약한 고조선 지식조차 실체를 부정하는
'학문적인 사람들'을 많이 보았다. 고조선의 실체에 대한 결정적인 실증적 증거가 문제였
다. 국가보장 인문학 특허권조차도 말장난 속에서 무시될 수 있다는 점을 잘 알지만, 그래
도 우리 국가 자체의 권위를 신뢰한다. 내게 민족주의적 성향이 남아 있다면 우리 국가에
대한 이런 신뢰까지이다.
17. 먼저 '몽골대제국의 몰락과 서구의 융기 사이에 *상관성*'이 입증되어야 할 것이다. 세계체
    계론을 보라.
18. 먼저 '초강대국 미국이 언제 몰락할 것인가를 어떻게 알 수 있는가?'가 문제일 것이다.
19. Kymilcka(2007), *Multicultural Odysseys: Navigating the New International Politics of Diversity*,
    Oxford University Press, 2007. 374쪽. 사상사에서 인권과 개인권의 등장과 자유주의의 성장

는 석탄·석유 에너지에 의존하는 시대였다. 영국은 증기기관과 석탄 그리고 배와 철도로 세계를 제패했고, 미국은 내연기관과 석유 그리고 배와 자동차, 그리고 비행기로 세계를 제패했다. 영국의 기축기관은 증기기관이고, 미국의 기축기관은 내연기관이다.

우리 시대에 환경-에너지-경제는 하나로 연결되어 있고, 이런 토대에서 경제-정치(발리바르의 '정치경제학비판' ; 롤즈의 '정의의 두원칙')의 쌍두 독수리가 연결되어 있고, 경제-정치의 쌍두 독수리는 일반적인 사상적 통념과 연결되어 하나의 세계체계(브로델, 월러스틴, 아리기)를 구성한다. 내연기관은 연료인 석유의 생산량에 의존한다. 미국은 오일피크 시대에 직면해서 새로운 세계질서를 요구받고 있다. 미국 주도의 세계질서는 조만간에 경착륙 혹은 연착륙할 것이다.[20] 우리는 새로운 대응 시스템을 마련하기 위해서 노력해야 한다.

현대사회는 정보통신기술과 생명공학기술이 첨단과학으로서 중요한데, 미국은 생명공학기술인 저생산비 고효율성의 생산시스템[축산기술에서 광우병의 등장, 가공기술에서 광우병 뼈 조각을 제거할 수 없는 방식]을 통해서 세계시장을 지배하고, 한국인은 정보통신기술을 이용해서 정보[동영상 광우병보도, 실시간 축제시위보도]에 손쉽게 접근할 수 있다.

촛불축제시위의 경제적 배경은 미국 헤게모니가 금융적 성장을 하는 시대이고, 미국이 일상적으로 새로운 경제질서(1992, 1995, 2008) 마련을

과 사회주의의 패배 이후의 집단권의 등장 등, 어느 것 하나 미리 알 수 있는 것은 없었다.
20. 윤소영, 『이윤율의 경제학과 신자유주의 비판』, 공감신서 11, 과천연구실 세미나 13, 공감, 2001. '이윤율과 자본축적의 동역학 모형' 중의 '70년대 이후 미국경제의 사례 분석'에서 미국의 2008년 경착륙을 예측하고 있다. 이번 위기가 넘어가도 조만간에 더 큰 위기가 올 것이라고 예측하고 있다. 윤소영이 아마 2004년 초쯤에 공개강좌에서 미국의 2008년 경제위기 발발가능성을 거론하자 모씨는 만일 그때 안 일어나면 또 무슨 말을 하는지 두고보겠다 옥쵠 적이 있다. 윤소영이 점쟁이도 아닌 판국에서 경제위기의 연도를 꼭 2008년 그 해로 맞추어야 정확한 것이 되겠는가! 두고보자는 이런 비학문적인 태도는 발언 자체를 봉쇄하려는 의도가 있다고 보아야 할 것이다. 2008년 9-12월 세계는 미국발 금융위기로 촉발된 심각한 금융위기를 경험했거나 하고 있다. 예측할 때에 두고보자는 사람들은 실제로 발생해도 별반 반응이 없다.

위해 노력하는 시대이다. 미국은 현재 '벨 에포크' 시대이다.[21] 미국의
표면적인 경제이념은 신자유주의로 시장개방의 전면화이다. 신자유주
의 경쟁시스템은 고용유연화와 불안을 통해 축적을 하고, 그런 시스템
에서 발생하는 공황은 과잉설비공황이 된다. 촛불축제시위의 정치적
배경은 세계적으로 민주제의 소통위기가 일반화되어 원자화된 주체들
이 정치적으로 파편화된 상태이다. 투표율이 떨어져서 현 제도에서 선
출되는 대표들은 모두 대표성의 위기를 겪고 있다.[22] 촛불축제시위의 사
회적 배경은 경제위기에 처한 미국의 주요 산업이 쇠고기 가공산업이
라 축산업자들의 무조건적인 요구가 있다. 촛불축제시위의 문화적 배
경은 한국인이 자녀의 안전에 유난히 관심이 많고 사회에 웰빙[23] 바람
이 불어서 건강 문제가 주요 관심거리라는 점이 주요하다.

3) 한미관계: 미국의 시범케이스 나라로서의 한국

촛불축제시위의 한미관계 배경은 미국이 새로운 신흥시장을 구하
는 새로운 세계질서를 마련하려는 중이고, 한국이 항상 미국의 시범케
이스 나라였다는 점이 중요하다. 한국은 미국에게 1950년대에는 냉전
시범케이스, 1960-70년대에는 근대화 시범케이스(군부 쿠데타 배후조정, 역
개방전략의 경제지원, "쇼윈도 나라"), 1990-2008년에도 경제개방 시범케이
스 나라("맛보기 나라")이다.[24] 남한 대중의 미국산 쇠고기수입에 대한 거
부는 세계 초강대국 미국의 지배시스템의 일각인 미국식 축산가공 시
스템과 정면으로 충돌한다.

---

21. '벨 에포크' 시대란 겉으로는 이윤율이 상승하는 화려한 시기이지만 내적으로는 붕괴가
    병행되는 시기이다. 세계사에서는 '벨 에포크' 시대에 대공황, 세계대전이 이어져 왔다.
22. Taylor(1991: 영역 1992: 국역 2001).
23. J. David Velleman, *The Possibility of Practical Reason*. 3장 웰빙과 시간, p. 56-84쪽.
24. 2008. 11. 5.에 당선된 미국대통령 「오바마 '한국 때리기' … 한국이 만만해서?」, 『노컷뉴
    스』, 2008. 11. 12.

　　미국은 1970년대에 정치적으로 안정된 중남미에는 직접 투자했고 불안정한 동아시아에는 간접 투자했다. 1980년대에 미국에 경제위기가 발생하자 미국은 직접 투자금을 회수했고 그 결과로 중남미 경제는 몰락하고 동아시아 경제는 세계의 기관차가 되었다. 2008년 미국 경제가 금융위기에 처하자 직접 투자한 한국 주식시장 자금을 회수하고 그 결과 한국 경제는 이전의 중남미처럼 산업시스템의 붕괴라는 극단적인 타격을 받고 있다.[25] 한국에서 미국과 맞서는 것은 "불가능성의 정치"(마키아벨리)이다.[26] 1929년 과잉생산공황에 대한 대책은 케인즈의 유효수요 창출 이론에 따라 '돈 나누어주기 대책'[소위 뉴딜정책의 본질]이 해결책이었다. 2008년 현재 과잉설비공황에 대한 대책도 신자유주의적 고용불안정으로 확보한 과잉설비를 어떻게 보존하느냐가 핵심일 것이다.

　　한국 사회는 정치적 소통위기를 겪고 있다. 국회의원 등은 50% 이하의 투표율로, 대통령은 탄핵으로, 헌재는 '관습헌법소동'으로, 법원은 불법삼성에 대한 면죄부발부 재판으로, 기존 종교지도자들은 대북정책의 양다리 처신으로, [심지어 국가인권위조차 촛불 줄타기로][27] 기존의 모든 권위 집단들이 권위를 잃는 소통의 위기상태이다. 남한 사회의 사회단

25. 한국이라는 신흥시장이 2008년 9월~12월 미국발 경제위기에 주식시장폭락과 환율폭등으로 심하게 요동하는 것은 두 가지 전제로 미국이 초강대국이며 한미관계가 지속되는 한, 불변하는 상수이다. 현재 미국발 세계경제위기는 초반에는 달러화의 강세로 나타나지만 장기화되면 달러 기축통화 자체가 붕괴할 수 있다. 미국은 한국[브라질, 멕시코, 홍콩]과 2008년 10월 29일에 달러스와핑 협정을 체결했다. 이 협정은 미국이 달러 기축통화를 유지하기 위한 형식적 양보이며 달러약화 현상을 반영한다. 한국은 또 일본, 중국과 통화스와핑협정을 맺었다. 「정부 "외환위기 없다"… 시장선 "글쎄"」, 『한겨레』 2008. 12. 23.
26. '불가능성의 정치'란 마키아벨리의 이탈리아 통일 열망과 마르크스의 공산사회건설 요구를 유비한 알튀세르적 개념("부재하는 인민=공산주의자 연합")이거나 그람시적인 개념("프롤레타리아의 군주=공산당")으로 '이탈리아 통일' 같은 새로운 사회건설을 요구하는 것이 현재적으로 불가능해 보인다는 의미이다. 이 개념의 의미는 '정당한 비판이란 실현 가능한 대안을 제시하는 것이 아니라 부재하는 이념["부재하는 이탈리아 인민," "부재하는 생산자 연합" 등]을 제시해야 한다'고 주장하는 것이다. 그람시의 『옥중수고』, 알튀세르의 『마키아벨리의 가면』 참조.
27. 「눈엣가시 인권위 힘빼기… 조직 '반토막' 현실로」, 『한겨레』 2008. 12. 12. 명박정권이 공

체는 1980년대에는 노동조합 등 민중운동단체가 주도했고, 1990년대에
는 시민운동단체[소위 "엔지오"]가 주도했고, 2000년대에는 일상인의 취
미서클 집단이 주도한다.[28] 한국에는 성원들 사이에 공통합의로서의 상
식이 없다.

　촛불축제시위의 한국 사회적 배경은 한국 사회가 직계 자녀 중심의
한국형 핵가족 사회라는 것이다. 한국의 핵가족은 부부 중심의 핵가족
이라는 점에서 세계사와 같지만 직계 자녀를 중시한다는 점에서 예외
적이다.[29] 한국인 중 일부가 자녀의 학군을 위해 주말부부, 장거리 출퇴
근을 감수하는 것은 일상적이다.[30] 일부 한국인은 자녀에게 기축언어인
영어를 가르치기 위해 미국,[31] 캐나다, 호주, 뉴질랜드, 인도, 필리핀[32]에
아이와 아내를 조기유학 보내고 "기러기 아빠"로 살아간다. 촛불축제시
위에 좌우익 구별 없이 일반인이 참가한 이유에는 자녀의 미래 생사生死
가 달린 문제라는 문제의식이 작용했다. 광우병 유발 쇠고기 수입 반대
는 현재의 위험[나의 위험]에 대한 반대가 아니라 미래의 위험[자식의 위험]
에 대한 반대가 핵심이었다. 한국인은 자기 자식의 미래안전에 대해 교
육이든 재산이든 국내든 해외든 가리고 않고 극단적으로 추구하는 경
향이 있다. 자식의 미래안전에 대해 사적 보장책을 마련하고자 하는 욕
망을 뛰어넘어서 공적 시스템으로 전환해서 마련하려고 하면 한국인들
은 질적("공익이 바로 사익이라는 촛불축제시위 이념")으로 승화된다.

격하고 인권위가 장렬하게 전사하면 권위는 장기적으로 유지될 것이다. 자유주의 이념을
　실체화하면 인권위가 된다.
28. 권용혁, 「촛불집회와 시민사회」(2008. 8. 27. 사회와 철학 연구회 공개발표)에서 한국과 일
　본의 시민사회 비교를 참조하라.
29. 이미경, 『신자유주의적 '반격' 하에서 핵가족과 '가족의 위기' — 페미니즘적 비판의 쟁점
　들』, 공감, 1999.
30. 「주말부부 6개월, 가정의 소중함을 온 몸으로 느끼다」, 『하늘바람몰이』, 2008. 12. 11. http://
　kkuks81.tistory.com/entry/.
31. 「[코리아 IN&OUT] 국적 포기 연령별 분석… 10대 이하 미국이 최다」, 『국민일보』, 2008. 12.
　11.
32. 「1년 내내 일만 하던 40대[49세] '기러기 아빠'의 죽음」, SBS, 2008. 12. 9.

3. 촛불축제시위의 형태, 이념, 주체

촛불집회에서 독자성을 본다는 것은 이념, 형태, 주체의 쟁점에서 각각의 독자성을 본다는 의미이다. 촛불집회는 이전 시위와는 다른 축제시위형태이고, 이전의 좌/우익 이념과는 다른 생명생존이념이 등장했고, 그리고 이전의 운동권 주체나 시민운동 주체, 그리고 소위 다중 주체와는 다른 질적으로 새로운 주체가 등장했다.

1) 형태: "강령 없는 강령의 직접민주주의"

원래 촛불시위는 자식과 자신의 안전을 위한 미국산 광우병 위험 쇠고기 수입반대를 내걸고 야간의 평화집회로 시작되었다. 야간의 평화집회는 야간시위를 금지하는 '집회 및 시위에 관한 법률' [33]에 직면하자 '대한민국의 헌법질서' [34]에 호소하며 야간의 촛불문화제로 변신했다. 시위는 근대적인 것으로 민주사회에서는 합법적인 것이다. 촛불문화제는 문화제이므로 노래공연을 했고, 또한 시위이므로 정치적 구호를 부차적으로 병행하였고, 행사 마무리로 상징적인 청와대 진격의 거리행진을 하였다.

한국의 축제시위는 10대들이 휴대폰, 인터넷을 소통수단으로 사용하는 시위이다. 시위의 형태에서는 즐기면서 시위하는 축제시위가 가장 발전된 것이다. [35] 촛불축제시위는 축제 형태에서 기축시대정신을 보

---

33. 법률 제8424호 제10조(옥외집회와 시위의 금지 시간). 2009년 3월 15일 현재 위헌법률심판 중이다.

34. 대한민국 헌법 제21조 언론 · 출판의 자유, 집회 · 결사의 자유, 언론 · 출판에 의한 피해의 보상.

35. 축제시위의 형태는 1970년대에 반전운동과 비틀즈의 음악 사이의 관계와 유사하고, 또한 에코페미니즘의 여성들이 밀림벌채 회사에 맞서서 냄비 시위를 벌인 것과 유사하다. 그러

여준다. 단군사화의 "상호존중의 원리principle of mutual respect"(『고기』)는 첫째 부자父子[환인-환웅]와 군민君民[환인-국민] 관계, 둘째 1-3-5-360-3000의 통치조직과 이치[在世理化]의 신명정치 관계, 셋째 식생활차이 극복(환웅의 100일의 요구조건과 3.7일의 실제 실현)과 신분차·성차·종족차 극복의 환웅과 웅녀의 결합이라는 세 가지 상호존중관계가 있다. 그중에서 축제시위는 두 번째 환웅의 신명神命[신바람] 정치가 작동한 것이다.[36] 촛불축제시위에서 전투경찰버스["닭장차"]에 잡혀가면서 "닭장투어" 하는 배짱은 축제시위가 가진 신바람[오락성]에서 유래한다.[37]

촛불축제시위의 세 개의 표현공간은 2002년 월드컵에서 유래한다. 2002년 월드컵 때 운동장에서는 10만 대중이, 광장에서는 100만 대중이, 집에서는 1,000만 대중이 공감했다. 촛불축제시위도 그 "표현주의적"(찰스 테일러) 공감대가 현장에는 10만 대중이, 인터넷 동영상에서는 100만 대중이, 국민 심리공간에서는 1,000만 대중이 공감하는 세 공간구조를 가지고 있다.[38]

촛불축제시위대는 과거 80년대 운동권이 동원하던 패밀리 단위의 학습을 통해서 무장한 '오르그[조직]' 대중이 아니며 과거의 그런 운동권 전통 자체를 전혀 몰랐다. 이 사실은 정권측과 조중동이 주장한 운동권

나 비틀즈는 시위의 성격이 미흡하고, 에코페미니즘은 축제의 성향이 미약하다.

36. 박병섭, 「단군조선과 한국고유철학(1) — 상호존중의 원리」, 2009. 나의 거시적 대철학관은 루이 알튀세르의 비철학에 근거하고 찰스 테일러의 반토대주의 인식론에 근거하고 윌 킴리카의 자유주의적 다문화주의에 근거한다. 나는 헤겔-마르크스-알튀세르-테일러 전통에 근거해서 주로 킴리카의 자유주의 개혁 전망을 따르고, 중국과 인도철학 등도 철학이라 인정하며, 나아가 한국에도 고유철학이 있다고 주장한다.

37. "닭장투어"라는 축제시위 형태에서 오락성을 제거하기 위해서 정권과 경찰측은 시위대가 잡히면 경찰차 안에서 무차별 구타를 해서 의도적으로 무법국가outlaw states가 되는 위험마저 감수해야 했다. 존 롤스 저, 장동진, 김만권, 김민호 역, 『만민법』, 이끌리오, 2000, p. 15, pp. 130-2.

38. 촛불축제시위는 표현장소에서 그 중심이 서울이고 지방은 부차화 되었다. 그 이유는 인터넷 방송이 전국적인 시청자를 가지고 있었기 때문이고, 일부 지방대책위(예컨대 분신과 소위 열사정국 등)는 시대변화를 전혀 감지하지 못했기 때문이다.

배후설이 거짓임을 보여준다.[39] 서구에서 68혁명과 함께 과거의 공산당
이 몰락했듯이 한국에서 촛불축제시위와 함께 과거의 80년대 변혁운동
권과 90년대 시민운동권이 몰락하고 있다. 촛불축제시위는 기존의 대
의제 절차 민주주의 방식에 대해 실천적으로 거부한다. 촛불축제시위
는 일부 구운동권 출신에게는 얼핏 보기에 들뢰즈, 그리고 네그리와 하
트가 주장하는 '다중'처럼 보였다. 인터넷 광장에서 광우병에 관한 전
문지식들이 집단적 지성을 통해서 표출될 때에만 다중개념이 고려의
여지가 있어 보인다. 촛불축제시위현장에서 대중의 창발성에 근거한다
는 네그리식 자율의 직접민주주의란 기껏해야 우중들의 시간 낭비이고
현실적 장애였다.

　소위 "대책본부"는 '대중자발성과 조직지도 사이의 딜레마'에 빠
져 도우미를 가장한 채 사실상 엉거주춤 지도를 하였다.[40] 대책본부에서
삼대 장애요소(선동, 주관주의 그리고 표리부동)가 사라진다면 축제시위는
전설의 '불가사리不可殺伊'가 될 것이다.[41] 촛불축제시위대는 현장에서
이념, 형태, 조직에 대한 집단토론을 통해서 '강령 없는 강령'으로서 대
중상식을 만들어야 '지도 없는 지도부'로서 직접민주주의를 실현할 수
있다.

---

39. 조선일보 불매운동과 조선일보에 광고한 회사제품 불매운동에 대한 공감대는 이런 배경
　　에서 나왔다.
40. 대책본부는 자신을 수사학적으로 도우미 역할로 규정하였지만, 실제로는 우왕좌왕 제 할
　　일을 찾지 못해 천덕꾸러기 신세였다. 촛불축제시위의 대책본부는 한편에서는 지나치게
　　지도를 해서 "다중"의 창발성을 억압해서 실패했다는 비판을 받았고, 다른 한편에서는 인
　　민대중을 방치해서 "우중"으로 만들어 버렸다는 비판을 받았다. 대책본부는 공권력의 막
　　무가내 공격 덕분에 그나마 "일시적인 도덕적 생존"을 보장받은 것처럼 보인다. 공권력에
　　게 초법적 공격을 당하는 자라면 누가 감히 그들의 실정을 비난할 수 있겠는가!
41. 촛불축제시위를 망치는 장애로서 운동권에서는 선동이, 페미니즘에서는 주관주의가, 양자
　　모두에서는 표리부동이 문제이다. 이것들은 내부의 피로 오인된 고름들이다.

2) 이념 : "부재하는 이념으로서 생명생존권"

　　현 사회는 주어진 중세 사회의 이데올로기에서 벗어나 자유 · 평
등 · 박애의 이념을 통해 구성되었다.[42] 현 사회는 근대 경제이념과 인권
[인본주의]의 노동력이념이 결합해서 등장한 것이다. 우리의 근대적 생산
방식에서 인권을 기준으로 해서 노동력 매매의 예외를 인정하면 자본
주의 사회가 되고, 예외를 인정하지 않으면 사회주의 사회가 된다.[43]

　　자본주의 질서는 경제외적 강제를 경제적 순종으로 전환시키면서
탄생한다. 자본주의 사회는 자기 노동과 정당한 상속으로 구성된다(로
크). 이런 입장 중에는 사회복지국가를 지향하는 것이 공정한 사회라고
믿는 철학자 존 롤즈, 로널드 드워킨의 자유주의 이론이 있다. 시장경제
의 공공재 없는 무조건적 사적 경쟁만이 가장 공정한 사회라고 믿는 철
학자 로버트 노직, 경제학자 프리드리히 아우구스트 폰 하이에크
Friedrich August von Hayek(1899-1992), 밀턴 프리드먼 등이 있다. 전자를 자유
주의라고 하고, 후자는 자유지상주의라고 한다. 이런 이념들은 모두 절
차적 민주제를 이데올로기적으로 정당화하면서 유지된다. 우리는 이런
사회의 개선책으로 자유주의-공동체주의 논쟁을 거쳐서 "자유주의적
다문화주의"로 파악할 수도 있다. 촛불축제시위는 실천개념[44]으로 절차
적 민주제의 한계 지점(국회기능의 사실상 정지)을 폭로하면서 시작되었다.

---

42. 기존의 자유, 평등, 박애는 자유와 박애가 결합해서 자유주의적 민족주의가 되고, 평등과
　　박애가 결합해서 사회주의적 공산주의가 되었다. Balibar(1992; 국역 1992).
43. 노동에서 자본주의는 노동적 대적이라 노동 절약적인 기술을 발전시켰고 사회주의는 노
　　동 호의적이라 노동 낭비적인 기술을 발전시켰다는 주장은 설득력이 있다. 예산에서 자본
　　주의는 경성 제약이 있었고 사회주의는 연성 제약이 있었다는 주장도 설득력이 있다. 그렇
　　지만 자본주의 사회는 생산의 무정부성이 있고 사회주의 사회는 생산의 국유화가 아니라
　　사회화를 하면 자원낭비를 막는다는 주장(엥겔스)이 적절한지는 잘 모르겠다. 반대로 시
　　장 없는 사회를 상상할 수 없다는 주장(롤즈)이 적절한지도 확신하지 못하겠다.
44. 알튀세르-발리바르, '실천개념'은 마르크스 조직[공산당]문제의 난점을 엥겔스와 레닌이 이
　　론적으로 해결하지 못했지만 실천현장에서는 그런대로 별 문제없이 일을 할 수 있었다는
　　의미이다.

사회주의 일반에 대한 정확한 학문적 이름은 역사과학(알튀세르)이다. 역사과학은 [자본주의 상공업 사회의] '착취에 관한 과학'이다. 자본주의 사회의 수혜층은 전혀 착취를 인식하지 못하고, 보통의 인간은 자본주의 사회에서 간간히 착취를 인식하고, 투철한 비착취의 인간만이 항상 착취를 인식한다. 소위 기존 이론을 전화시킨 이론은 현실에서 폭력/비폭력을 넘어서서 반폭력으로 신사회에 도달하려고 한다. 반폭력은 현재의 폭력을 소멸시키기 위한 강제만을 허용하는 힘이다. 소위 자본주의적 착취사회에 대한 비판 이론은 실현되어 자연사自然死할 수도 있지만 실현되지 않고 소멸되어 비명횡사非命橫死할 수도 있다.[45] 1989년 이후에 사회주의권은 붕괴되고 사회주의의 정당성은 비명횡사의 위기에 직면했다. 촛불축제시위는 사회주의의 교훈을 간과看過하는 소위 기존 현장운동권들을 철저히 무시하면서 시작되었다.

사람들 중에 일부는 촛불축제시위를 통해서 이제야 한국이 주권재민의 근대시민혁명을 겪고 있다고 생각했다. 이 입장은 한국의 지체된 시민혁명론이라고 할 수 있다. 이들은 주권재민을 거부하는 명박정권을 시민봉기의 대상으로 생각해서 명박퇴진 투쟁의 회원이 되는 경우가 많았다. 이들은 다른 사람들은 광우병 유발 쇠고기 반대투쟁만 하지만 자신들은 수준이 높아서 명박정권 퇴진투쟁을 벌인다고 착각했다.[46] 사람들 중에 일부는 촛불축제시위에 편승해서 자신들의 비정규직 보호 쟁점을 해결하려고 했다. 화물연대의 파업과 민주노총의 연대 파업이 여기에 해당한다. 이들의 지도부는 자신들이야 수준이 높아서 궁극혁

---

45. 알튀세르, 발리바르는 모든 정치와 이데올로기 그리고 이론의 역사적 유효성을 한정하는 입장이고, 이들의 출발점이자 종착점은 우발성의 유물론이다. 유교나 불교 그리고 유태교-이슬람교-기독교 같은 영원한 지식조차도 그 유효성에 한계가 있다. 이런 입장에 서면 고대 그리스 철학이나 현대 철학도 언제인가 그 유효성에 한계가 있을 것이다. 우리가 바라는 것은 영원불변하는 불사가 아니라 실현되어 더 이상 쟁점이 되지 않고 사라지는 자연사自然死이다. 우리는 이 세상에 사라지기 위해서 왔다.

46. "이명박 탄핵 요구" 청원서명 사이트(http://agora.media.daum.net/petition/view?id=40221)는 합법성에 호소한다는 점에서 약간 차이가 있다.

명이나 당면혁명 전략도 고려하지만 촛불축제시위는 그에 미달하는 일반민주주의 투쟁을 한다고 생각했다. 이들은 촛불정세에서 모험주의적 실익추구에 몰두했고,[47] 그 개념적 정당화의 필요성을 느끼지 못했다. 이들이 결국 대중 조직세로 판을 주도하게 된 것이 자신이 원한 실익도 얻지 못하며 스스로 붕괴하게 된 주요 계기 중의 하나였다. 사람들 중의 일부는 촛불축제시위가 구좌파 조직의 몰락과 다중의 화려한 등장이라고 생각했다. 이들은 촛불축제시위에서 자신들이 평소에 주장하던 이론의 실현[환상]을 보았다. 사람들 중 일부는 촛불축제시위의 현장과 인터넷 토론공간에서 광범위한 대중지성을 보았다. 실제로는 주류 언론들의 보도를 능가하는 인터넷 언론의 실시간 현장시위 동영상 중계와 실시간 광우병 조사와 번역을 통한 집단지성과 접속을 통한 다중참여 사이의 만남에만 한정되었다.

한국인은 미쳤는가? 한국인은 지속적으로 극단적인 좌우를 넘나들며 한편에서는 2002년 월드컵의 붉은악마였고, 2002년 효순 · 미선 추모 촛불집회, 2002년 노무현지지자, 2004년 대통령 탄핵반대자, 2008년 후반에는 촛불축제시위대였고, 다른 한편에서는 2002년 정몽준 선호자였고, 2007년 말에는 이명박 후보에게 표를 던졌다. 촛불축제시위의 주체는 좌 · 우익을 넘어 2002년에는 좌익의 구호("Be the Reds")와 우익의 구호("치우천왕")가 붉은 옷을 입은 '붉은 악마들' 속에 결합되어 있었고, 2008년에는 좌 · 우익을 넘어 횡단하는 미래사회의 생명생존권을 추구한다. 촛불축제시위의 현실적 동기는 자신의 "욕망대상"[자식이나 가수]의 현재 안전이 아니라 미래 생명생존안전의 집단적 확보였다. 이것이 가수의 팬클럽, 요리클럽, 꽃꽂이 모임, 조기축구회, 게임동호회 등을 거

---

47. 비정규직 투쟁은 미래의 생명생존권 질서에서는 철저히 확보되지만 현재의 신자유주의 질서에서는 힘겨운 일시적 전진도 순식간에 무효화된다. 비정규직에 대한 최소한의 권리 보장 투쟁은 일반적으로 정당하지만 촛불정국에서의 투쟁은 대국적으로 볼 때 방향을 잘 못 잡은 것이다.

리로 내몬 이유였다. 축제시위가 광우병 유발 쇠고기에 반대해서 자식
의 미래생명생존의 안전을 추구하는 위력이 좌익(평등과 박애의 결합: 사
회주의)[48]과 우익(자유와 박애의 결합: 자유주의)[49]을 횡단하면서 해체시키는
것으로 나타났다.

　2008년 한국 사회는 자식의 미래 생명생존권을 위협하는 두 가지
공포가 배회하고 있다. 하나는 광우병의 공포가 배회하고,[50] 다른 하나
는 사회 시스템에 대한 불신병의 공포가 배회한다.[51] 전자의 질병에서는

---

48. 촛불축제시위는 기존 일부 현장운동권세력들의 "새 여정"을 내세운 낡은 길(열사정국) 선
　　동, (구체적 상황에 대한 구체적 분석의 실종, 주관주의 페미니즘) 무지, (표리부동) 부도덕)
　　을 통째로 화석으로 만들어 그들이 장애라는 것을 폭로해 버렸다.
49. 촛불축제시위는 심지어 국정원, 법조인, 경찰, 군인, 골수 한나라당 지지자들 중에서조차
　　자유민주주의 이념에 따라 일부를 심정적 지지자로 만들었다. 촛불을 옥죄는 야간시위를
　　불법화하는 것(집회 및 시위에 관한 법률 제10조)에 대해 헌재에 위헌법률심판을 청구한
　　사람(안진걸 광우병대책회의 조직팀장)과 재청한 서울중앙지법 형사7단독 박재영 판사를
　　보라.
50. 우뇌해면증牛腦海綿症(Bovine Spongiform Ecephalopathy, 광우병) 출처: 브리태니커 관련 태
　　그. 병리학. 소의 뇌조직이 해면처럼 구멍이 뚫리는 치명적인 질병. '광우병狂牛病' 이라고도
　　불린다. 이 병에 걸린 소는 근육이 위축되어 아무 데나 들이받고, 잘 걷거나 서지 못한다.
　　1986년 영국에서 16마리의 소가 이 병에 걸린 것이 처음 발견되었으며, 이후 매년 발병률
　　이 급격히 증가해 1996년에는 영국 젖소의 55%인 16만 마리가 이 병에 걸렸다고 알려졌
　　다. 광우병에 걸린 소를 먹은 사람이 크로이츠펠트-야콥병과 유사한 변종 크로이츠펠트-
　　야콥병(vCJD) 증세로 사망하는 사고가 영국을 비롯한 스페인 · 독일 등에서 발생하면서 광
　　우병이 사람에게 전염될 가능성이 더욱 높아졌으며 이에 따라 전세계가 광우병 예방 대책
　　을 서두르고 있다. 우뇌해면증의 발병 원인은 소의 사료로, 1980년대 초부터 영국은 젖소
　　의 우유 생산량을 늘리기 위해 양과 소의 장기 · 뼈 · 살코기를 소의 사료 원료로 사용했고,
　　양에게 있는 광우병과 같은 증상을 일으키는 스크래피scrapie라는 병 때문인 것으로 알려
　　져 있다. 현재 우뇌해면증을 일으키는 원인 물질은 프리온prion이며 프리온은 핵산을 포함
　　하지 않는 단백질로 정상적인 동물이나 사람의 뇌에 존재하는 물질이지만 스크래피에 걸
　　린 양, 광우병에 걸린 소, 크로이츠펠트-야콥병 환자의 뇌에서 프리온이 변질된 형태로 발
　　견되었다. 또한 변질된 프리온이 전염력을 가지고 있음이 입증되었다. 과학자들은 이 변형
　　된 프리온을 먹을 경우 그것이 소화기에서 뇌까지 도달하여 정상적인 프리온을 질병 프리
　　온으로 변화시키며 증식한다는 사실을 발견해 냈다. http://enc.daum.net/dic100/
　　contents.do?query1=b16a4192a. 광우병은 보통 잠재기간이 5년~10년 이상이 된다. 여기에
　　한국인의 다수 유전자가 특히 취약하다는 소문이 있었다. 이 질병의 진로는 현재 공백空白
　　(마키아벨리)이고 현재 변형 중에 있다.
51. 두 개의 질병이, 마치 한국 영화 〈괴물〉에 등장하는 두 마리의 괴물(생물학적 변종 괴물과

에이즈의 발병곡선, 조류독감(2008년 5월경 티브이 뉴스들: 일시에 수십만 마리의 닭을 매립하는 장면)의 위력을 보고, 미국산 광우병에서 십 년 단위로 수직상승하는 한국판 미래 흑사병의 공포를 느끼고 있다. 과학은 현재의 위험만을 발병률로 보여주지 자식의 미래 생명생존에 대한 안전성을 보여줄 수 없기 때문에 신뢰받지 못하고 있다. 여기서 소위 '과학성'의 쟁점에 직면한다.[52] 후자의 질병에서는 소위 위험사회의 대명사로서 어떤 먹거리도 그 안전성을 보장할 수 없는 사회 안전 시스템의 신뢰결여 공포를 느끼고 있다. 우리 사회는 자기 자녀가 학교식당,[53] 군대식당, 회사식당에서 집단급식을 받는 집단사회구조여서 미래세대전체의 집단안전성이 확보되어야 자기 자식의 미래안전성도 보장되는 집단구조이다. 이미 성수대교가 붕괴했고 삼풍백화점이 붕괴했다. 우리는 사회안전망에서 최소한의 상식을 기대하지 못한다. 우리는 유명 백화점에서조차 수입 먹거리가 국산 먹거리로 둔갑하는 것을 다반사로 경험해와서 백화점상인에게조차 최소한의 정직성을 기대하지 못한다. 우리는 대륙섬 미국[과 미국장사꾼]의 상식을 신뢰하지 못하고,[54] 한국 장사꾼[55][과

사회학적 소통부재 괴물)처럼, 『공산주의자 선언』(1848)의 두 유령(공산주의자에 대한 당시 구체제 지지자들의 공포로서의 유령과 공산주의자 선언의 현실적 정치세력으로서의 유령)처럼, 한국 사회를 배회하고 있다.

52. 촛불축제시위는 중기적 쟁점으로 이 과학성의 쟁점에서 양분되었다. 지식인들 중의 일부는 "나는 광우병 공포가 실은 허상이라는 것을 안다. 그렇지만…." 이들은 촛불축제시위의 방식은 찬성하지만 그 내용이 비과학적이라 거부한다. 이들은 현재가 아니라 미래를 문제삼는 촛불축제시위대의 "과학성"에 대한 실천적 거부개념을 이해하지 못했다. 보통 전염병은 야생동물, 가축 그리고 인간 사이의 삼자 관계를 통해서 성립한다. 기존의 실증적 과학성 개념은 전염병 같은 역사성을 가진 과학성 개념에 취약하다.

53. 「급식 먹은 학생들 또 집단식중독… 대책은 없나?」, SBS(2008. 12. 11).

54. 한국인은 미국인이 법률을 적용하는 기준이 자국인과 한국인이 다른 것을 보고 미국인은 한국인 전체가 몰살(광우병의 잠복기간은 5년 이상이라 함)해도 관심이 없을 것이라 생각한다. 미국이 2002년에 효순과 미선 두 여중생 압살사건에서 미국 병사들을 구하면서 한국인에게 심어준 인상이다. 한국인은 미국이 미국 시민권자=국적자에게 주는 혜택을 보고 미국인을 부러워한다. 동시에 한국인은 미국이 국제기준에서는 상식이 없는 무법국가라고 생각한다. 한국인 중에 상당수는 미국에서 파는 미국산 쇠고기는 신뢰할지 모르지만 한국에서 파는 미국산 쇠고기는 신뢰하지 않는다. 한국인은 부시의 테러와의 전쟁 이후 단견

한국정부[56]의 상식을 신뢰하지 못한다. 우리는 소위 '제도'의 위기, 위험 사회의 쟁점에 직면한다.

촛불축제시위의 현실적 목표는 "내 욕망"[자식, 가수…]의 미래에 안전한 먹거리 확보와 대외적인 민족적 자존감 회복, 그리고 양자의 동시 추구였다. 촛불축제시위대에 가족단위의 참가자, 유모차 부대가 등장한 이유는 자식의 미래 생명생존보호가 중요했기 때문이고, 노래와 춤으로 시작할 수 있었던 이유는 가수의 팬클럽이 주동력에 포함되어 있었기 때문이다. 이들은 내 안전이 아니라 "내 욕망의 정점[자식, 가수]"의 미래 안전에 대한 욕망에서 전염병 감염 우려가 높은 식료품[미국산 광우병 유발 쇠고기] 수입에 반대했다. 이들은 욕망대상[자식]의 미래 생명생존의 안전에 대해 절대가치를 부여했다. 반대의 자격은 대한민국이 민주공화국[57]이니 국민들이 반대하는 광우병 유발 쇠고기 수입은 안 된다는 시민권[국적권]에 근거했다. 인간은 누구나 자신이 잠재적인 실험용 인간이 되는 것을 거부할 인권을 가진다. 이 과정에서 기존의 한미경제관계 개념, 기존의 과학성개념에 매달리는 견해를 "실천개념"으로 거부해 버렸다. 사람들 중에 일부는 촛불축제시위를 이념 없는 생존문제라고 말하고[실은 자식의 미래 생존문제를 자신의 생존문제로] 그렇게 느꼈다. 이것은

短見인 미국의 애국 언론법을 알기 때문에 미국 언론도 그 뿌리에서는 불신한다.

55. 한국 장사꾼 자동차 대기업은 이번 환율대란 시기에 은행들의 절박한 처지를 노리고 달러 일수놀이를 했다. 한국이야 망하든 말든 내대기업[는 묵묵히 일이관지—以貫之 돈만 번다. 이것이 한국 장사꾼의 전반적 수준이다. 「'달러 일수놀이' 뻔뻔한 대기업」, 『서울신문』, 2008. 12. 10.

56. 김선일金鮮一(1970. 9. 13 - 2004. 6. 22)은 업무와 선교를 위해 이라크에 갔다가 이슬람무장단체에 인질로 납치(2004. 5. 30)되어 무장단체가 요구한 이라크 파병 자이툰 부대 철수와 추가 파병을 한국 정부가 단호하게 거부하자 야만적인 방식으로 살해(2004. 6. 22)되었다. 한국 정부 대응은 장기적으로 한국인의 안전에 도움이 되겠지만 단기적으로 한국인은 국가의 보호를 기대할 수 없는 시민[국민]이라는 사실을 알게 해서 한국인의 가슴에 피멍이 들게 하였다. 한국인은 이 사건으로 또한 무장이슬람집단의 야만성과 한국 기독교해외선교의 무모성도 보았다. 『위키백과』 참고.

57. 촛불축제시위 현장에서 가장 대중적인 노래는 〈대한민국은 민주공화국이다〉였다.

자신의 생각을 정당화할 개념이 '대책본부'에도 '과학자들'에게도 없다는 것을 알고 이념논의가 내부분란만 일으켜서 분산되는 것을 겁낸 즉자적 대응이다.

한국 사회는 자기 자식의 미래안전에 매달리는 사이에 우리세대와 미래세대의 생명생존권Rights to live lifes이라는 새로운 이념을 생각해 냈다. 미래세대의 생명생존권은 자유 · 평등 · 박애 같은 거창한 맛은 어디에도 없고 작고 사소한 사적 욕망에 매달리는 방식으로 전진하고 있다.[58] 미래세대를 위한 생명생존권 투쟁은 자식의 미래 삶을 위한 것이 궁극목표이며 이 사적 욕망 이외에 다른 이념은 없고, 이 집단적 사적 욕망 앞에서 좌우익 이념도 해체된다. 생명생존권은 현재 나의 이념이 아니라 미래 자식을 위한 부재하는 이념이다.[59] 한국사에서 생명생존권은 한국 고유철학의 상호존중의 원리와 인간 외경에서 유래한다. 인간 [자식]은 상호존중되어야 하고, 인간[자식]의 생존과 생명은 그 무엇보다도 우선한다. 전근대 사회는 공사를 구분해서 사익을 거부하고 공익을 추구할 것을 촉구(滅私奉仕)했고, 근대사회는 사적 이익추구가 공적 이익추구라는 시장의 우화(꿀벌의 우화)를 개발했다면, 현재의 공사가 하나로 혼융된 한국의 집단급식(학교식당, 군대식당, 구내식당 등) 문화는 촛불축제시위의 이념인 공적 이익추구가 사적 이익추구라는 생명생존권의 개발을 강요했다.

3) 주체: "합학성과 영성의 주체"

축제시위의 주체는 분과학문의 과학성을 초과하는 종합학문의 합

---

58. 생명생존권은 개개인의 보편적인 인권과 집단권이 문제이고, 민생권은 집단권만이 문제이다.

59. 부재하는 이념은 마키아벨리의 "부재하는 이탈리아 인민," 마르크스의 "부재하는 노동자 연합의 유대," 니체의 "부재하는 초인의식," 알튀세르의 "부재하는 이론"과 동종의 개념이다.

학성(學性)과 근대적 인간의 합리성을 초과하는 비종교적 초월성, 영성, 자기진정성, 정직성의 결합으로 이루어졌다. 광우병 공포는 실체가 있는 것인데, 현재 나의 안전이라는 소위 근대적 과학성을 기준으로 보면 단순한 공포에 불과하지만, 조류독감이나 광우병처럼 변이중인 미래의 질병의 경우에는 근대적 과학성의 실증적 발병률 기준으로 평가할 수 없다. 촛불축제시위의 주체들은 대중지성이라는 형태로 자신들이 이미 아는 지식(정보공유, 번역)에 기반한 과학성을 충분히 증명했다. 촛불축제시위대는 자식의 미래안전에 대한 욕망에 근거한 자신의 입장을 대한민국은 민주공화국이라는 정치이념으로 정당화하고 조중동[조선, 중앙, 동아]의 '광우병 괴담' 언론공세를 무시함으로써 실천개념으로 반박했다. 대중지성은 조중동도 한때는 광우병에 대해 한겨레[엠비시 피디수첩]와 동일한 시각에서 접근했다는 사실을 폭로함으로써 조중동의 도덕적 정당성에 타격을 주었다.[60] 광우병 쇠고기 수입에 대한 반대는 자식의 미래안전에 대한 관심, 변이중인 전염병에 대한 고려에 근거해서 실천개념으로 현재의 과학성 개념을 무시하고 미래의 가능성도 고려하는 합학성 개념의 필요성을 정당화했다.

촛불축제시위의 주체는 자기 자식의 미래안전이라는 극단적인 사적 욕망에서 시작했지만 미래세대의 집단안전이라는 일반성을 지님으로써 근대적 합리성을 초과했다는 점에서 영성(靈性)을 가지고 있다. 근대적 주체는 최소의 노력으로 최대의 효과를 내는 사적인 경제적 합리성을 공유한다. 촛불축제시위의 주체는 근대적 시민도 아니고, 좌익적 혁명대중도 아니고, 탈근대적 다중도 아닌, 집단욕망과 극단적인 사적 욕망이 하나로 결합된 질적으로 완전히 새로운 주체이다. 촛불축제시위의 주체는 실천적으로 기존 간선제 대표방식에 대해 의구심을 표현한

---

60. 촛불축제시위대가 과학성의 쟁점 앞에서 자신들의 실체를 충분히 드러내지 못한 이유는 정부와 조중동의 광우병 괴담론자들이 과학적으로 접근하지 않고 '괴담론'이라는 괴담형태로 공격했기 때문에 비판할 필요성을 느끼지 못하고 경멸하는 것으로 대처했기 때문이다.

다. 촛불축제시위는 소위 좌파의 선전과 선동의 구별, 좌파조직의 전위성, 민주 집중제에 대해 회의한다. 촛불축제시위의 주체는 포스트모던 세력들에 대해 무관심하다. 촛불축제시위의 대중은 집단적으로 미래 자식세대의 생명생존이념을 위해 투쟁하지만 개인적으로 각자 자기 자식의 미래안전망을 확보하기 위해 투쟁하는 소박한 자기정직성에 근거하고 있다. 이 소박한 자기정직성이 타자의 배후 조종설에 대해 그렇게 냉담했던 이유이다.

시위대와 근대 정부 사이의 짝은 상호 변증법적 관계로 연결되어 있다. 근대시민혁명은 민주주의 질서와 집회 및 결사[집단시위]의 자유를 동시에 만들었다. 정부는 강력한 민주적 집단의사를 억압하는 교묘한 무기로 원자폭탄보다 획기적인 무기, 최루탄을 만들었다. 전염력을 가진 소수의 시위대와 최루탄이 짝이고, 화염병과 다연발 최루탄발사차가 짝이고, 촛불과 색소냉수차가 짝이다. 최루탄이 두려워한 것은 화염병과 철봉막대로 대항하는 시위대가 아니라 맨몸으로 대항하는 시위대였다. 색소냉수 살포차[61]와 닭장차가 두려워하는 것은 색소로 식별되는 것을 두려워하지 않는 자이고 닭장에서의 폭력을 겁내지 않는 자이다.[62] 1980년대의 화염병으로 무장한 철봉막대시위대가 무서운 것이 아니라 2000년대의 촛불로 무장한 축제시위대가 진짜 무서운 것이다. 불가사리 不可殺伊 같은 전설의 용사가 등장했다. 여고생부대, 십대 휴대폰부대, 유모차부대, 장애인 휠체어부대, 전투경찰 출신 예비군 평화시위보호부대 등이다. 촛불축제시위에서는 일상적 가벼움의 정치(생명생존권의 생활정치)를 실행한다.[63] 촛불축제시위대가 무서운 이유는 식별되는 것과 폭력을 두려워하지 않는 이치[고차적 합법성]를 존중하는 보통사람들이기 때

---

61. 「물대포 '근거리 직사 금지' … 경찰, 슬그머니 삭제 논란」, 『한국일보』, 2008. 12. 11.
62. 「"때리면 맞고, 물대포 쏘면 목욕합시다."」, http://blog.ohmynews.com/minifat/220698.
63. 권용혁에 따르면 이 집단들은 이전에는 취미서클소속 집단이었다. 홍윤기와 김석수에 따르면 고교생 등장의 시발이 가수의 팬클럽이었고, 유모차 부대의 시발은 꽃꽂이 강습회 출신이었다고 한다.

문이다.

촛불축제시위의 주체는 1) 자신의 욕망대상의 미래에 대한 보호욕
망, 2) 대한민국 국민의 민주공화국 시민[국민]의 자존감, 그리고 3) 평화
적 수단의 유지의지를 가지고 있다. 첫째, 그 동기는 자신이 소중하게
여기는 사람들의 미래안전을 확보하려는 욕구였다. 이들은 자신의 가
족, 자신이 좋아하는 가수 등을 소중하게 여겨서 보호하려고 했다. 이들
은 과거의 소위 운동권이 아니라 팬클럽, 어머니, 꽃꽂이 동호회 등 다
양한 취미집단이었다. 여기서 여성[여고생과 어머니]과 10대 고교생이 주
요한 역할을 했다. 둘째, 한국 사회에 대한 자존감이 큰 역할을 했다. 현
재 한국 사회에 대해 자존감을 가진 사람들은 쇠고기 협상과정의 굴욕
적인 양보가 자존감에 상처를 주었다. 이들은 과거의 운동권 세력이 아
니라 대한민국을 자랑스럽게 여기는 사람이었다. 일부 전경출신 시위
대는 자신의 과거 행위에 대한 정당화와 후배전경의 처지에 대한 동정
에서 촛불축제시위대와 전경 사이에 예비군 평화방어벽까지 형성했다.
셋째 평화가 중요한 역할을 했다. 미래사회의 안전에 대한 관심을 매개
로 여성권(처녀권과 모권)[64]을 상징하는 여고생과 유모차대열이 평화의
상징적 선두가 되고, 장애인 휠체어부대와 전경출신 예비군 평화시위
보호대가 시위의 평화적 성격을 실질적으로 재보장하는 안전장치였다.

미국식 질서를 관철시키는 첨병인 한국은 미국식 질서에 저항하는
것이 불가능했다. 이것은 한국의 여당도 야당도, 민중운동도 엔지오 시
민운동도, 운동권도 한국의 대학생에게도 불가능했다. 그런데 한국의
십대 촛불여고생과 유모차 어머니가 주력이 되어 미국 시장질서에 저
항해서 광우병 유발 쇠고기 수입에 반대했다. 이것은 자식의 미래 안전

---

64. Irigaray(1977; 영역 1985; 국역 2000), Irigaray, Luce, *This Sex Which is Not One*, Translated by
    Catherine Porter with Carolyn Burke, Cornell University Press, New York, 1985; 국역, 『하나이지
    않은 성』, 이은민 역, 동문선, 2000. 보편적 페미니즘은 여성권을 처녀권과 모권으로 본다.
    이 페미니즘은 성폭력으로 강간, 근친결합, 성매매 피해여성만을 든다.

욕망, 민주공화국 시민의 자존욕망, 그리고 자기와 타자의 생명생존권 욕망의 정치였다. 한국인은 이런 세 가지 욕망에서 좌우익의 이념을 뛰어넘는 괴력을 발휘했다.

4. 잠정적 평가

잠정적 평가는 문명사적 전환이라는 관점에서 보고, 평가대상으로는 새로운 형태, 이념, 그리고 주체의 등장여부를 보겠다.

1) 새로운 형태: 소통위기의 쟁점에서 '조직' 과 '다중' 대 강령 없는 강령

촛불축제시위는 새로운 형태의 사회관계를 발명했는가? 아직 아니다. 중세가 망(1270)하고 근대(1500)가 탄생하는 과정은 300~400여 년을 요구했다. 근대의 자유 · 평등 · 박애의 시대가 끝나고 새로운 시대가 등장하는 데에도 그 정도나 그 이상의 시간이 요구될 것이다.

촛불축제시위가 도전한 것은 민주주의의 새로운 형태, 경제의 새로운 형태이다. 거리 축제시위에서 정부의 방어선을 돌파하는 과정에서 직접민주주의의 새로운 형태를 시험했는데, 그것은 실패했거나 주춤거리고 있다. 미국산 광우병 위험 쇠고기 수입 반대 투쟁을 벌이면서 농산물 소비의 새로운 형태를 시험했는데, 그것은 실패했거나 주춤거리고 있다. 촛불축제시위 현장에서의 논의는 '자율성의 환상[우중의 환상]' 이나 '대책위의 권력[조직의 환상]' 사이의 딜레마 속에서 좌우로 요동치다가 실패했다.[65] 직접민주주의[66]의 전제조건으로 현대에는 강령 없는 강

---

65. 촛불축제시위대는 소위 대책본부의 선동, 주관주의 그리고 표리부동 때문에 자중지란에 직면한다.

령(예컨대, 생명생존권, 촛불축제시위 등의 이념)에 대한 대중 논의가 중요하고, 고대라면 단군조선의 고유철학에서의 '상호존중의 원리'가 중요하다.

2008년 5월 6일에 발족한 광우병 대책위나 2008년 10월 25일에 발족한 '민생·민주 국민회의'(국민회의)[『한겨레』 2008. 10. 26]가 "강령 없는 강령"을 마련하지 못한다면 모두 선의에서 시작해서 결과적으로 사태를 악화시키는 장애가 된다. 대책위는 '자율과 조직 사이의 딜레마적 동요'에서 벗어나 '강령 없는 강령' 확립(상식의 확립 필요성, 예컨대 생명생존권, 축제시위 등의 이념 확립, 다문화의 조화정신)으로 횡단해야 할 것이다.

촛불축제시위의 전개양상에서는 세 번의 국면전환이 있었다. 첫째 국면(2008. 5. 9[5. 2]~6. 9)의 특징은 축제시위의 주도권이 촛불대중 자체에 있었고 축제시위는 상승세였다. 쟁점은 촛불축제시위와 광우병, 그리고 고교생, 촛불축제시위와 여고생, 고교생, 유모차, 장애인 그리고 예비군, 촛불축제시위와 '괴담'과 언론 등이었다. 한국 정부는 촛불축제시위 대중이 비과학적이라고 '괴담논쟁'으로 공격했고, 배후가 좌익이라고 공격했고, 폭력적이라고 공격했다. 적어도 촛불축제시위의 첫 번째 국면에서 주도세력은 새로운 주체들이고, 여기에 소위 과거의 운동권 세력이 그 옆을 지키고 있다. 촛불집회에서 구세력은 모두 몰락하고 있는데, 그 몰락의 정도는 과거 운동권부터 시작해서 진보신당, 민노당, 제일야당까지 후자로 갈수록 심각하게 몰락하고 있다. 촛불축제시위의 주체들은 상호존중의 정신으로 통합되어 있다. 소수지만 조직적인 기존운동권 대책위세력(조직정치)과 인터넷에 기반을 둔 다수의 촛불축제시위세력(생활정치)이 공존하고 있다. 양자는 소통방식도 집회방식도 전혀

---

66. 직접적인 국민투표조차 민주제의 전부가 아니다. 민주제는 시스템이고 국민투표는 민주제 시스템의 일부에 불과하다. 만일 모든 사안을 국민투표에 상정하면 미국 캘리포니아에서의 세금조항 투표나 캐나다 퀘벡에서의 애매한 분리독립조항 투표 같은 상황이 발생한다(캐나다 킹스턴 퀸스대학교, 철학과 콜로키움에서 2009. 3. 14. 그린(Les Green, Oxford)의 「국민투표와 민주제On Referendums and Democracy」발표).

다르다. 시위의 첫째 국면에서는 전자가 주도적이고 후자가 부차적이
다.

둘째 국면(2008. 6. 10~6. 30)의 특징은 축제시위의 주도권이 객으로 들
어와서 주인이 된 대책위의 구좌파 성향의 집단들에게 넘어간 것이다.
축제시위는 표면적으로는 상승세를 타고 있었지만 이면적으로는 병들
어가는 시기였다. 쟁점은 촛불축제시위와 '배후'와 조중동 언론, 촛불
축제시위와 광고사 불매운동, 촛불축제시위와 국제 앰네스티 조사 등
이 있었다. 대책위의 조직적 등장(!) 덕분에 정부의 공격이 효과를 보기
시작했다.[67]

셋째 국면(2008. 7. 1[천주교 7. 1, 개신교 7. 3, 불교 7. 3, 원불교 7. 3]~ 8. 15)의
특징은 주도권이 구원투수처럼 등장해서 구세주로 행세하려는 천주교,
불교, 개신교, 원불교의 진보성향의 종교인들에게 있었고 스스로 촛불
을 끌 명분을 찾기 위해 노력했다. 촛불축제시위는 서서히 위축되다가
결국 스스로 침몰했다.

촛불축제시위(2008. 5. 1~8. 15)가 등장한 이유는 새로운 축제시위 형태
가 등장했기 때문이고, 촛불축제시위가 중간에 좌절한 이유는 이명박
정권과 공권력이라는 외부공격[68] 탓이 아니라 대책위라는 내부 딜레마

---

67. 판도변화는 전주 분신자의 사망을 계기로 전국적으로 구운동권 성향의 투쟁본부가 만들
어졌다. 2008년 6월 10일 당시 전국적인 최대결집은 그날 참가자들에게 구운동권이 설치
고 있다는 감성적 판단을 하게 만들었고, 그 후 정부와 언론의 비판이 서서히 통했다.

68. 정부의 공격이 얼마나 혹독한지는 대부분 잘 알고 있다. "촛불시위 했다고 생계 박탈당하
나? 운전면허 취소 '날벼락' 맞은 장애인 부부 '사람들 몸이나 녹이라'고 차 몰고 집회 참
석 아내 시각장애…택배로 겨우 먹고 살았는데." 『한겨레』, 2008. 12. 10. 촛불축제시위 참가
자는 지속적이 아니라 우발적 참가자이고, 이론적 확신이 아니라 감정적 연대의식으로 참
가한다. 댓글들을 보면 자주 우리 국가를 야만국가로 보고 있는데, 이것은 국민들이 한국
을 롤즈 용어로 무법국가 수준으로 의식한다는 의미이다. 또 전두환 대통령 청문회 이후에
사후 청문회라는 발상이 일반화되어 검찰과 판사에 대한 청문회를 예고하고 있다. 한국인
의 상식수준이 달라졌다. 촛불축제시위가 한 단계 수직상승하기 위해서는 원한과 보복의
식이 없어야 하고 역사적인 정의법에 의한 심판만을 생각해야 한다. 『한겨레』, 2008. 12. 23.
경찰학교 교수 "촛불시위, 3.1운동같은 약자의 저항" "촛불 이상의 파급력 갖는 일 벌어질
수 있어 정부·경찰 열린 자세로 사회현상 바라 봐야," 권용철, 임승택의 『경찰학 연구』 저

때문이었다. 촛불축제시위가 다시 등장(2008. 10. 25)한다 해도 '대책본부 딜레마' 라는 이론적 장애가 개념적으로 극복되거나 최소한 "실천개념" 으로라도 새로운 조직형태를 발명하지 못하는 한 상황은 마찬가지일 것이다. 촛불축제시위는 대중지성을 통해서 항상 창발성의 새로운 돌파구를 마련했다. 오늘도 새로운 돌파구는 마련되고 있다. 명승지로 등장한 전설의 섬, 명박도를 가보면 알 수 있다.[69] 문제는 대중이 아니라 조직형태이다.

2) 새로운 이념: 공포의 쟁점에서 '비합리적인' 과학성 대 '합리적인' 합학성

프랑스혁명에서는 자유의 여신이 앞장서서 진두지휘했고, 한국의 촛불축제시위대는 소녀가 촛불을 들고 기도하고 엄마가 유모차를 끌고 따라나서서 소리 없이 생명생존을 아우성쳤다. 촛불축제시위는 이념상에서 근대의 자유·평등·박애를 기준으로 한 두 이념, 자유주의(자유+박애)와 사회주의(평등+박애)를 횡단해서 생명생존권을 최고의 가치로 내세웠다는 점에서 세계사적 가치가 있다. 새로운 운동이 등장해야 새로운 철학[사상, 이념]이 등장한다[미네르바의 올빼미].[70] 18세기 서구에 자유·평등·박애의 이념이 등장하자 서구중심주의의 헤겔의 철학이 등장했다. 19세기 서구에 프롤레타리아 운동이 등장하자 착취에 관한 역사과학이 등장했다.

촛불축제시위는 구내[학교, 군대, 회사] 대중식당 시스템의 전염병위험[광우병 식재료 위험]에 대해 "실천개념"으로 비판을 가했다. 내용은 미래

    널에 쓴 논문들.
69. 「전설의 섬, 명박도를 아십니까?」, http://blanc.kr/1157
70. 헤겔의 미네르바와 인터넷 논객 미네르바가 있다. 미네르바에도 대중소가 있는 셈이다. 그 가치는 상황에 따라 다르다. 「극과 극 오간 '미네르바' 평가」, 『한겨레』, 2009. 1. 8. 미네르바의 경제분석 글과 검찰의 구속사건은 사이트 「목련꽃이 질 때」 http://blog.daum.net/gangseo 참조.

의 위험에 대한 비판이었고, 비판의 자격은 주권재민의 민주공화국의
이념에 근거한 시민권이었다. 촛불축제시위는 자식의 미래 안전이라는
기준으로 볼 때에 전염병에 대한 기존의 '비합리적인' 현재 발병률을
정리한 분과학문(과학)에 맞서서 '합리적인' 미래 변이율까지 결합한
종합학문을 추구한다.[71] 현재 나의 안전 여부뿐 아니라 미래 자식의 안
전성도 고려한다는 학문성의 쟁점은 무기경쟁이나 핵무기나 핵발전소
에서 위험률의 장단기효과 사이의 차이, 경제법칙에서 각종 경제정책
들의 장단기효과 사이의 차이, 노조유무의 회사발전에서의 장단기효과
사이의 차이, 그리고 전염병의 인류발전에서의 장단기효과 사이의 차
이를 고려하는 거시종합학문들의 문제들이다. 현재는 14세기 이후 찬
란하게 발전한 분과학문들을 더욱 세분화시키는 것뿐 아니라 천문지리
적인 것, 과학기술적인 것, 정치[군사·외교·여성]·경제·사회적인 것,
그리고 철학사상적인 것이 하나로 결합된 종합학문으로 발전시키는 것
도 필요할 것이다. 종합학문으로서 문명사, 지식형태사, 역사인식론, 진
화하는 질병의 역사 등이 새로운 학문의 대상으로 추가될 수 있을 것이
다.[72]

　　서구 나라들은 민주제의 위기가 투표율의 저하로 서서히 표현된다.
민주주의가 갈등을 세력균형조절을 통해 추구하는 것이라면, 민주제의

---

71. 전염병은 야생동물-가축-인간 사이의 관계를 통해 인간에게 전염된다. 전염병은 인간이
진화함에 따라 같이 진화해 왔다. 전염병 때문에 인간이 전멸하지는 않을 것이다. 숙주 인
간이 전멸하면 성공한 전염병도 전멸한다. 그러나 호주와 아메리카에서 수십에서 수천만
의 일부 종족들이 서구인이 전파한 신종 전염병으로 전멸했듯이, 한국인이 정말로 잠재기
간 5년 이상의 광우병에 취약하다면 전멸할 수도 있을 것이다. 광우병은 모른다. 공포는 모
르는 것에서 온다. 제레드 다이아몬드, 김진준 역, 『총 균 쇠 — 무기·병균·금속은 인류의
운명을 어떻게 바꿨는가』(개정증보판), 문학사상사, 2005.
72. 촛불축제시위를 통해서 한국인이 보여준 태도는 나는 알지만 타인들은 잘 모른다는 태도
이다. 이것은 한국인이라면 현장대중에서부터 의료인, 자연과학자, 사회과학자, 역사가, 철
학자까지 일반적으로 보여주는 태도이다. 현장대중들 중 상당수는, 대중들은 이 운동의 미
래를 모르지만 나는 안다고 생각했다. 지식인들 중 상당수는, 대중들은 광우병에 대해서
잘 모르고 공포를 더 또는 덜 느끼지만 나는 이런저런 진실을 안다고 생각했다.

해체시기에는 자파세력의 확장을 간간히 추구하면서 서서히 몰락한다. 한국은 양단간에 선택을 강요받고 있다. 민주제의 위기 시대에 전임 노무현 대통령은 민주주의 복원을 위한 즉자적인 대응으로서 살신성인의 극단적인 자파 붕괴전략을 취해서 집권이 불가능했던 반대세력들[이명박과 박근혜]을 억지로 집권시키니, 그 결과 노무현의 후예들은 반면교사 전략에 따라 자파만을 챙겨서 민주주의 자체가 붕괴되고 있는 중이다. 경제위기 속에서도 이명박 정권과 공정택 교육감 세력들이 극단적인 자파 이데올로기만 반복하고 자파 사익 챙기기만 하는 이유는 그들이 충실한 노무현의 후예들이기 때문이다. 이명박의 닮은꼴 거울은 무지, 선동, 그리고 표리부동의 삼대요소로 구성된 구운동권과 '여성주의자들'의 근거없는 자기확신의 동어반복이다. 구운동권은 선전과 선동의 구별에 매달리면서 사태를 망친다.[73] 소위 '여성주의자들'은 안이한 초역사적 가부장제 개념과 주관주의적 성추행 개념이나 성희롱 개념에 매달리면서 사태를 망친다.[74] 한국에서는 포스트노무현 경향들[노무현,

---

73. 소위 "구운동권의 문제점"은 선동, 무지 그리고 부도덕이 요점이다. 선동이 몸에 배서 아무 때나 무조건 선동하려고 든다. 무지해서 사태파악[구체적 상황에 대한 구체적 분석]을 하지 못한다. 부도덕해서 표리부동[저는 객관주의적으로 보아 간통/남은 주관주의적으로 보아 "성희롱" 등]의 이중생활이 일상적이다.

74. 세상은 새 시대의 사고방식에 의해 발전한다. 새 시대는 아마 사회발전에 관심을 가지는 세력들에 의존할 것이다. 우리는 내 딸들과 아들들의 미래사회에서의 바람직한 결합관계를 두고 현재 '페미니즘'의 이름으로 싸우는 중이다. 쟁점에서 성매매피해여성문제와 강간문제, 그리고 간통문제가 중요한가 아니면 성추행문제가 중요한가가 문제이다. 여성이 해방되기 위해서는 가족제도와 성매매제도 사이의 분할을 가능하게 하는 고리로서 성매매피해여성문제에 주목해야 하고, 진정한 사랑에 주목하기 위해서는 자유로운 간통과 스와핑을 거부해야 한다. 고故장자연 리스트에 주목하는 것은 사회제도적 강간에 대처하는 진정으로 중요한 쟁점이다. '페미니즘의 탈'을 쓴 개념 없는 소위 여성주의자들은 이론적으로는 역사를 결여한 안이한 '초역사적 가부장제 용어'와 주관주의적 '성희롱[성폭력] 용법'에 의존한다. 이명박 사건, 정몽준 사건이나, 나경원 사건에 대해 불투명한 개념으로 한풀이 하고, 그들이 앞에서 사과하고 뒤에서 비웃는 사이에 결국 진짜 중요 쟁점들은 모두 묻혀버린다. 개념의 인내가 요청된다. 여성주의라는 용어는 주체, 대상, 이념에서 모두 학문적 보편주의를 배신한다는 점에서 형용모순의 부적절한 용어이며, 이 형용모순의 허용이 자기가 규정하고, 판정하고, 심판하는 '고장난 녹음기 성폭력 대책위'와 공명해서 '보편주의 페미니즘'을 훼손시켜 좌절하게 하는 주범이다. 소위 자칭 운동권과 여성주의자가

명박, 구운동권 및 '여성주의자']이 갈등중이다.

경제위기 속에서는 전통적으로 상생의 고통분담이냐 극단적인 자파만의 생존이냐 두 가지 선택지의 변수이다. 명박정권은 세계경제 위기 속에서 노무현을 반면교사 삼아 헌재와 힘을 합해 종합부동산세를 없애 오직 자파의 이익추구를 선택했다. 정부는 미국산 쇠고기 수입을 강행했고[75] 광우병유발 쇠고기수입 반대는 표면상 패배했다. 검찰이 자파세력인 조중동을 보호하기 위해 합법적인 소비자운동을 불법으로 만들어 구속[76]하였다.[77] 그 심정이야 충분히 이해가 가지만 이제 소비자운동 일반에서 합법성의 경계선이 애매해져 버렸다. 대한민국은 민주

간통한다면 사랑으로 포장한 불륜문제 정도가 아니라 간통의 일반화사회로 이끄는 이념문제이다. 사실상 간통, 성매피해여성 문제는 자유의사이므로 용납되지만 자유롭지 않은 성추행문제는 나도 포함될 수 있으므로 용납되지 않는다는 감성을 가진 사람이 있다. 이들이 심지어 성추행과 성희롱에 대한 자의성을 배제한 객관적 기준도 마련하지 못한 상태인 것 같다. 그 극단적 현장은 여성의 지도부에 대한 성희롱 제소와 여성대책위 독자의 성폭력 판정, 피제소자의 불복과 대책위의 제이차 성폭력 가해자 규정, 그리고 신구 지도부의 이전투구의 권력투쟁을 통한 어느 일방의 몰락으로 이어진다. 성폭력이라는 낙인으로 이명박, 정몽준, 나경원이 공격당하고, 노힘지도부, 민주노총지도부가 공격당했다. 전자는 멀쩡하고 후자는 물갈이 되었다. 나는 여기서 성폭력에 대한 둔감, 불감을 문제 삼는 것이 아니라 이 쟁점에 대한 상식적 합의가 없는 것을 우려한다. 성폭력이라는 용어가 상대를 부도덕한 집단으로 낙인찍는 수단으로 인식되고 매번 기존 지도부를 공격하는 가장 효과적인 무기로 인식되면 모든 운동은 자멸한다. 「2000여 촛불 "해직 선생님을 제자 곁으로" '일제고사 반대 홍보' 고2 학생 징계절차」, 『오마이뉴스』, 2008. 12 20. 문제는 "성폭행한 선생님은 정직 3개월인데 우리 의견을 존중한 선생님은 왜 해임해요"에서 보는 헛발질이다. 이 특이한 성폭행[성희롱] 열정이 전체 대세를 좌절시키는 요인이 될 것을 우려한다. 주관주의적 성희롱 개념은 이중도덕[「아빠 없는 코피노 만명… "한국男 나빠요"」, 『한국일보』, 2008. 12. 12]을 조장한다.

75. 한국 정부는 반대를 무릅쓰고 미국산 쇠고기를 수입했다. 미국산 원산지를 표시한 식당소비량이 전체 쇠고기 소비량의 50%가 넘어서면 현실적 공포는 수그러진 것으로 볼 수 있다. 이념적 공포는 야생동물-가축-인간 사이의 삼자관계에서 진화하는 질병에 대한 1/45,000,000% 위험 가능성과 그것에 대한 거부권의 정당성 문제[대한민국은 민주공화국이다]이므로 영원히 사라질 수 없다.

76. 「'조중동 광고중단' 네티즌 2명 구속」, 『서울신문』, 2008. 8. 22; '언론소비자주권 국민캠페인' 카페와 서울 중앙지검, 구본진 부장에 의한 구속 등.

77. 『한겨레』, 2008. 11. 11. 「촛불 그 후, '진압'은 끝나지 않았다」; 경찰은 소위 '대책본부 수배자들'을 검거하면 특진한다. 경찰에서 특진할 검거자의 기준은 수갑을 채우는 사람이다.

공화국이라고 믿는 사람들에게 검찰권력은 법의 탈을 쓴 초법으로 보일 것이다.[78] 국가인권위 관계자들은 촛불축제시위 조사에서 이중적 처신을 하면서 진상조사 발표를 미루며 양비론을 준비하고 있다.[79] 경제위기는 주어진 조건이다. 상식적으로 경제위기에 책임을 져야 한다면 강자인 명박정권과 재벌, 대기업이 먼저 책임져야 하지만, 명박정권은 경제위기의 책임을 촛불축제시위대에게 돌렸다. 만일 촛불축제시위가 꺼져도 국제경제여건 탓이거나 전임 노무현정권[무개념의 극치인 소위 좌파정권] 탓으로 계속 남 탓만 할 것 같다. 진심에서 나오는 내 책임은 어디에도 없고, 공적은 내 것이지만 모든 실패는 오직 남탓뿐이다. 이것은 1997년 IMF 구제금융 이후에 고통분담하자고 해놓고 재벌, 대기업, 부자만 재미 보았다는 경험을 반복해 보자는 것이다. 이 '희생양 만들기' 전략은 정권안보를 위해 근대 시스템 전체를 위험으로 몰아가는 행위이다. 촛불축제시위 대중은 조용한 합법적 샛길이 아니라 자꾸만 극단적인 선택에 몰리고 있다.

촛불축제시위대는 자식의 미래가 걸린 또 다른 쟁점인 교육에서 양분되었다. 자식의 미래가 걸린 교육문제에서 가족적 안전망을 확보하느냐, 집단 안전망을 확보하느냐가 쟁점이었다. 사람들의 일부는 서열경쟁의 구조에서 선두를 추구하는 사적 안전망에 자식들의 미래를 건다. 자식의 미래가 걸린 서울 교육감 선거에서 다시 양분되어 그 결과로 경쟁교육과 기존 [부패세력] 보수연대가 승리했다. 승자측은 자식의 미래 안전망의 쟁점에서 사적 해결책을 추구하는 측을 이탈시켜서 집단적 해결책을 마련하려는 측과 분리시키고 있다. 1960-70년대식 서열교육제도로의 회귀가 아니면 다른 대안이 없는 세력이 있다. 사실 정직하게 말하면 서열교육제도의 열성적인 지지자 대부분은 경쟁 시스템이 없다시

---

78. 존 롤스, 김기호 · 김만권 · 장동진 역, 『만민법』, 이끌리오, 2000에는 "무법국가"의 기준이 나온다.

79. 국가인권위는 권위에 의존하는 조직인데, 그 권위가 내적으로 침식되는 동요의 순간이다.

피 한 조기유학을 이미 선택했다. 실제로는 조기유학을 선택할 계획이면서 상관도 없는 국내교육제도를 서열교육제도를 회귀시키려는 이유는 자기 자식을 위한 제도가 아니라 자기 정권을 위한 제도이기 때문이다. 서열교육제도 자체는 극단적인 교육제도가 아닐 수도 있지만 서열을 매기는 강압적 일제고사방식은 극단적이다.[80] 서열화에서 가장 문제는 창의력을 측정했느냐 지식을 측정했느냐이다. 입시제도의 진짜 쟁점은 서열화가 아니라 무엇을 측정하느냐이다.[81] 호랑이[교육제도] 등에 타서 잠자는 호랑이를 억지로 깨운 세력에게 진짜 어려운 것은 내려올 퇴로 찾기이다. 선택을 망설이는 다수의 학부모는 극단적인 양자선택에 몰리고 있다. 뒤돌아서 회고해 보면 수많은 선택지가 있겠지만 시스템의 말기에는 모든 것이 극단적으로 보여 극단적 선택을 하고 그래서 시스템은 부담을 견디지 못한다. 대화로 해결할 문제를 힘으로 해결한 자라고 자신이 왜 그 당시에 그런 극단적인 선택을 했는지를 쉽게 설명할 수 있겠는가!

---

80. 촛불축제시위 이후 주요쟁점 중의 하나는 교육이다. 공정택은 자식의 미래를 공적 시스템이 아니라 사적 시스템으로 만들려는 일부 세력을 분할시켜서 서울시 교육감이 되었다. 그의 소신은 서열화의 일제[평가]고사와 국제중이다. 「"일제고사 싫어요" 또 갈라진 교육현장」, 『서울신문』, 2008. 12. 23; 「시험 거부 줄었지만, 반대 목소리 커졌다」, 『한국일보』, 2008. 12. 24; 어떤 사람들은 당선을 민주제 자체를 붕괴시키는 초법적 권력을 준 것으로 인식하는 사람도 있다. 민주제는 시스템이고 국민투표는 그중에 일부에 불과하다.
81. 입시제도는 먼저 고교등급제로 강남과 특목고를 위한 제도를 부활시키고, 이어 조기유학자들용 특례입학 제도를 만들면 완결된다. 한국은 입학이 어렵고 졸업은 쉽지만 미국과 캐나다 등은 대학이든 중·고교든 입학은 쉽고 졸업이 어렵다. 한국의 조기유학생은 대부분 외국에서 고등학교를 졸업하기 어려우므로 고3 때에 귀국해서 외국조기유학생들만을 위한 대입특례입학제도(환상적인 실용영어회화 테스트)로 그들만의 리그를 벌여 환상적인 대입제도에서 만난다. 설마 외국 조기유학생들이 국내의 오른쥐들처럼 어린쥐 발음도 못하지는 않을 것이다. 대학에 입학해서 4년만 보내면 이제 영어회화에 능통한 명문대생으로 환골탈피換骨脫皮 된다. 외국 조기유학은 그야말로 물고기가 용이 되는 등용문이다. 외국 조기유학도 못 보낸 부모는 마땅히 죄의식을 느껴야 할 것이다. 실용영어회화도 못하는 학생들은 감히 성골聖骨들만의 영어회화 리그에 대해 왈가왈부할 자격이 없다. 억울하면 너도 조기유학해서 영어회화를 좀 똑바로 해라. 이것이 새로운 입시제도 영어몰입교육의 함의일지도 모른다.

촛불축제시위대는 그와 다른 길로 합학성과 영성을 제시하고 있다. 합학성合學性이란 거시적 합리성이고 영성이란 거시적 양심이다. 합학성이라는 학문적으로 기존의 분과과학성을 유지하면서 새로운 거시적 종합성(브로델의 천문지리, 경제, 정치, 사상 등)과 결합하는 것이다. 영성이란 좋고 싫고를 뛰어넘어 자기진정성에 도달하는 것이다. 거시적 상생의 입장에서 보면 촛불축제시위의 합리적 비판들을 통해서 명박정권을 거시적으로 교화할 수도 있는 것이다. 민주제는 대중의 의견을 듣는 것이다. 명박정권을 타도하려 노력하기보다 촛불축제시위의 합학성과 영성을 유지하면서 심지어 명박정권과도 공존하려는 태도가 명박정권에게는 더 위협적이다. 러시아 민담 바보 이반 이야기는 전설이 아니라 진실이다.

여고생 촛불축제시위대가 배우는 우리도 아는 상식이지만 광우병의 미래 발발 위험성은 통제할 수 없다고 말할 때에 촛불은 전진했다. 여고생 촛불축제시위대가 우리는 광우병에 대해 잘 모르지만 국민이 반대하는 미국산 광우병 유발 쇠고기를 수입해서는 안 된다고 주장할 때 촛불은 주춤거렸다. 여고생 촛불축제시위대가 광우병에 대해서도 협상과정에 대해서도 잘 모른다고 이야기할 때에 이미 촛불은 잦아들고 있었다. 소위 대책위가 여고생의 잘 모른다는 발언에서 집단토론을 조직하지 않고 성능 좋은 마이크 시설로 구호를 반복하고 청와대 행진 투쟁으로 해결하려 할 때 이미 촛불은 고통스런 비명을 지르고 있었다. 대중들이 알아야 할 것을 모른다면 즉시 정직하게 대중토론을 조직해서 그 실체를 파악하려 노력하는 자기진실성이 있어야 한다. 촛불축제시위대는 소위 자칭 도우미[대책위]가 근거 없는 자기 확신의 선전·선동 녹음기만 틀어대지 않으면 부활한다. 문제는 자칭 도우미가 쳐놓은 덫에 걸려들지 않는 것이다. 예컨대, 용산 참사(2009년 1월 20일 대한민국 서울특별시 용산구 한강로 2가에 위치한 건물 옥상에서 점거농성을 벌이던 세입자와 전국철거민연합회 회원들, 경찰, 용역 직원들 간의 충돌이 벌어지는 가운데 발생한 화재로 인해 철거민 5명과 경찰특공대 1명이 사망하고 23명이 크고 작은 부상을

입은 사건이다)에 대해 선동도 선전도 하지 않고 단지 조용히 거리에서
작은 검은 리본이나 하나 달고 슬퍼하며 걸어다니면 자연히 촛불은 영
성 속에서 부활할 것이다. 그 용감무쌍한 과거의 투사들이 나서서 선동
과 선전을 반복하며 몸부림칠수록 용산참사는 대중들 뇌리에서 잊혀진
다. 촛불축제시위는 단지 공감대의 대중적 표현형태를 대중지성 방식
으로 개발하면 되는 것이다. 대중을 움직이는 힘은 선동과 선전이 아니
라 슬플 때는 울고 기쁠 때는 웃는 표현주의적 공감양식이다.

3) 새로운 주체: 인터넷의 쟁점에서 악플 대 "대중지성"

촛불축제시위의 주체는 고교생, 여고생, 유모차 대열, 휠체어 대열,
예비군 대열, 조중동 안보기 운동, 조중동 광고 게재 회사 물건 안사기
운동, 고교생 안단테의 명박탄핵서명 사이트, 요리강습회, 조기 축구회,
가수 팬클럽 등이고 그 다종다양성에서 세계사적이다. 아직 민족국가
의 틀이 견고해서인지 이주민과 이주노동자가 함께 하지는 못했다.[82] 주
체가 좀 더 성숙한 자기포용력을 발휘하면 이주민들과 외국인들도 참
가할 것이다.

촛불축제시위대는 구체적 상황에 대한 구체적 대응에서 대중지성
을 보여주었다. 광우병 쇠고기 수입을 강행하려는 정부와 조중동의 물
리적 이데올로기적 공세에 대해 놀라운 순발력의 대중지성을 보여주었
다. 촛불축제시위는 미국산 광우병 쇠고기 수입 반대투쟁을 조직했고,
우리가 미국에 자동차 등을 팔 수 없다는 미국과 재벌의 위협도 통하지
않았다. 그렇지만 미국산 광우병 유발 쇠고기 수입을 강행해서 미래의
장기적 안전성에 근거한 개념을 현재의 잠정적 안전 현상으로 공격하

---

82. Kymlicka(2007); Kymlicka(2001: 23-7); Kymlicka(1995), *Multicultural Citizenship: A Liberal Theory of Minority Rights*, Oxford University Press; Kymlicka(1989), *Liberalism, Community and Culture*, Oxford University Press, 1989.

는 정부의 동문서답식 대응에 적절하게 대처하지 못하고 있다. 주체가 역사적 서사적 주체로 자기의식화하는 것이 필요할 것이다. 과장 없이 현재의 발병률을 그대로 인정하면서도 미래의 위험성에 실험인간이 될 수 없다는 심정을 그대로 드러내는 정직성이 필요하다.

촛불축제시위에서는 아고라 광장의 광우병 보도와 동영상 1인 보도로 새로운 언론제도의 가능성을 보여주었다. 촛불축제시위는 조중동의 왜곡보도에 맞서 신문 안보기 운동에 추가해서 광고 게재 회사 불매운동을 전개했는데, 이것은 정권을 위협할 정도로 위력적이었다. 이것은 인터넷에 등장한 대중지성의 일종이다. 인터넷에 상존하는 악플 문화와의 구별정립이 중요하다.[83] 그 내용의 종합성뿐 아니라 표현태도에서의 교양영성]은 일상대화뿐 아니라 인터넷 공간에서도 필수사항이다.

촛불축제시위의 주체는 무지, 선동, 부정직의 거울반영의 쌍생아에 맞서 대중지성을 발휘할 때에 역사적 의의를 확보한다. 한편의 극단에는 사실 때문이 아니라 언론[PD수첩]의 보도 때문에 촛불축제시위가 등장했다고 믿는 사람들이 있다. 어떤 사람들은 국가–사회적 진실은 문광부와 언론을 통해 만들어진다고 생각한다.[84] 이들의 배후에는 기독교 근본주의의 형용모순조차 가볍게 '소망'하고 특히 그런 교인들의 소망만을 용케 들어주시는 지상천국의 교회와 장로가 있다. 근대 민족주의는 식민지 지식인의 계몽적 근대화와 언어문화적 자존감의 딜레마에서 시작한다

---

83. 대중지성에 대해 의구심을 가지는 사람들은 아고라 광장의 일부 논의에서 한풀이, 무교양, 강남 부자에 대한 저주를 보면서 인터넷 논의의 한계를 본다. 또 최진실이 이혼 후 우울증 상태에서 인터넷 악성 보도가 직접 계기가 되어 죽자(2008. 10. 2) 일부는 인터넷 논의에 대한 규제의 필요성에 공감한다.

84. 유인촌 장관은 법으로 정해진 임기보장 산하기관장들을 무더기로 중도 하차시켰는데, 새로운 초법의 중도 하차 전례는 항상 당장의 무법국가가 문제가 아니라 미래의 무법국가가 더 걱정이다. 최시중, 구본홍은 대부분의 사람에게 초법적 언론 코드인사의 핵심이고 언론 탄압 논란의 주역이다. 정권이 초법적으로 언론코드를 장악하는 것은 현재도 문제이지만 미래가 더 문제이다. 푸코가 말한 권력과 진리 사이의 상관성은 진리게임을 의미하는 말이지 권력의 초법성을 정당화하는 말은 아니다.

(찰스 테일러). 역사에서 한국사가 '포스트모던 하지도 못한 포스트모던적' 다의적 민족 개념으로 해체되며, 고조선사가 '실증성도 없는 실증주의적' 고조선-고구려사 개념으로 해체되며, 건국이 건국 개념의 이중성에 기대서 독립운동 해체를 겨냥하는 자유주의도 보수주의도 없는 '형용모순의 우익교과서'를 제정[85]하는 중이라 한다. 어떤 사람이 친일파 부모의 숨겨졌던 업적을 드러내기 위해 '한국사'를 형용모순의 딜레마로 몰아 해체하니 연사도 많다.[86] 다른 한편의 극단에는 형용모순을 두려워하지 않는 구운동권, '여성주의'가 있다.[87] 구체적 거시상황과 미시상황에 대한 구체적 분석이 필요할 것이다. 보이는 수십 명의 지지자에 매달리는 사람은 보이지 않는 수천 명의 지지자를 잃는다. 촛불축제시위의 주체는 양자를 거부하는 여성과 고교생을 따르는 연대에 강한 대중들이다.

5. 꼬리말

모든 초강자 '불가사리不可殺伊'는 자체요인이 중요하지 외부변수

---

85. 「법원, "저자 동의없이 역사교과서 수정 가능"」, 『서울경제』, 2009. 1. 8.
86. '현대사 특강' 강사들 '장차관 해당' 특급 대우 서울교육청, 학교에 공문… 자격 이상 수당 지급 145명, 『한겨레』, 2008. 12. 30.
87. 성폭력에 주관주의적 성희롱 용어가 들어가야 멋지고 화려하다고 느끼는 "저만 진보 감수성"을 가진 '여성주의' 세력이 촛불 옆에 어른거리면 촛불은 전진할 수 없고, 꺼지는 것도 시간문제가 된다. 왜 성폭력 개념에 강간, 성매매피해여성, 근친상간밖에 없는지 생각도 해보지 않는 사람들이 촛불의 전진을 가로막는다. 성희롱과 성추행 개념을 주관적 규정이 아니라 객관적 규정으로 전환하는 것이 필수라는 논점을 논의할 필요성도 느끼지 못한 그 특이한 열정이 아군으로 변장한 적군의 핵심이다. 이명박과 정몽준, 그리고 나경원의 성에 대한 의식수준을 비판했다는 사실이 중요한 것이 아니라 무엇으로 무엇을 비판했느냐가 핵심이다. 비판이란 비판당하는 자를 강압적으로 굴복시키는 행위가 아니라 그의 잠자는 양심을 일깨우는 행위이다. 잘못 비판하면 비판당해야 할 자가 면죄부를 얻게 된다. 이리가레이의 페미니즘에 주목해야 한다.

는 사소한 계기에 불과하다. 초강대국 고조선이 붕괴할 때도 그랬다. 초
강대국 몽골대제국이 붕괴할 때도 그랬다. 우리 논의의 상수가 폭발했
다. [10여 년 전부터] 상수로써 예측하던 2008년 미국발 세계경제위기가 폭
발했다. 미국발 경제위기는 주관적인 희망사항도 객관적인 절망사항도
아니고 다만 주어진 학문적 상수일 뿐이다.[88] 미국이 민다고 밀릴 것이
며 미국을 부축한다고 부축될지는 의심스럽다.[89]

　문명사적 대전환기라면 아마 세 번째 대철학 시대의 서막이 서서히
시작될 것이다. 미국경제위기의 발발이라는 상수를 전제하면서[90] 촛불

---

88. 나는 10여 년 전부터 2008년 미국발 세계경제대공황 발발가능성을 지적하며 공황정도가
아니라 문명시스템의 붕괴방식을 거론했다. 일부는 지나쳤고, 일부는 진지했다. 진지한 일
부는 "그 상황에서 내가 살길은 무엇이냐"고 물었다. 대답은 "원자폭탄이 터지면 누가 살
아남을까? 빨리 죽고 늦게 죽고의 차이가 있을 것이다"라고 했다. 그래도 더 요구하면, "세
상이 어려워지면 아는 자는 살고 모르는 자는 죽은 것이 아니라 알든 모르든 대중이 살면
다 살고 죽으면 다 죽는다"라고 말했다. 경제 공황이 현실화되자 이번에는 전에 지나쳤던
일부에게서도 연락이 온다. "설마 했더니 이제 터졌다. 어떻게 해야 하느냐?" "좋은 수는
없다. 이제 겨우 시작이다." 빼먹지 않고 묻는 질문이 있다. "당신이라면 어떻게 하느냐?"
웃으면서 대답하기를 "사람마다 취향이 다르다. 나는 항상 멀고 큰 것을 비판하고, 가깝고
작은 것을 챙기며 그리고 지금처럼 대화한다." 손가락으로 달을 가리켜도 항상 손가락만
보는 사람도 있다.
89. 미국의 본질은 초국적 법인자본에 있고 미국에서 초국적 교류가 사라지면 미국은 조만간
에 붕괴한다. 미국이 테러와의 전쟁을 하다 동맹경화로 몰락한다면 그것이 9.11자살테러
나 빈 라덴 때문인가? 미국 탓이지. 물론 만일 찰스 테일러의 "초월성에 열린 과학문명세계
구조"가 되든지 윌 킴리카의 "자유주의적 다문화주의"가 실현되는 그날이 되면 물론 미국
은 부활할 것이다. 그 정도는 아니라도 오바마 정권이 자동차 삼사부터 시작해서 모조리
알기 쉽게 이미 해본 공기업화라도 하면 초강대국의 수명은 더 연장될 것이다. 초강대국
미국의 문제는 미국의 선택에 달린 독립변수의 자업자득 문제이다.
90. 「'미국 쇠락' 주장에 대한 반박 6가지」, 『연합뉴스』, 2009. 3. 13. 미국이 경제위기를 시작으
로 쇠락의 길로 접어들었다는 관측이 나오고 있지만 국제무대에서 미국의 주도적 역할은
아직 끝나지 않았다고 한 정치학자가 주장했다. 미국 올드도미니언대 스티브 예트브 정치
학 교수는 12일 일간 『크리스천 사이언스 모니터』에 기고한 글에서 이같이 밝히고 미국
경제의 영향력이 지속할 것으로 보는 6가지 이유를 들었다: 미국 경제는 여전히 가장 경
쟁력 있다: 국제사회의 주요 중재자 역할도 여전하다: 군사력은 필적할 만한 국가가 없
다: 경쟁국들은 우방이 없다: 미국 사상이 보편화했다: 세계의 우수한 노동력을 끌어들인
다. 신문은 이처럼 다양한 방면에서 뛰어난 미국의 능력이 오늘날의 위기가 단지 일시적인
후퇴에 불과하다는 점을 입증할 것이라고 강조했다. / 내 주장은 중국의 차기 초강대국론
(대국굴기大國崛起론은 중국 국영방송인 CCTV가 지난해 만든 12부작 역사·경제 다큐멘터

축제시위에서 현재가 아니라 문명사적 전환기의 사상적 시초라는 멀고 먼 미래를 보았다. 촛불축제시위 속에서 모든 기존의 것이 사라지는 역사적 '공백' [블랙홀]과 역사적 '호기'(마키아벨리, 『군주론』의 '부재하는 인민')를 보았다. 사과나무에서 떨어지는 한 개의 사과에도 만유인력법칙이 숨어 있듯이 광우병 유발 쇠고기 수입반대투쟁에 자식의 미래생명 생존권이 숨어 있을 수 있고, 야간촛불문화제를 위장한 항의에 축제시위라는 질적으로 새로운 문명형태가 숨어 있을 수 있다.

　우리는 경제위기, 정부대응 그리고 촛불축제시위가 한 덩어리 된 세상에서 살고 있다. 촛불축제시위가 위축된 이유는 [공권력과 언론공세라는] 외부 공격 때문이 아니라 ['대중지성의 자발성 환상과 중앙의 조직통제의 환상 사이에서 동요하는 대책위' 라는] 내부 장애 때문이었다. 이름이야 무엇이 되든지 '도우미[대책본부]' 가 "강령 없는 강령" 같은 대중상식을 확립하기 위한 논의주제를 잡아야 했다. 마음속에 타는 촛불이 비바람이 분다고 꺼질 것인지 줄 세운다고 세워질 것인지는 의심스럽다.[91]

　로마 제국이 망해도 라틴어는 수백 년 살아남았으니 나는 기축언어인 영어를 공부하면서 신이주민으로서 구이주민(캐나다인)들에게 인사를 한다. 나는 객관적 삶의 존립근거가 한 사람의 자유주의적 다문화주의자로서 길을 가다가 상대가 웃으면 나도 웃고 내가 웃으면 대부분 상대방도 웃어준다(서구문명은 이성적 대화의 절차적 자유주의 문화이며, 그 표현내용은 다문화주의적 공존이며, 그 표현태도는 웃음문화로 상징되는 감정의 절제

리 제목이며, 15세기 이후 세계적 강대국의 자리를 차지했던 1편 포르투갈 스페인, 2편 네덜란드, 3-4편 영국, 5편 프랑스, 6편 독일, 7편 일본, 8-9편 러시아, 10-11편 미국, 그리고 12편 大道思行 21세기 대국의 길)은 공허한 이론이 되기 쉽다는 것이다. 이 상황에서 미국의 쇠락은 중국의 부상이 아니라 체제의 쇠락으로 연결되기 쉽다. 이번 미국발 위기는 "극단 대책들(현재 의식)"에 이르러 겨우 "치유(현재 의식)"되면 10년 내에 다시 재발할 것 같다.
91. 촛불의 부활여부는 촛불 자체에 달려 있지 명박정권과 조중동 같은 종속변수와는 무관한 문제이다. 촛불 내부에 운동의 탈을 쓴 운동 말아먹기 세력이나 페미니즘의 탈을 쓴 페미니즘 목 조르기 세력이 각성하면 촛불은 꺼지지 않을 것이다. 지옥으로 가는 길은 선의로 포장되어 있다.

이다). 하이 하면 헬로가 돌아오고 헬로 하면 하이가 돌아온다. 때에 맞추어 굿 모닝, 굿 애프터눈, 굿 나잇, 굿 이브닝 하면 어김없이 메아리 되어 되돌아온다. 내가 사는 이곳에서는 내게 이상한 것이 이곳 사람들에게 이상하지 않았으니, 아마 내게 이상하지 않은 것이 이곳 사람들에게 반드시 이상하지 않다고 보장할 수는 없을 것이다. 우리는 깊이 있는 대화를 하지 못한다. 우리가 대화를 하지 못하는 이유는 문화차이 때문이고 언어가 통하지 않아서다. 나도 구이주민들을 사랑했고 구이주민들도 나를 보고 웃었으니 나를 사랑했을 것이다. 우리는 서로 깊이 사랑하지만 서로 사랑하는 방법을 모르는 셈이다.

어느 날 누가 "왜 그때 말하지 않았느냐"고 물으면, 단지 "나도 말하고 싶었고 말을 하기는 했다"고 말하기 위해서 말을 한다. 경제위기전에 장래 경제위기를 말해 봤자 현재 무효이듯이, 지금 말하는 것도 아마 무력할 것이다. 하늘에도 반짝이는 별과 반짝이지 않는 별들이 있듯이 지상에도 반짝이는 돌과 반짝이지 않는 돌이 있다. 보석들이 널려 있는 세상에서 이 작은 돌멩이 하나가 무엇을 할 수 있을 것인가? 다만 공손하게 잘 들을 뿐이다. 파국이 오든 말든 대철학이 등장하든 말든 밤하늘에 별들[칸트의 양심]만 반짝거린 것이 아니라 내 주변 지상에도 형형색색의 별[지성]들이 반짝거렸다는 것을 전하기 위해서, 아니면 그냥 나를 도와주신 모든 주변 분들에 대한 소박한 감사를 표현하기 위해, 잘 듣는다.

초강대국 미국의 장엄한 황혼을 보면 초강대국 몽골대제국과 초강대국 고조선이 오버랩overlap되어 보이고, 2008년 미국의 경제위기를 보면 로마제국의 최후 순간에 히포의 아우구스티누스가 떠오르고, 1890년대 한말 지식인들[신단재申丹齋 대 전간재田艮齋]이 오버랩되니, 선문답禪問答[92] 에서 시작해서 선문답으로 끝날 수밖에 없다.

---

92. 모든 진정한 대화는 기축사상들의 등장이나 근대분과학문들의 등장처럼 선문답 같다. 아마 이번 선문답은 '과거 고조선이 초강대국이라는 것을 어떻게 알았지? 현재 초강대국 미국이 붕괴한다는 것을 어떻게 알았지?'가 대화의 실마리가 될지도 모른다.

참고문헌

박병섭, 『이주민과 다문화 가정과 함께 하는 다문화주의 철학』, 실크로드, 2008.

박병섭, 『고조선을 딛고서 포스트고조선으로』, 창과 거울, 2008.

윤소영, 『이윤율의 경제학과 신자유주의 비판』, 공감, 2001.

윤소영, 『마르크스의 경제학 비판』, 공감, 2001.

이미경, 『신자유주의적 '반격' 하에서 핵가족과 '가족의 위기' ― 페미니즘적 비판 의 쟁점들』, 공감, 1999.

Althusser, Louis. "Le marxisme aujourd'hui"(1978), M, jan. 1991 ; "Marxism Today," Philosophy and the Spontaneous Philosophy of the Scientists & Other Essays (Translated by James H. Kavanagh, Verso, 1990) ; 「오늘의 맑스주의」, 이진경 역, 『당내에 더이상 지속되어선 안될 것』, 새길, 1992 ; 서관모 편역, 『역사적 맑스주 의』, 새길, 1993.

Althusser, L., "Le courant souterrain du matérialimse de la rencontre"(1982), *Écrits philosophiques et politiques*, tome 1, Stock/IMEC, 1994, pp. 533-79.

Althusser, L., "L'unique tradition matérialiste"(1985), *Lignes*, n° 18, jan. 1993. pp. 72-119 (repris dans *l'avenir dure longtemps*, nouvelle édition augmentée, 1994, pp. 467-507) ; 서관모, 백승욱 역, 『철학과 맑스주의 ― 우발성의 유물론을 위하여』, 새길, 1996.

Althusser, L., *Sur la philophie*(1988), Gallimard, 1994 ; 서관모, 백승욱 역, 『철학에 대하 여』, 동문선, 1997.

Arrighi, G. *The long Twentieth Century*, Verso, London, New York, 1994.

Balibar E., *Les frontières de la démocratie*, éditions La Découverte, 1992 ; 「"인간의 권리" 와 "시민의 권리" : 평등과 자유의 근현대적 변증법(1989)」, 윤소영 엮음, 『맑스 주의의 역사』, 민맥 1992 ; 「공산주의 이후의 유럽(1991)」, 윤소영 역, 『이론 1』, 1992 여름.

Kymlicka, Will, *Politics in the vernacular : nationalism, multiculturalism, and citizenship*,

Oxford University Press, 2001.

Kymlicka, Will, *Multicultural Odysseys: Navigating the New International Politics of Diversity.* Oxford University Press, 2007.

Taylor, *The Malaise of Modernity* (Concord, Ontario: Anansi, 1991). Republished as *The Ethics of Authenticity* (Cambridge: Harvard University Press, 1992); 송영배 역, 『불안한 현대사회』, 이학사, 2001.

Taylor, "What's Wrong with Foundationalism?" in *Heidegger, Coping, and Cognitive Science: Essays in Honor of Hubert L. Dreyfus,* vol. 2, Mark Wrathall and Jeff Malpas, eds. (Boston: MIT Press, 2000).

Velleman, J. David, *The Possibility of Practical Reason,* http://homepages.nyu.edu/~dv26/Possibility/.

촛불, 이념인가 이해관계인가?

08촛불에 대한 비판적 거리두기

선우현

청주교육대학교

선우현 청주교육대학교 윤리교육과 교수. 서울대학교에서 철학박사학위를 받았으며, 주요 저서와 논문으로는 『사회비판과 정치적 실천』, 『우리시대의 북한철학』, 『위기시대의 사회철학』, 『한국사회의 현실과 사회철학』, 『자생적 철학체계로서 인간중심철학』, 『체계/생활세계 2단계 사회이론의 비판적 재구성』, 「문화산업 논리의 구현체로서 디즈니 만화영화」 등이 있고, 역서로는 『하버마스』, 『평등』 등이 있음.

1. 문제제기

2008년 한 해, 한국 사회 전체를 뜨겁게 달구었던 '촛불'은 미처 예상치 못했던 주목할 만한 의미 있는 성과와 결실을 우리에게 안겨주었다. 그렇지만 동시에 극복하고 넘어서야 할 문제점 또한 적지 않다는 점을 고스란히 드러내 보여주었다. 헌데 금번 촛불은 아직 종결되지 않았으며 여전히 '진행 중'[1]에 있다는 점에서, 앞으로의 방향 및 그 최종적 귀결점 등을 현재로서는 함부로 예단키 어려운 상황에 놓여 있다. 그런 한에서 '08촛불'에 대한 완결적 형태의 분석 및 평가는 현시점에서는 가능하지 않으며 섣부른 것이 될 수밖에 없을 것이다.

이러한 사정을 감안하여, 이 글은 가능성과 한계를 동시에 보여주었던 08촛불에 대해 '비판적 거리두기'에서 출발하여 그것의 실상을 조망해 보고 그것의 의의와 이후의 가능성 여부에 대해 '잠정적으로' 평가해 보고자 한다. 이를 위해 이 글은 한시적으로 적용할 방법론적 분석틀로서 '이념/이해관계'라는 상호 대립적이며 보완적인 이원적 개념 쌍을 도입하고자 하는데, 이는 막스 베버M. Weber의 '이념/이해관계'의 구도로부터 차용한 것이다. 베버는 이념과 이해관계, 양자 간의 관계적 구도를 다음과 같이 논하고 있다: "인간의 행동을 직접적으로 지배하는 것은 이념Idee이 아니라 (물질적 · 관념적) 이해관계Interessenlage이다. 그러나 이념에 의해 창출된 세계상이 '전철수Weichensteller'로서 이해의 동학에 의해 추진되어 온 행동의 궤도를 규정하였던 경우가 매우 빈번

---

1. 이 글을 작성하고 있던 도중인 2008년 12월 18일, 서울 명동 거리에서는 '널 기다릴게 무한 도전×2'라는 명칭의 새로운 촛불 형태로서 '촛불 산책'이 수백 명의 시민들에 의해 시도되었다. 『한겨레』(2008년 12월 19일자) 참조.

하게 일어났다."[2]

베버는 본래 이러한 이원적 구도를 통해, 마르크스의 유물론적 입장에 반反하여 종교적 신앙체계와 같은 이념에 상대적 자율성과 역사적·경험적 우위성을 부과하고자 의도하고 있었다. 그러나 이 글에서는 그러한 베버의 의도와 무관하게 '이념적 중립성'을 견지한 상태에서 오직 방법론상의 분석적 도구로서만 그와 같은 이념/이해관계 구도를 도입하고자 한다. 따라서 이러한 분석틀의 원용과 관련하여, 이 글의 이념적 지향성이 관념론인가 혹은 유물론인가 하는 따위의 논의는 아무런 의미도 갖지 못한다고 할 것이다.

사실, 이념/이해관계의 이원적 개념틀은 특정 사태를 분석하고 해명함에 있어서 다소간 진부한 도식으로 비칠 수 있으며, 다양한 측면을 지닌 현상을 단순화하여 그 진상을 왜곡시키는 오류를 범할 수도 있다. 그럼에도 이러한 분석틀을 수용·활용하고자 하는 의도는 적어도 다음과 같은 방법론상의 강점이 있다는 필자의 판단에 따른 것이다.

먼저, 이전의 촛불과 08촛불 간의 '상호 연계성'을 이념적 측면에 주안점을 두어 금번 촛불 역시 이념적 각성이나 정치적 자각이 주된 동인으로 작용하고 있다는 — 따라서 정치적으로 성숙된 자율적 주체들에 의해 추동되어 왔다는 — 점을 강조하면서, 그런 한에서 08촛불은 진전된 '새로운 민주주의의 대안적 형태'에 다름 아니라고 평가하는 등 과도하게 극찬하거나 미화하는 입장들에 대해,[3] 이는 '이념 편향적 시각'에 치우쳐 있어 08촛불의 부정적 측면이나 한계를 제대로 파악하지 못하는 해석상 혹은 접근상의 오류가 존재할 수 있다는 사실을 비판적으로 지적해 낼 수 있는 이점이 있다.

---

2. M. Weber, *Die Wirtschaftsethik der Weltreligionen, Gesammelte Aufsätze zur Religionssoziologie* 1(1988), 252쪽.
3. 이와 관련하여, 미국 내에서 직접민주주의 운동을 벌이고 있는 전 미 연방 상원의원이자 '민주주의재단' 설립자인 그레벨M. Gravel은 08촛불에 대해 '한국형 직접민주주의의 싹'이라고 격찬하고 있다. 『경향신문』(2008년 12월 19일자).

다음으로, 08촛불을 이데올로기적 시각에서 접근하여 진보/보수라는 이념적 대립구도를 통해 해명하고자 하는 일부 보수주의적 시도에 대해, 이는 08촛불의 본질적 동력이나 작동 기제를 제대로 읽어내지 못하는 '과잉 이념적 해석'이거나 혹은 정치적 의도가 개입되어 '왜곡된 이념적 대결구도'로 몰아가려는 공정치 못한 해석적 시도라는 사실을 비판적으로 지적해 보여줄 수 있다는 점에서 적지 않은 효용성을 또한 발휘할 수 있을 것이다.

끝으로, 08촛불에 관한 다양한 해석들 가운데 특히 들뢰즈G. Deulez의 '욕망론'[4]의 관점에 의거하여 촛불을 읽어내려는 시도와 관련하여, 그것이 촛불의 최종 지향점에 도달하기 위한 실천 방안으로 제안하고 있는 ― 촛불주체의 욕망을 '수동적 · 탐욕적 욕망'으로부터 '능동적 · 저항적 욕망'으로 전환하는 ― 소위 '욕망 패러다임의 전환'이 지닌 한계와 모호성을 비판적으로 지적해 낼 수 있을 뿐 아니라 나아가 그에 대한 대안적 해명을 제시하는 데서 이론적 우월성을 담보할 수 있다는 강점을 또한 들 수 있을 것이다.

이러한 사실을 염두에 두면서, 이 글은 이념/이해관계의 분석틀에 의거하여 무엇보다 08촛불의 일차적 동인은 이념이 아니라 이해관계, 특히 사회적 공공성의 이념에 부합하는 '비물질적 이해관계'라는 점을 보여주고자 한다. 특히 그러한 이해관계에 기초한 촛불은 이념에 의해 추동되는 촛불 못지않게 규범적으로 정당화될 수 있을 뿐 아니라 실천적 추동력의 크기에서 오히려 압도할 수 있을 만큼 강력하다는 점을 확인시켜 줄 것이다. 이어 그럼에도 이해관계 자체만으로는 촛불의 지속적 전개 및 성공적 완수를 위한 동력원으로 기능하기 어려운 까닭에, 이념적 각성과 계몽이 필수적으로 요청되며 그러한 이념과 이해관계가 상호 결합하여, 각각의 역할과 기능이 상호 보완적으로 작용하는 경우

---

4. 이에 관한 개괄적인 설명으로는 전경갑,『욕망의 통제와 탈주』(1999), 223-56쪽 참조. 아울러 본격적인 전문적 논의로는 질 들뢰즈/펠릭스 가타리,『천 개의 고원』(2001), 11-55쪽 참조.

에서야 비로소 촛불은 애초의 의도에 부합하며 동시에 지향점에 다가 갈 수 있는 성공적인 촛불로서 거듭 태어날 수 있을 것이라는 점을 보여줄 것이다.

2. 08촛불의 일차적 동인으로서 이해관계

1) 이념에서 이해관계로: 이전 촛불과 08촛불의 차이성

광우병 발생의 위험성으로부터 완전히 자유롭지 못한 미국산 쇠고기의 수입 문제를 둘러싸고 촉발되었던 08촛불은, 여러 가지 면에서 그 이전의 촛불과는 상이한 특성을 보여주고 있다. 무엇보다 기존의 촛불 유형들, 즉 훈련 중이던 미군 장갑차에 치여 꽃다운 어린 나이에 생을 마감했던 여중생 '효순·미순' 양을 추모하고자 기획되었던 촛불이나 지난 참여정부 하에서 일어났던 이른바 '탄핵 반대 촛불' 등은 반미反美나 절차적 민주주의의 구현에 대한 열망과 같은 강한 이념성에 기반을 두고 전개되었던 촛불로서, 그 일차적 동인은 이해관계와는 거리가 있는 이념이었다.

반면에 금번 08촛불은 미국산 수입 쇠고기를 먹음으로써 감열될지도 모를 '인간 광우병'으로 인해 일차적으로 본인의 목숨뿐 아니라 본인이 사랑하는 가족이나 자녀, 친지와 친구의 생명이나 건강과 같은 근본적인 개인의 '이해관계'가 심대하게 훼손되거나 손상될 수 있다는 공포와 두려움, 염려로부터 비롯되었다는 점에서,[5] 이전의 촛불과는 뚜렷하게 그 차이성을 보여주고 있다.

---

5. 윤여일의 경우도 이념적 자각이 아닌 '감성적 차원의 각성'으로부터 08촛불이 발원한 것으로 보고 있다, 윤여일, 「촛불, 자신과의 승부로 접어들다」(2008), 46쪽 참조.

뿐만 아니라 08촛불의 초기 단계에서 이슈화되었던 0교시 수업 문제나 의료민영화 문제 등의 경우도 하나같이 사적 이해관계와 밀접히 연결된 사안들이었다. 이른바 '미친 교육'에 대한 반대 구호는 극소수의 승자와 다수의 패자를 양산하는, 입시위주의 무차별적 경쟁교육의 폐해를 고스란히 떠안고 있던 중고생들 본인의 직접적인 이해관계를 대변하는 목소리였으며, 의료민영화 반대의 경우도 과도한 의료비 지출을 염려하고 꺼려하는 경제적 약자 계층의 물질적 이해관계와 직결된 몸짓이었다.[6]

이렇듯 08촛불은 일부에서 제기하고 있는 것과 같이, 이전 촛불과의 '이념적 연속성' 속에서 정치적 자각이나 사회적 비판의식과 같은 강한 이념성에 의해 추동된 것[7]은 아니었으며, 본질상 개인적·집단적 이해관계나 또는 이해관계의 집단적 공통성을 일차적 요인 및 동력원으로 삼아 추진된 것이라고 할 수 있다. 이러한 실태는 '의외意外적인 것'이 아니었으며 사실상 이미 예견된 사태라고 보는 것이 보다 더 타당할 것이다.

실제로 그처럼 이해관계와 그것의 관철에 혈안이 된 욕망이 이념적 계몽을 압도하게 된 상황은, 지난 2007년에 있었던 대통령 선거나 2008년 4월에 실시된 국회의원 선거에서 나타난 시민들의 투표 행태를 통해 확인해 볼 수 있다. 곧 그러한 선거 결과가 우리에게 보여주는 것은, 다수의 구성원들은 이념적 지향성이나 사회정의에 관한 자각적 의식보다는 개인적 혹은 집단적 이해관계에 철저하게 의거하여 자신의 정치적 견해나 입장을 피력했다는 사실이다. 이렇듯 지난 대선과 총선의 경우, 전반적으로 경제적 이해관계를 중심으로 한 물질적 이해관계의 관철

---

6. 이를 두고 최장집은 '민주화라는 큰 얘기가 아니라, 실생활과 직결된 구체적인 사회경제적 정책문제에 대해 목소리를 내기 시작했다'고 언급하고 있다, 이재영, 「지금은 계속운동이다」(2008), 65쪽.

7. 이에 대한 입장들로는 정대화, 「촛불항쟁과 현단계 한국민주주의의 과제」(2008), 143-68쪽; 김상곤, 「촛불 정국의 역사적 성격과 위상」(2008), 102-5쪽 참조.

및 충족 가능성의 여부가 후보 및 정당 선택의 일차적 잣대로 작용하고 있었던 것이다.

물론 이렇게 된 데에는 다양한 원인과 요인이 작용하였다. 그중에서도 특히 신자유주의로 재포장된 자본주의 체제의 구조적 모순의 심화가 한국 사회 구성원들로 하여금 '돈이면 다' 라는 식의, 경제적 이해관계 및 물질적 욕망의 추구에 탐닉하도록 유인했다고 볼 수 있다.[8] 아울러 그에 편승하여 사회적 약자 및 소외 계층을 대변한다고 공언했던 전임 노무현 정부의 소위 '신자유주의적 개혁 정치'의 예견된 좌초가 그 업보로서 물질 만능주의에 기초한 경제적 물질적 탐욕에 빠져드는 일상적 삶의 장場을 펼쳐 놓았다고 할 수 있을 것이다.

비록 개혁적이며 진보적인 정치적 지향성을 견지하고는 있었지만, 신자유주의라는 이념에 사로잡혀 버린 까닭에 참여정부는 현실적으로 가진 계층과 그렇지 못한 계층 간의 양극화를 심화시키고 대다수 약자들의 고달픈 삶을 보다 적극적으로 헤아리고 긴급한 민생문제를 해결해 주는 데 실패하고 말았던 것이다. 그에 따라 정권 말기에 임박해서는 국민들 사이에 "민주주의가 밥 먹여 주냐?"라는 식의 정치적 냉소 및 조소가 만연되기에 이르렀다.[9] 이는 곧바로 '주가지수 3000' 이나 '재건축 규제 완화,' '뉴타운 개발' 등과 같은 경제적 이해관계와 직결된 사안에 대한 폭발적 관심 및 욕망의 분출로 이어졌으며, 그것을 공식화한 사건이 바로 대선 및 총선의 결과였던 셈이다.[10] 이로써 한국 사회에서 경제정의나 정의사회, 배려 및 차이의 존중, 더불어 같이 사는 사회와 같은 공동선에 기초한 '이념의 정치' 가 몰락하고 그 자리에는 대신 물질

---

8. 이 점과 관련하여, 촛불의 근본 원인을 '신자유주의의 폐해' 에서 찾고자 하는 논의로는 강내희, 「촛불정국과 신자유주의 ― 한국 좌파의 과제와 선택」(2008), 66-89쪽 참조.

9. 김호기 외, 「촛불, 100일을 말하다(좌담회)」, 『한겨레』(2008년 8월 14일자) 참조.

10. 이러한 현실을 '물질적 욕망의 투표' 에 따른 대의제 실패로 파악하면서, 그에 대한 책임이 유권자인 일반 국민들에게 있음을 비판적으로 논하고 있는 입장으로는 김형배, 「로또냐 민주주의냐」, 『한겨레』(2008년 8월 26일자) 참조.

적 이해관계의 무차별적 추구에 의거한 '욕망 및 탐욕의 정치'가 들어
서게 된 것이다.

2) 비非물질적 이해관계의 중요성에 대한 자각

대선 및 총선을 통해 표출되었던 국민적 여망에 대해, 이명박 정부
는 아무런 문제없이 충분히 그에 부응할 수 있을 것으로 예상되었다. 그
러나 문제는 전혀 예기치 못했던 곳으로부터 발생하였다. 새 정부 출범
초반에 국민적 설득 없이 졸속적으로 단행된 미국산 쇠고기 개방 결정은
광우병 공포의 확산으로 인한 '쇠고기 수입반대 촛불집회'의 개최를 불
러왔으며 이는 빠르게 전국 곳곳으로 들불처럼 번져 나갔던 것이다.

이명박 정부는 한미 신뢰관계의 회복 및 공고화, 그리고 한미 FTA
의 조속한 체결을 통한 경제협력 관계의 증대 등을 내세워 미국산 쇠고
기 수입 재개를 허용하는 정치적 결단을 내렸다.[11] 이는 표면적으로 아
울러 집권층의 입장에서, 한국 사회의 정치적 · 경제적 이익 증진에 기
여할 것으로 관측되었으며, '값싸고 질 좋은 미국산 쇠고기를 마음껏
먹을 수 있게 해준' 정부의 정책적 배려라는 판단으로 비쳐졌다.[12]

하지만 그러한 결정에 대한 일반 시민들의 반응은 정부의 입장과는
전혀 다른 것이었다. 그들은 저렴한 가격에 쇠고기를 양껏 먹을 수 있다
는 경제적 이해관계보다는, 본인을 비롯한 가까운 이들의 생명이나 건
강에 치명적인 위해를 가할 수 있다는 점을 들어 ─ 여전히 나라마다

---

11. 이에 관한 신랄한 비판적 논의로는 진중권, 「대중은 무엇에 분노하는가?」, 『프레시안』
    (2008년 5월 5일자) 참조.
12. 이는 가령 한미 간 쇠고기 협상 타결 이후 방일 중에 행한 대통령 이명박의 다음과 같은 발
    언을 통해 확인해 볼 수 있다: "도시 근로자들이 질 좋은 고기를 싼 값에 먹게 됐다." 경향
    닷컴 촛불팀, 『촛불, 그 65일간의 기록』(2008), 26쪽. 이에 대해 당시 민주당 대변인 최재성
    은 "분명 우리나라 대통령인데 발언만을 놓고 보면 국민의 마음을 전혀 읽지 못하는 것 같
    다"고 논평하였다. 『뷰앤뉴스』(2008년 4월 21일자).

그 규정에 있어서 안정성의 논란이 일고 있는 '광우병 특정 위험 물질 (SRM)'의 수입 허용[13]을 포함하는 — 미국산 쇠고기 수입 재개에 반대하는 의사 및 몸짓을 강력히 표명했기 때문이다.[14]

이처럼 국민과의 합의 없이 일방적으로 이루어진 정부의 성급한 미국산 쇠고기 수입 허용 결정은,[15] 물질적 · 경제적 차원에 국한된 이해관계 이외에도 먹거리의 안전성 확보나 개인의 건강권 및 생명권 보장과 같은 비경제적 · 비물질적 성격의 이해관계가 또 다른 핵심적인 이해관계라는 사실을 일반 시민들이 인식하고 깨닫는 중요한 계기가 되었다.[16] 사정이 이렇다면 '쇠고기 촛불'로 점화된 2008년 촛불집회는, 물질적 이해관계 못지않게 아니 오히려 그보다 더 중요한 비경제적 · 비물질적 이해관계를 수호하고 지켜내는 것이 얼마나 인간의 기본적 삶의 영위

---

13. 가령 2008년 7월 26일, MBC방송의 뉴스 프로그램인 〈뉴스데스크〉에서는 "광우병 위험물질이 집중된 소장 끝 2m만 잘라내면 괜찮다는 (정부의) 주장"에 대해 '소장 끝 2m가 아닌 적어도 4m를 떼어 내야만 그래도 좀 안전하다'는 사실을 보도함으로써 미국산 쇠고기 수입과 관련한 광우병 위험의 가능성을 보도한 바 있다. 『네이버 뉴스』(2008년 7월 28일자).

14. 서울대 의대 교수 황상익에 의하면, 국민의 건강과 생명을 중시하는 국가라면 인간 광우병의 발생을 방지하기 위한 과학적 원칙을 마땅히 견지해야 하는데, 이때 강조되는 원칙 중 하나는 다음과 같다. "특정위험물질의 유입가능성을 차단하는 것이 가장 중요하고 효과적인 방법이다. SRM에 대한 규정은 국민들의 식성과 식습관을 고려하여 '가장 엄격한 기준'을 적용해야 한다." 황상익, 「광우병 쇠고기, 재협상 외에는 방법이 없다」(2008), 210-1쪽.

15. 사실상 미국산 쇠고기의 위험성은 비단 '인간 광우병'의 발병 가능성에 국한된 것은 아니다. '공장식 축산' 및 '대량 축산'의 보편화로 인해, 미국 내에서도 쇠고기와 관련한 질병 문제는 대단히 염려할 만한 수준에 이르고 있다. 가령 400마리 이상의 서로 다른 쇠고기의 살코기를 다져 만든 '햄버거 용 패티patty'를 통해 감염되는 '대장균 O157:H7'에 의한 사망 위험도는 인간 광우병의 그것 못지않다. 미국 질병통제센터(CDC)에 의하면, 미국 내에서만 매년 7만 3천여 명이 대장균 O157:H7에 걸리며 그 가운데 61명이 사망하고 있다고 한다. 게다가 더욱 심각한 문제는 대장균 O157:H7은 더욱 독해지고 전염성이 강해진 반면에, 생산이력관리는 아직도 거의 이루어지지 않고 있다는 사실이다. 이에 관해서는 윌리엄 레이몽, 『독소: 죽음을 부르는 만찬』(2008), 240-6쪽 참조. 아울러 미국 내 일상적 삶의 현장에서 접하게 되는, '먹거리로서 쇠고기'의 위험성에 관한 흥미로우면서도 매우 유용한 문헌으로는 E. Schlosser/C. Wilson, *Chew on This* (2006), 117-54쪽 참조.

16. 이는 달리 표현해서, '건강과 생명을 핵심으로 하는 생활이 정치의 전면에 떠오르게 되었다는 사실'을 보여주는 것이다. 홍성태, 「광우병 공포와 생활정치의 만개」, 『프레시안』 (2008년 5월 13일자).

에 긴요한 것인가를 인식하고 자각하는 데서 비롯되었다고 할 수 있다. 물론 이러한 비판적 인식은 이념에 의해 주도된 의식적 각성이라기보다는, 생명이나 삶에 대한 본능적 애착이나 가족 이기주의와 같은 비非이념적인 '유사 본능적' 자각에 가깝다고 할 수 있다.

그렇지만 이러한 자각은 '돈'과 같은 경제적 이해관계와는 그 차원을 달리하는, 생명이나 가족애와 직결된 비경제적 이해관계의 존재성을 인식하는 긍정적 성과를 올렸을 뿐 아니라, 이념적 계몽이나 각성과 연결될 수 있는 '자기 성찰적 발판'을 개인들에게 안겨주는 긍정적 결과를 가져다주었다. 그렇기에 양질의 저렴한 고기가 제공하는 경제적 이익을 상쇄하고도 남을 치명적인 손실이 비물질적 이해관계로부터 야기될 수 있다는 그러한 일차적인 '이념외적 자각'은, 정부의 정책 결정 과정이 정작 광우병 위험이 있는 쇠고기를 먹게 될 이해관계 당사자인 국민들 개개인의 건강 및 생명에 관해서는 별다른 숙고나 검토가 제대로 이루어지지 않았다는 점[17]에 대한 비판적 인식과 결합되어, 정부에 대한 분노감을 촛불민심을 통해 표출해 보였던 것이다.

3) 긍정적(적극적) 이해관계 대 부정적(소극적) 이해관계
― 사회적 공공선에 대한 합치 여부를 중심으로

비물질적 이해관계에 대한 성찰적 발견 및 각성에서 비롯된 08촛불은 ― 물론 부분적으로 이념적 자각이 작용하기도 했지만 ― 진지하고 치열한 이념적 성찰이나 계몽에 전적으로 의거하지 않고서도, '사회적 공공선'에 합치되는 방향으로 전개되어 나갔다.[18] 그런데 바로 이와 같

---

17. 이 점은 이명박 정부의 초대 농림부 장관이었던 정운천이 국회 농림해양수산위 주관으로 열린 '쇠고기 협상 청문회'(2008년 5월 7일)에서 밝힌 진술에서 확인해 볼 수 있다. 그는 "값싸고 질 좋은 쇠고기가 있다"면서 "몇 년 안에 광우병은 조속히 사라질 것이다. 광우병 발생 사례를 보면 올해는 광우병이 없다"는 등의 발언을 통해 미국산 쇠고기의 안정성에 대해 강변한 바 있다. 『프레시안』(2008년 5월 7일자).

은 사실로 인해, 08촛불의 경우도 이전의 촛불들과 마찬가지로 이념적 동인에 의해 추동되는 것으로 바라보는 입장도 있으며, 87년 6월 항쟁의 연장선상에서 그러한 이념을 계승하고 있는 실천적 민중항쟁의 일환으로 해석하려는 시도도 존재하고 있다.[19]

　물론 촛불이 여전히 진행되고 있는 현시점에서 그러한 해석이나 이해 방식이 전적으로 잘못된 것이라고 말할 수는 없다. 그렇게 읽어낼 수 있는 대목이나 부분이 분명히 존재하고 있음을 부정하기 어렵기 때문이다. 그러나 이번 촛불의 '중심적인' 추동력에 국한할 경우, 2008년 촛불은 경제정의나 사회적 공동선과 같은 공적 이념에 대한 능동적·주동적 자각이 주된 동인이 아니며, 촛불 참여자들 자신이나 그 자신이 속한 가족이나 집단 — 특히 공동 급식을 하는 까닭에 광우병 위험이 있는 쇠고기에 쉽게 노출될 수 있는 중고등학생 집단 — 의 이해관계의 보존 및 수호라는 지극히 사적인 요구 — 의도치 않았지만 공적 이익과 합치하는 — 가 운동을 주도하는 일차적 동력원으로 작용하고 있다는 점을 보다 세심하게 통찰할 필요가 있다.

　이때 특히 주목할 사항은, 이번 쇠고기 촛불을 통해 드러난 생명권이나 건강권, 먹을거리의 안정성 확보나 환경 보전, 동물의 권리 등과 같은 비물질적이며 비경제적인 이해관계는, 그것이 여전히 인간의 기본적 이익에 초점을 맞춘 '인간중심주의'의 관점에서 반성적으로 인식된 것이기는 하지만 '생태계 보전을 통한 건강하고 안전하며 행복한 삶의 실현'과 같은 인간의 기본적이며 필수적인 이해관계라는 점에서, 그 어떤 경제적 이익들에게 결코 양보될 수 없는 것들일 뿐 아니라 — 비

---

18. 이 점은 동물보호 무크 『숨』 편집인인 김효진의 다음과 같은 언급에서도 드러난다: "비록 지금은 광우병이 초국적 자본, 신자유주의나 FTA와 어떻게 관련이 있는지 잘 알지 못해도, 미국 쇠고기를 거부하고 민영화와 교육 시장화에 반대하는 것은 한미 FTA와 신자유주의 정책을 저지하는 방향과 일치한다." 김효진, 「"'미친 소'는 문제가 아니다」(『프레시안』, 2008년 6월 16일자).
19. 가령 김종엽, 「촛불항쟁에 대한 중간고찰」(『프레시안』, 2008년 6월 11일자) 참조.

록 애초부터 의식되거나 의도된 것은 아니지만 — 사회적 공동선에 부
합하는 사적 이해관계라는 점이다.

이로부터 알 수 있듯이, 이해관계 중에는 지극히 이기적이며 자기
중심적인 '부정적(소극적) 이해관계'가 있는가 하면, 사회공동의 이익
에 합치되는 '긍정적(적극적) 이해관계'가 존재한다는 것이다. 08촛불
의 경우에는 바로 후자와 같은 이해관계가 촛불 주체들의 공통적인 이
해관계를 형성하는 가운데 촛불을 추동시킨 일차적 동인으로 작용했던
것이다. 그에 따라 다양한 형태의 촛불 집회 역시 '진정한 의미에서의
공적 이익'[20]에 합치되는 방식 및 방향으로 진행되어 나갈 수 있었던 것
이다.

그런데 이처럼 이념이 아니라 (비물질적) 이해관계가 08촛불의 일
차적 동인이라는 점을 내세운다고 해서, 촛불에 이념적 요인이 전혀 작
용하지 않았다거나 혹은 공통의 이해관계에서 촛불이 촉발되었지만 그
진행 과정에서 점차 이념적 성찰이나 자기비판이 이루어지면서 촛불의
불길이 한층 더 거세져 나갔다는 사실을 부인하려는 것은 아니다. 다만
전체적으로 보아 08촛불을 이끈 주동적 요인 및 동력원은 이해관계, 특
히 사회적 공동선에 합치하는 비물질적 이해관계였다는 사실을 외면하
기는 대단히 어렵다는 점을 지적하려는 것이다. 더욱이 이렇게 볼 경우
에야, 비로소 촛불의 의의와 성과 못지않게 노정해 보인 한계 및 문제점
을 제대로 규명해 낼 수 있으며, 향후 촛불이 보다 의미 있는 귀결점에
이를 수 있는 실천 방안을 강구해 낼 수 있다는 연유에서도 이러한 고
찰의 중요성은 인정되어야 할 것이다.

더불어 이처럼 이념과 이해관계의 두 차원에서 촛불을 읽어낼 경우
에는, 소위 '진보 대 보수' 간의 이념 대결구도로 촛불집회를 몰아가면
서,[21] 08촛불의 배후에 불순 세력이 있다는 식으로 마치 촛불을 사회질

---

20. 이른바 '국익'이나 '공익'이라는 미명 하에, 실상은 지배계급의 이익을 관철하고자 제시
된 거짓된 의미의 공익 유형도 무수히 많이 존재한다.

서를 혼란에 빠뜨리는 불법적인 시위나 민주정부를 타도하려는 반反정
부 폭동으로 격하시키고자 하는 일부 보수 진영의 시도는[22] 그 자체 규
범적 정당성이 결여된, 전략적 의도성이 짙게 깔린 왜곡된 해석이라는
사실을 제대로 인식하게 해주는 통로를 제공해 준다.[23]

3. 이해관계에 기초한 촛불은
이념적 각성에 의거한 촛불보다 열등한가?

1) 이해관계 보존에 대한 자각적 요구의 규범적 정당성 및 실천적 운동력

흔히 사람들은 이해관계는 이념에 비해 열등한 것이라고 간주하는
경향이 있다. 이해관계는 물질적 · 육체적 욕망에서 '즉자적으로' 비롯

---

21. 이종구에 의하면, "친미를 표방하는 기득권 집단과 보수 세력은 식품 안전의 문제를 진보
    와 보수의 대결이라는 이념 대립구도로 바꾸어 놓기 위해 갖가지 무리수를 두고 있다." 이
    종구, 「촛불과 광장의 민주주의」(2008), 216쪽. 같은 맥락에서 김민영도 "보수세력은 촛불
    을 끊임없이 보수-진보의 이념대결로 몰아가려 했지만" 촛불에 참여한 다수는 "이념이 아
    니라 생활의 문제로 접근했다"는 점을 강조하고 있다. 김호기 외, 「촛불, 100일을 말하다
    (좌담회)」, 『한겨레』(2008년 8월 14일자).
22. 소설가 이문열은, 지난 6월 17일 평화방송 〈열린 세상 오늘! 이석우입니다〉와의 인터뷰에
    서 08 촛불에는 "자발성과 순수성을 충분히 위장할 수 있는 분산되고 무형의 비조직적 배
    후세력이 있다"며 "이제 (촛불집회에 대한) 사회적 반작용(의병운동)이 일어나야 할 때"라
    고 말했다. 『프레시안』(2008년 6월 17일자). 또한 전 『월간조선』 사장 조갑제는 촛불을 '반
    정부좌익폭동'으로 규정하여 진압할 것을 정부에 강력 요청하였다. 그에 의하면 촛불은
    반정부 폭동이며 "폭동의 배후 핵심세력은 골수 친북좌익이다." 조갑제, 「반정부좌익폭동
    으로 규정하고 진압해야」(『기자 조갑제의 세계』, 2008년 6월 29일).
23. 이 문제와 관련하여, 이광일은 소위 '촛불시위 배후론'에는 대중이 자기결단을 할 수 없는
    존재라는 점, 따라서 그 어떤 엘리트나 리더들의 지도 혹은 대의를 매개로 해서만 자신을
    표현할 수 있는 '허수아비론'이 깔려 있으며, 그 배후의 혐의는 기존 사회관계에 비판적인
    소위 '익명의 사회 불만자, 빨갱이들'에게 투사된다고 지적하고 있다. 이광일, 「촛불 정치
    와 민주주의, 공화국의 미래」(2008), 56-7쪽.

되는 것으로서 거기에는 이념에서 드러나는 것과 같은 규범적 가치와 연관된 자기성찰이나 자기비판의 계기나 요소가 결여되어 있다고 생각하기 때문인 듯하다.

하지만 이러한 비판적 지적이 모든 이해관계에 해당되는 것은 아니다. 특히 생명 보존과 같은 비물질적 이해관계는 '개체 및 종 보존'이라는 규범적 책무 의식과 밀접히 연결되어 있다는 점에서, 그 내부에는 이미 — 비록 이념에 비할 바는 아니지만 — 즉각적인 반성 및 자각의 계기가 내재되어 있다고 판단된다. 이는 비록 의식적으로 인식되는 것은 아니지만 그렇다고 해서 전적으로 본능적으로 자각한다고 보기는 어려우며, 거기에는 '유사 본능적인' 자각적 인식이 작용하고 있다고 사료된다. 나아가 현실적으로 더욱 중요한 것으로 주목해 보아야 할 대목은, 비물질적 이해관계의 보존이 위태로운 지경에 처했다고 인식되는 경우에 나타나는 구성원 개인들의 반응 및 행태는 실천적 운동의 중심적 동력원으로서의 기능적 측면에서, 적어도 정치적 의식화나 계몽화보다 한층 더 강력하게 작용할 수 있다는 사실이다.

이상과 같은 사항들을 염두에 두면서 08촛불을 해석할 경우, 사회 공동의 이익에 부합하는 사적 이해관계의 관철 및 수호를 위해 촛불을 드는 행위가 이념적 계몽 및 자각을 통해 촛불에 참여하는 행위에 비해 결코 열등하거나 즉흥적이라고 함부로 폄하할 수 없음은 분명해 보인다. 무엇보다 개인이나 집단의 차원에서 자신들의 특정한 '공동 이해관계'가 침해받는다는 것은 곧 기본적 권리가 훼손된다는 것을 가리키는 바, 이러한 부당한 처사에 맞서 그에 대한 유사 본능적 자각을 통해 이의 제기 및 권리 보존의 요구를 내세우는 집합적 행위로서 촛불은, 규범적 관점에서 정당하기 이를 데 없는, 다수 시민들이 정부의 부당한 정책 결정 및 추진에 대해 적극적으로 반대 의사를 표출하는 항의의 몸짓이기 때문이다.

게다가 생명이나 환경, 행복 등의 가치와 관련된 비경제적 · 비물질적 이해관계 유형들은, 그것이 훼손되거나 위험에 처하는 경우 사회적 공공선이나 사회정의의 이념 훼손으로 곧바로 귀결되기 쉽다. 그런 한에서, 비물질적 이해관계의 수호 및 지속적 관철을 위해 촉발된 08촛불은 사회적 공공선의 이념에 합치된다는 점에서 사회윤리 차원에서 정당성을 지닌 실천적 사회운동[24]이라고 또한 평가할 수 있다.

나아가 이념적 성찰에 기초한 강고한 비판적 의식화에 의해 추동되는 촛불보다, 이해관계의 침해 및 훼손에 대한 유사 본능적인 자각으로 인해 촉발된 촛불이 보다 더 견고한 실천적 추진력을 발휘할 수 있다는 점에서도, 08촛불은 현실적 동력원에 있어서 이해관계가 이념에 비해 결코 열등하지 않다는 사실을 입증해 보여 주고 있다. 이 점은 무엇보다 금번 촛불집회에 유모차를 끌고 나왔던 젊은 엄마들의 행태에서 확인해 볼 수 있다. 그들을 집회 현장의 제일선에 나서도록 만든 것은 미국산 쇠고기 수입 재개를 둘러싼 촛불 정국에 대한 치열한 이념적 성찰이라기보다는, 아기의 성장 과정에서 아기의 생명이 광우병 위험에 고스란히 노출될 수 있다는 가능성에 대한 극도의 두려움과 걱정이었다. 곧 광우병에 걸릴 확률은 '벼락에 맞아 죽을 확률보다 작다'는 정부의 거듭된 설득에도 불구하고, 만의 하나라도 그 희생자가 자기 아이가 될 수 있는 개연성이 현존하는 한에서 자신의 생명보다 더 소중한 아이가 불행한 사태에 처하게 되는 최악의 사태를 막아야 한다는 절박한 엄마의 심정이 그처럼 거대하고 무시무시한 경찰의 '물대포'에 당당히 맞설 수 있도록 동기 및 용기를 제공했던 것이다.

---

24. 촛불의 주체가 아직 명확히 규명되지 않은 상태에서, 대중운동이나 민중운동, 혹은 다중운동 등으로 촛불을 규정하는 것은 다소간 시기상조라는 판단에 따라, 이 글에서는 '사회문제의 해결을 위해 행하는 집단적인 활동'이라는 의미의 사회운동 개념을 빌려와 '실천적 사회운동'으로서 촛불을 '잠정' 규정하고자 한다. 이와 관련하여 사회운동 개념에 관한 상세한 논의는 N. Whitter, "Meaning and Structure in Social Movements"(2002), 289-307쪽 참조. 아울러 '시민/대중/다중/민중/군중' 개념을 중심으로 촛불의 주체를 개괄적으로 고찰하고 있는 시도는 이득재, 「촛불집회의 주체는 누구인가」(2008), 98-105쪽 참조.

보수 진영 일각에서는 이와 관련하여, 어린 아기까지 시위 수단으로 이용하는 것 아니냐는 '색깔 논쟁적' 의구심을 표출하기도 했다.[25] 하지만 어린아이를 기르고 있거나 길러 본 사람이라면 알겠지만, '세상에 어떤 부모가 특정한 이념적 목적을 위해 자신의 아이를 수단으로 삼겠는가?' 오히려 자식을 위해 자신의 생명까지 희생하면 했지, 그런 부모는 없다는 것이 일반적인 상식적 견해이다. 그처럼 젊은 아기 엄마들이 촛불 현장에 유모차와 함께 나선 것은, 자신의 몸과 하나였던 분신인 아기의 삶이 미국산 쇠고기 수입으로 인해 전혀 가능할 수 없는 위험 상황에 처할 수 있음에도, 정부가 적극적인 예방 차원에서 광우병 발생의 위험을 원천적으로 차단할 근본 방안을 강구하기보다는, 미국산 쇠고기의 안전성에 대한 거듭된 주장만을 되풀이하고 있는 실태에 대한 — 다소 극단적인 형태로 비칠 수는 있지만 — 결연한 엄마의 항의 및 분노의 몸짓으로 해석되어야만 한다.

이러한 실례에서 드러나듯이, 촛불의 주된 동인으로서 비물질적 이해관계는 그 어떤 치열한 이념적 의식화보다도 한층 강한 실천적 투쟁의 동력원으로서 작용할 수 있다는 사실을 명확히 확인시켜 주고 있다. 동시에 이 지점에서 우리는, 정치적 권력의 부당한 행사나 민의에 거스르는 정책적 결정 및 추진이 이와 같은 본질적인 이해관계의 근본적 훼손과 맞닿을 경우에는, 언제든지 격렬한 항거 및 저항의 몸짓으로 표출될 수 있음을 또한 확인해 볼 수 있다. 이는 이념적 통찰 못지않게 기본적 이해관계 — 특히 사회적 공동선에 합치하는 비물질적 이해관계 — 의 보존에 대한 자각적 요구가 촛불과 같은 실천적 사회운동의 핵심 동력원이 될 수 있다는 것을 말해 준다.

---

25. 가령 조갑제는 어린아이를 데리고 촛불집회에 나온 부모들은 나쁜 일에 이용되지 말아야 할 어린이들을 폭력과 불법에 이용했으며 그런 한에서 "어린이들을 정신적으로 학대한 셈"이라고 질타하고 있다. 조갑제, 「유모차 부모들이 읽어야 할 '어린이 현장'」(『조갑제의 세계』, 2008년 7월 28일).

2) 촛불의 추동력으로서 이해관계의 본질적 한계

앞서 우리는 08촛불은 본래 사회구성원 대다수의 공동의 이해관계에서 촉발되었다는 점을 살펴보았다. 특히 경제적 혹은 물질적 이해관계가 아니면서도 개인들에게 중요한 생명권이나 건강권, 생태계 보전과 같은 비물질적인 이해관계는 사회적 공공선과 같은 중요한 가치 연관적 이념에 부합하면서 촛불의 일차적 동력원으로 작용하고 있다는 점을 고찰해 보았다.

하지만 그렇다고 해서, 이해관계 자체만으로도 보다 공정하고 정의로운 건강한 민주사회가 구현되는 방향과 전적으로 일치하게끔 촛불을 추동시킬 수 있다고 보는 것은 성급한 예단이 되기 쉽다. 만약 그렇다면, 08촛불은 더 강력한 '들불'로 전환되어 나가면서 애초 제기했던 요구사항들을 지금보다도 훨씬 더 성공적으로 관철시키는 성과를 이루어냈어야만 했다. 물론 결과가 그렇다고 해서, 08촛불이 실패했다거나 좌절되었다고 평가하겠다는 것은 당연히 아니다. 그럼에도 08촛불은 애초 제기했던 몇 가지 주요 의제 — 가령 '미친 교육' 반대 — 와 관련해서는 뚜렷한 결과를 이루어내지 못한 것도 부인할 수 없는 사실이다.

이러한 현실과 관련하여, 그렇게 된 데에는 여러 가지 내적 · 외적 요인들이 작용했겠지만, 여기서는 이해관계가 지닌 본질적 한계를 중심으로 그 원인을 드러내 보이고자 한다.

우선, 이해관계는 물질적이든 비물질적이든 그것 자체만으로는 실천적 사회운동으로서 촛불의 '지속적인' 동력원으로 기능하기에는 역부족이며, 그 최종 도달점을 설정하고 전개 방향을 규정짓는 데에서는 결정적인 한계가 있다는 점을 지적할 수 있다. 베버의 이념/이해관계 테제에서도 드러나듯이, 이해관계는 투쟁 및 운동의 촉발제觸發劑는 될지언정 그것이 애초 내세운 특정 목표를 달성하기 위한 도정으로 나가도록 촉진하는 계속적인 동력원으로서의 역할은 만족스럽게 수행하지 못하는 난점을 지니고 있기 때문이다.

　다음으로, 이해관계 중에는 사회적 공동선의 이념에 합치하는 방향으로 촛불이 나아가도록 하는 데 기여하는 것도 있지만, 경제정의와 같은 공공성의 이념과는 배치되는 방식으로 촛불에 역작용하는 이해관계 유형 — 가령 개인 혹은 집단의 기득권과 관련된 이해관계 — 도 존재하는바, 공익과는 무관하거나 그것에 배치되는 결과를 낳을 수 있는 사적 이해관계가 치명적인 저해 요인으로 작용하는 촛불의 경우는, 애초 설정되었던 목표에 다가가는 데 심각한 장애를 일으킬 수 있다는 점을 지적할 수 있다.

　첫 번째 지적과 관련해서, 비물질적 이해관계의 심대한 훼손 가능성에 대한 각성에서 촉발되었던 08촛불은, 그 전개과정에서 이해관계의 중요성에 대한 유사 본능적 자각이 '부분적으로' 여전히 중요한 동력원으로 작용하기도 했지만, 본질적으로 그것이 동력원으로 기능할 수 있었던 것은 거기에 본격적인 이념적 성찰 및 계몽이 더해졌기 때문이었다. 즉, 08촛불은 그 진행 과정에서, 내적 혹은 외적 요인들에 의해 자기반성적 인식 및 계몽적 자기비판이 이해관계와 결합됨으로써 실천적 의제의 확대 및 실질적 관철을 향해 지속적으로 나갈 수 있었던 것이다. 이는 금번 촛불에 대한 실제의 '경험적 사실'을 통해 확인할 수 있었는데, 그에 따르면 이해관계는 그것이 사회적 공동선의 이념과 합치되는 경우에도 그 자체 단독으로는 지속적인 추동력을 산출하는 데 한계를 드러냈으며 또 다른 추동력의 산출 요소인 이념과 결부되어서야 비로소 촛불을 계속해서 전개해 나가도록 만드는 동력원의 기능을 수행할 수 있었다.[26]

　그러나 이 과정에서도 여전히 또 다른 문제가 발생하는데, 이는 — 두 번째 지적 사항과 연결되는 것으로서 — 비물질적 이해관계 못지않

---

26. 이는 '자기계몽의 동학'이라고 이름 붙일 수 있을 것이다. 이병천, 「이명박 정부와 촛불집회」(2008), 118쪽 참조.

게 촛불 주체들의 욕망을 부분적으로 장악하고 있던 또 다른 유형의 이
해관계들이 작용함으로써 촛불이 사회정의나 공공성의 이념을 구현하
는 방향으로 성공적으로 귀착되는 것을 저해하는 요인으로 기능한다는
점이다. 08촛불의 경우에, 한편에서는 비물질적 이해관계의 중요성에
대한 유사 본능적 인식과 거기에 점진적인 이념적 자각이 더해짐으로
써 보다 사회 발전적인 방향으로 촛불을 추동시켜 나가게 하였지만, 다
른 한편에서는 '부동산 투기 소득'이나 '국제중학교 신설'과 같은, 공
적 이익과 대립되는 사적 이해관계가 현실적 촛불 참여자나 다수의 잠
재적 촛불 참여자들의 의식 한 귀퉁이를 여전히 강건하게 장악함으로
써 보다 정의롭고 공정한, 아울러 타인을 배려하고 존중하는 인간적인
사회상의 구현 방향으로 촛불이 나아가는 것을 결정적으로 방해하고
있었던 셈이다. 요컨대 촛불을 통해 제기된 사회적 현안의 해결과 관련
하여, 촛불 주체들 간의 연대의 힘을 불러일으키기보다는, 반대로 서로
대립하고 분열하는 결과를 안겨 주었던 것이다.

　상황이 이러하기에, 사회공동의 이익에 부합하는 사적 이해관계가
침해받을 여지가 있는 경우에는 하나의 연대된 힘으로서 강력한 항의
및 이의제기가 촛불을 통해 표출되었지만, 그렇지 않은 경우에는 무관
심과 방조로 일관해 버리는 사례가 적지 않게 노정되었던 것이다. 광우
병에 대한 두려움과 걱정 그리고 광우병 발생 여부가 완벽히 해소되지
않은 상태에서 미국산 쇠고기 수입을 재개한 정부의 처사에 대한 불만
등으로 인해 쇠고기 수입 반대 촛불에의 참여가 즉각적으로 이루어졌
지만, 자신이나 가족, 친지 등의 이해관계와 직접적인 연계성이 없거나
적다고 보이는 문제에 대해서는 그것이 사회적 공공성의 심대한 침해
로 귀결되는 사안에 대해서조차, 동시에 그것의 궁극적 폐해가 다수의
서민층과 사회적 약자층에 귀결되는 경우에도, 촛불 주체들은 제대로
그러한 문제의 심각성을 인식하지 못하거나 설령 안다고 해도 무관심
내지 침묵으로 방관해 버리곤 했다. 이 점은 08촛불이 한창 뜨겁게 타오

르던 와중에서도 '기륭전자' 비정규직 노동자들이 벌인 힘겨운 단식투
쟁에 대해서는 촛불이 이를 외면해 버렸다는 이승원의 다음과 같은 비
판적 지적에서 확인해 볼 수 있다: "위생과 검역주권, 국민주권, 영토주
권을 위해 거리로 나가 폭염과 폭정에 맞서 싸운 '우리'는 '비정규직'
문제를 '운동권' 중심의 의제이고 따라서 촛불집회에서 크게 다뤄지면
집회가 변질되고 대중으로부터 멀어질 수 있다는 출처 없는 우려 때문
에 외면해버리고 말았다. 그러는 동안, 기륭전자와 함께 (…) 800만 비정
규직들은 관중 없는 경기장에서 국가의 칼을 피해가며 지쳐가고 있었
다."[27]

4. 이념과 이해관계의 상호 보완 및 상호 결합의 필요성

1) 민생과 유리된 이념적 각성에 의한 촛불의 한계

앞에서 우리는 촛불의 동력원으로서 이해관계가 드러내는 몇 가지
결정적인 한계를 살펴보았다. 그렇다면 차라리 '사적 욕망의 추구에 혈
안이 되도록 만드는 그러한 이해관계와 상관없이 이념 그 자체만을 동
력원으로 삼는 촛불이 이해관계가 개입된 촛불보다 규범적으로 더 우
월하고 현실적인 측면에서도 한층 더 강력한 실천적 추동력을 담보하
는 것은 아닌가? 라는 물음을 제기해 볼 수 있을 것이다. 사회적 공동선
과 '우연적으로' 합치하는 비물질적 이해관계를 통해 추동되는 촛불의
경우에도 ― 사회 변혁에 합치하는 방식으로 ― 그것의 지속성과 일관
성, 지향성 등이 보장받기 어려운 상황이니 만큼, 철저한 이념적 각성과

---

27. 이승원, 「대한민국 진실의 순간, '기륭'의 투쟁」(『프레시안』, 2008년 8월 8일자).

자기 성찰적 계몽을 통한 촛불만이 진전된 민주사회의 구현과 사회 구성원 모두의 생명과 건강이 온전히 보장되는 정의사회 실현에 실질적으로 기여하는, '예측 가능한' 실천적 운동의 양태가 될 수 있다는 주장이 제기될 수 있기 때문이다.

하지만 현시점에서, 그러한 물음이나 주장에 대한 답변은 그리 호의적이지 못할 것 같다. 가령 절실한 민생 문제와 직결된 기본적 이해관계의 증진 혹은 훼손과 관련되어 있는 정부 정책이 수립·추진된다고 했을 때, 그 과정에서 일반 주민들의 중요한 실존적 이해관계가 막대한 손실을 입을 수 있을 것이라는 근거 있는 예측을 통해 다수 국민들 사이에서 '이념외적理念外的' 자각이 일어나고 그것이 그러한 정책을 일방적으로 강행하려는 정부 당국의 처사에 대한 '이념내적' 비판과 연결되는 경우, 보다 높은 의식화 수준에서 한층 더 강화된 실천적 투쟁이 전개되어 나갈 수 있는 가능성을 적어도 08촛불은 부분적으로 보여주고 있기 때문이다.

그에 비해, 현실의 생존과 관련된 근본적 이해관계의 훼손이 지닌 본질적 의미에 대한 실존적 자각과 인식이 제대로 이루어지지 않은 상태에서, 오직 공익이나 공공성, 사회정의나 민주주의적 규범적 당위성 등과 같은 이념에의 호소나 계몽적 각성을 통해 정부의 독단적 정책 추진에 대한 항의 및 저항 운동을 추진 전개하는 것은, 이념/이해관계 틀에서 볼 때 매우 어려울 것으로 예상된다. 무엇보다도, 일상의 삶을 영위해 나가는 데 직접적으로 영향을 미치는, 재산상의 손실이나 건강 및 생명에의 위협, 정신적 고통의 심화와 같은 물질적 또는 비물질적 이해관계의 일방적 침해나 손상에 대한 자각적 인식이 선행되지 않는 한, 아울러 그러한 이해관계의 온전한 보존이나 훼손된 이해관계의 원상복구에 대한 자각적 요구 의식이 기본적 요인으로 작동하지 않는 한, 실천적 사회운동으로서 촛불에의 적극적·실질적 참여는 대단히 어려울 것으로 예견되기 때문이다.[28]

이러한 현실은 작금의 한국 사회의 실상을 고려해 볼 때 더더욱 부인하기 어려워 보인다. 현재 한국 사회에는 신자유주의 논리가 개별 사회성원들의 일상적 삶의 현장에 무차별적으로 침투해 들어와 삶의 영위 방식뿐 아니라 의식 구조마저 전일적으로 장악 지배하는 사태가 점차 확산되어 가면서 가시화되고 있다. '돈이면 다!' 라는 천박하기 이를 데 없는 배금주의적 사고방식이 시장과 같은 경제 영역을 뛰어넘어, 각각의 개별 영역을 관할하는 고유한 논리가 작동하고 있는 교육이나 문화와 같은 생활세계의 영역까지 파고들어와 지배적 유일논리로 작용하고 있기 때문이다.

이렇듯 한편으로는 모든 사회영역에서의 신자유주의 논리의 전면적 지배로 인하여, 다른 한편으로는 그러한 논리를 아무런 비판적 성찰 없이 수용한 채 물질적 부만을 추구 증식하는 데 골몰해 온 개인들의 탐욕의 결과로 인하여, 이미 현재의 한국 사회는 지극히 이기적이며 사적인 물적 욕망에 깊숙이 잠식되어 있는 상태에 처해 있음은 그 누구도 부정하기 어렵게 되었다.

물론 이 지경까지 이르게 된 데에는, 이제껏 한국 사회가 이루어 온 민주화의 성과에 고무되어 더 이상 민주화의 퇴행은 없을 것이라고 낙관하면서, 그런 까닭에 이후의 민주화는 민생 민주주의적 요구가 더 많이 반영되고 수용되는 그와 같은 민주화이어야 한다는 일반 시민들의 '사적 이해관계 연관적' 바람도 일정 정도 영향을 미쳤다고 볼 수 있다. 하지만 민생 민주주의적 요구는 단순히 사적 이해관계의 충족이 아닌, 경제정의와 같은 사회적 공동선의 이념과 맞물려 관철되어 나가야만 하는 것이다. 그러나 유감스럽게도 전 지구적 차원의 신자유주의적 세

---

28. 이는 달리 말해서, 고물가와 가중되는 서민생활 고통 등에 대한 저항 및 반대 요구, 즉 '사회경제적 민주주의 요구' 또는 '민생 민주주의 요구'가 전제되는 경우에 보다 적극적으로 촛불에 참여할 수 있는 동기부여가 강해질 수 있다는 것을 말한다. 여기서 사회경제적 민주주의 요구에 관한 논의는 이병천, 「이명박 정부와 촛불집회」(2008), 117-22쪽 참조.

계화와 맞물려, 우리 사회의 경우도 개인들 자신의 물질적 욕망 추구 및 관철에 주안점이 두어진 요구로서 그 의미가 왜곡되어 이해되는 상황에 처하고 말았다. 급기야 그것은 다른 사회구성원에 대한 배려나 더불어 인간답게 살기 식이 아닌, '너 죽고 나 살기' 식의 무차별적 경쟁체제 하의 사적 욕망이나 탐욕의 추구로 결과하기에 이르렀다.

이와 같은 현실을 고려할 때, 개인들의 생존과 직결된 경제적 혹은 비경제적 이해관계를 도외시한 채, 이념적 자각이나 자기 비판적 계몽에 전적으로 의거하여 사회구조적 병폐나 문제점을 비판하고 해결해 나가려는 시도는, 자칫 이상적 공염불에 그칠 가능성이 높다. 비록 개인들의 사적 욕망과 탐욕이 걷잡을 수 없이 판치고 있는 오늘의 한국적 현실에 대한 치열한 규범적 비판과 근본적 자기성찰은 필수적으로 요청되지만, 오로지 그와 같은 이념적 각성이나 계몽만으로는 지금의 신자유주의적 사회질서를 보다 공정하고 정의로운 인간적 질서로 바꾸기에는 역부족인 것처럼 보인다. 사적 이해관계의 보존 및 증대에 몰두하도록 유인하는 개별 구성원들의 욕망 충족 문제를 제대로 고려하지 않거나 경시한 채, 이념 — 즉, 이념에의 호소나 이념적 자기비판 및 성찰 — 을 중심축으로 삼아 국면전환을 꾀하려는 실천운동은 현실적으로 상당한 난관에 봉착하기 쉽기 때문이다.

사정이 이렇다면, 이념은 그 자체만으로는 운동 및 투쟁의 중심적 추동력이 되기 어려워 보인다. 그런 한에서 촛불이 사회발전에 부합하고 기여하는 실천적 운동으로 전개되어 나가기 위해서는 이해관계와 결합되어야만 한다. 이해관계는 사회적 실천 운동의 일차적 동인이자 촉진제는 될 수 있지만 최종적 목표점으로의 인도는 이념에 의존할 수밖에 없는 반면, 이념은 그 자체만으로는 투쟁 및 저항을 지속시키는 중심적 동력원으로 기능하기에는 역부족이기 때문이다.

2) 이념에 의한 이해관계의 조정 및 방향성 규정의 필요성

(1) 이제까지 살펴본 바와 같이, 이해관계뿐 아니라 이념도 그 자체
만으로는 촛불의 성공적인 전개를 위한 주된 동력원으로서 그 기능을
제대로 발휘할 수 없음이 드러났다. 이해관계는 변혁적 운동 및 투쟁의
동인으로서 촉발제 및 단기적인 동력원은 될 수 있지만 그 지향점과 방
향까지 규정지으며 목적지까지 도달하도록 작용하기에는 결정적인 한
계를 드러내며, 이념은 실천적 사회운동의 방향성을 규정짓고 이끌어
나가는 역할을 수행하기에는 탁월하나 지속적인 내적 동력원으로서의
역할까지 떠맡기에는 무리가 따르기 때문이다. 이러한 사실을 고려할
때, 이념과 이해관계는 상호 결합되어야만 한다는 귀결이 이끌려 나온
다. 물론 이때 상호 결합은 양자 사이의 단순한 상호적 연결을 의미하지
않는다. 그것은, 이념과 이해관계가 단독으로 작용할 경우에 드러내는
부족분과 문제점을 서로 보완함으로써 촛불을 지속적으로 진행해 나가
도록, 그것도 설정된 목표점을 향해 나가도록 이끄는 동력원으로 작용
하게끔 하는, 그러한 상호 결합을 가리킨다. 이로부터 베버가 지적한 바
있듯이, 운동을 촉발시키는 이해관계와 그것의 방향성을 제시하는 이
념이 상호 결합하여, 한편으로는 이해관계가 이념에 의해 조정되어 그
지향성이 결정되고, 다른 한편으로는 이념의 지시에 의해 이해관계가
동력원으로 계속 작용하면서 실천적 운동이 진행해 나가게 된다는 사
실을 다시금 확인케 된다.

이와 관련하여, 흔히 08촛불에는 소위 '욕망의 정치'와 '광장에의
참여정치'의 요소들이 혼재되어 있다고 말해진다.[29] 이는, 금번 촛불에
는 촛불 주체들의 두 가지 경향성, 즉 한편으로는 자신들의 사적 이해관
계를 충족하도록 몰두하게 만드는 욕망의 차원과, 다른 한편으로는 사

---

29. 이 점에 대해서는 이병천, 「이명박 정부와 촛불집회」(2008), 112-29쪽 참조.

회공동선 및 사회정의를 지향하고자 진력하는 이념적 계몽의 차원이 상호 얽혀 있음을 가리킨다. 여기서 욕망의 정치가 무차별적으로 비난받거나 문제시되어서는 곤란하다. 원칙적으로 개인의 기본적 권리와 이익을 보존하고 관철하려는 것은 정당한 인간의 요구이기 때문이다. 하지만 그러한 욕망에 기초한 정치적 참여는, 사회적 공공성에 부합하지 않더라도 자신의 사적인 이해관계만 충족되는 상황이 연출될 경우에는 투쟁의 중간에 멈추어 서거나 참여 자체를 철회할 소지가 농후하다. 더불어 그러한 참여는 궁극적으로 참여자들 자신의 개인적 이익의 추구마저도 실패로 돌아가게 함으로써 사적 욕망의 충족을 좌절시키기 십상이다. 가령 사회공동의 이익이 확보되지 않은 상태에서, 특정 계층이나 집단의 이익 실현만이 보장되고 대다수 계층의 이해관계가 침해받는 경우, 불이익을 당한 계층의 반발이나 저항은 계층적 계급적 갈등을 초래할 수 있으며 심할 경우에는 체제 전복적인 운동으로 비화되어 결국 상호 공멸의 상태를 야기하게 됨으로써, 홀로 이득을 취한 특정 계층의 이익마저도 온전히 지켜질 수 없는 상황으로 귀착되기 쉽기 때문이다.

이와 같은 실태를 염두에 둘 때 ― 특정 계층이나 집단에 한정된 이해관계가 아닌 ― 사회공동의 이해관계가 성공적으로 추구되고 실현되기 위해서는, 사적 이해관계 및 욕망은 이념과 반드시 결합되어야만 하며 이념에 의한 제어 및 조정 그리고 그 방향성에 대한 조종은 필수적으로 요청된다고 할 것이다. 그럴 경우에만, 사회적 공동선이나 사회정의와 결부된 방향성 및 지향점을 놓쳐 버리거나 잃어버리기 쉬운 (사적) 이해관계의 한계를 넘어서, 촛불은 애초 의도된 실천적 사회 운동으로서 지속되어 나갈 수 있을 것이다.

그런데 이 지점에서 08촛불을 대중의 욕망(이해관계)에 초점을 맞추어 해명해 보고자 하는 점에서는 이념/이해관계 구도와 일정 정도 유사하지만, 그럼에도 이후 촛불의 지향성 및 방향을 규정하는 대목에서까지 여전히 욕망에 의거하여 그것의 확대 및 질적 전환을 통해 결정되는 것으로 바라본다는 점에서 차이가 나는, '들뢰즈적 욕망론'에 기초한 해석을 검토해 볼 필요성이 대두된다. 왜냐하면 그러한 입장과의 비교를 통해서, 이념 혹은 이해관계 개념들 가운데 하나에만 의존하여 해명하는 방식이 갖는 한계를 살펴볼 수 있기 때문이다.

주지하다시피 들뢰즈적 욕망론에 입각한 반자본적·반국가적 코뮨주의적 해석은, 욕망을 실천적 혁명의 계기로 삼아 그것을 한층 더 저항적인 것으로 증폭시킴으로써 문제시되는 상황을 돌파하여 처음 설정했던 혁명의 목표에 도달할 수 있다고 주장한다. "따라서 문제는 자본과 국가의 권력으로 돌아가는 것이 아니라 그 한계를 부수고 튕겨져 나가는 대중의 욕망을 대중의 직접적인 자기 통치 원리로, 대중의 직접적인 자기 삶의 재구성으로, 반자본과 반국가의 저항적 욕망을 상승시켜 나가는 것이다."[30]

하지만 이러한 욕망의 증폭 및 상승의 방안은 그 방향성과 지향성을 예측하기 어려울 뿐 아니라 경우에 따라서는 자본주의적 욕망의 흐름에 일방적으로 포획되어 '재코드화·재영토화' 될 수 있는 여지를 허용할 가능성이 매우 높다. 그에 비해 이념/이해관계 구도에 의거한 접근방식은 그와 같이 자본의 욕망에 일방적으로 흡수되지 않으면서 끊임없이 자본의 논리에 저항하고 투쟁하는 주체, 그것도 욕망의 주체를, 욕망의 증폭이 아닌 이념적 성찰이나 계몽을 통해 확보할 수 있는 가능성을 제시하고 있다는 점에서, 욕망론적 접근방식에 비해 보다 실천 가능하고 예측 가능한 대안적 전망을 제시할 수 있는 강점을 드러내 보인다.

이념/이해관계 개념틀에 입각한 설명방식과 마찬가지로, 욕망론적 접근방식의 경우도 ― 사회구조적 요인에 의한 것이든 아니면 사회구성원들의 욕망구조에 의한 것이든 ― 본질적으로 이해관계 혹은 그것의 충족을 추구하는 욕망에서 08촛불이 비롯된 것으로 보고 있다. 아울

---

30. 박영균, 「촛불의 이념, '민주공화국'은 우리에게 무엇을 보여주는가?」(2008), 111쪽.

러 그것의 일차적 추동력 역시 주체들의 욕망에서 찾고자 하며, 나아가 이후의 촛불의 행로 및 귀결점에 대한 예측 또한 욕망 및 욕망 주체의 질적 전환에 의거해 제기하고 있다. 하지만 잠시 살펴본 바와 같이, 외적인 자본주의적 욕망의 논리에 일방적으로 포획된 수동적·탐욕적 주체로부터 그러한 상품 논리에서 벗어나고자 하는 전투적·저항적 주체로의 전환을 통해 촛불이 완결될 수 있다는 실천적 전망은 '어떻게 그와 같은 욕망의 전환이 이루어지는가?'에 대한 설명이 빠져 있다.[31] 곧 '한국적 자본주의 체제의 무제한적 욕망을 자발적으로 수용하고 그에 맹목적으로 순응하는 분열적 욕망의 담지자로서의 수동적 주체가, 그러한 분열적 욕망을 성찰하고 신자유주의적 욕망구조에 대항하는 저항적 욕망의 주체로 어떻게 전환될 수 있는가?'의 문제를 제대로 규명해 주고 있지 못하다. 이는 사적 이해관계를 추구하려는 욕망이 탐욕의 수준에까지 이른 분열적 욕망의 주체는 '이념적 성찰 및 각성'을 통해서만 자율적이며 저항적인 주체로 전환될 수 있는 동기 및 계기를 부여받을 수 있다는 설명방식에 의해서만 비로소 그 공백이 메워질 수 있다. 이런 한에서, 08촛불에 관한 한 이념/이해관계 구도에 입각한 분석방식이 욕망이라는 일원적 개념에 기초한 해명방식에 비해 보다 설득력 있는 접근방식으로서의 강점을 지니고 있다고 말할 수 있을 것이다.

　(2) 그런데 이 지점에서 한 가지 의문점이 제기된다. 곧 08촛불의 경우는 이념과 이해관계가 상호 결합되어 동력원을 이루고 있었으며 이념적 각성과 계몽적 의식화가 이루어지면서 이념에 의해 이해관계가 조정되고 인도되어 나가고 있었음에도 불구하고, 기대에 미치지 못한 실망스러운 대목들 또한 적지 않게 드러내 보였다는 사실이다. 이는 어떻게 설명될 수 있는 것인가? 이를 위해서는 촛불의 진행과정을 잠시 다

---

31. 이에 관한 개략적인 비판적 논의로는 전경갑, 『욕망의 통제와 탈주』(1999), 249-55쪽 참조.

시 살펴볼 필요가 있다.

처음 08촛불을 촉발시켰던 일차적 동인으로서 이해관계는 이후 촛불 집회가 본격적으로 자리 잡아 나가는 도정에서 점차 이념과 연계되어 촛불이 보다 많은 주체들 간의 연대성을 매개로 하여 보다 강한 추진력을 갖춘 실천 운동으로 전개되어 나가도록 작용하고 있었다. 그에 따라 비록 그 출발은 광우병 발생 가능성의 원천적 차단을 위한 미국산 쇠고기 수입 반대 요구에서 시작되었지만, 차츰 그 진행 단계에서 그러한 유사 본능적 요구는 '아래로부터의 민의 수렴 과정을 거친 정책 수립 및 추진' 이라는 절차적 민주주의의 이념 등과 연계되어 현 단계 한국 사회의 문제점을 인식하게 되면서, 급기야 단순한 먹을거리 문제에서 탈피하여 이명박 정부의 독선적 권위주의 행태 등은 더 이상 용납되기 어렵다는 이념적 비판의 공감대가 널리 확산되기에 이르렀던 것이다.

그에 따라 촛불에 참여한 다양한 주체들 가운데, 형식적 민주화 이후에 태어난 세대로서 태생적으로 민주주의를 체화한 10대를 비롯한 '새로운 성장세대' 는 위에서부터의 일방적 명령과 정책 추진이라는 독선적 권위주의에로의 역행逆行을 '일상적 삶의 불편함' 으로 곧장 느끼고 있음을 고스란히 드러내 보여 주었다.[32] 또한 과거 민주화 운동을 통해 군사독재체제를 타파하고 민주주의를 쟁취한 386세대를 비롯한 장년세대는 각고의 노력으로 확보한 민주주의 체제를 후퇴시켜서는 안 된다는, (실질적 민주화에 터하고 있는) 시대적 소명의식과 규범적 당위의식에 이끌려 촛불에 자발적으로 참여하고 있었던바, 시대상의 변화와 함께 20대가 아닌 40대 이상의 장년층으로 이루어진 '전대협 동우회' 가 촛불집회의 거리 행진을 진두지휘하고 있는 모습은 촛불이 단순히 특정 세대의 전유물이 아님을 확인시켜 주기도 하였다.

---

32. 이종구도 "광장에서 해방감을 맛본 신세대들은 앞으로 다른 장면에서도 기존 체제의 모든 억압적 구조에 대해 이의를 제기하고 자기주장을 할 수 있다는 자신감을 가지게 되었다" 고 평가하고 있다. 이종구, 「촛불과 광장의 민주주의」(2008), 222쪽.

　　그러나 그러한 성과 못지않게 08촛불은 이념에 의한 이해관계의 조정이 이루어져 나가고 있었음에도 불구하고 그 도정에서 실망스러운 대목들을 연출해 보여주기도 하였다.[33] 예컨대, 생존과 직결된 비정규직 노동자들의 비인간적 삶의 문제나 그와 관련된 집회나 단식투쟁 등에는 촛불의 열기가 그다지 뜨겁지 못했던 것이 피할 수 없는 '진실'이었다. 교육의 공공적 의미와 기능을 회복시키는 정책보다는 강남의 일부 상류계층 아이들에게 더 많은 혜택이 돌아갈 공산이 큰 교육정책을 주된 공약으로 내건 후보가 서울시 교육감 선거에서 승리하는 사건은, 사회적 공동선에 부합하게끔 개인적 이해관계를 조절하고 규제하는 이념적 자각에 기초한 광장에의 참여정치보다는 가족주의적 이기주의에 토대를 둔 사적 욕망의 정치가 적어도 '잠정적으로는' 지배적인 양태임을 보여주는 생생한 실례였다.[34] 이는 촛불을 통해 성숙된 시민의식을 키움으로써 미친 교육을 몰아낼 절호의 기회가 바로 서울시 교육감 선거라고 낙관하면서, 촛불을 통한 사회 변혁적 성과에 기대를 걸었던 많은 사람들에게 커다란 낙담을 안겨주기도 하였다.[35] 그에 따라 촛불에 대해 지나친 낙관이나 과도한 평가는 자칫 극도의 실망감과 함께 정치적 패배주의 혹은 정치적 냉소주의를 불러오는 부정적 사태를 낳을 수

---

33. 하승우는 이를 "거리는 뜨겁게 달궈져 있지만 일상의 장은 여전히 차갑게 식어 있다"라고 표현하고 있다. 하승우, 「촛불의 아름다움과 대안의 삶」(『프레시안』, 2008년 6월 5일자).

34. 촛불이 한창 진행 중인 가운데 치러진 '서울시 교육감 선거'는 '이념과 이해관계의 대결 구도'에서 후자가 승리했음을 보여주는 실례라 할 수 있다. 곧 '강남 주민들의 이익에 부합하는 비전'을 제시한 보수 후보(공정택)가 '교육의 공공성이라는 규범적 당위'를 제시한 진보 후보(주경복)를 눌렀던 것이다. 김종배, 「'반MB 정서'는 그림의 떡」(『프레시안』, 2008년 7월 31일자).

35. 일례로 김종엽은 "촛불은 이미 승리했다"고 주장하면서 "7월 30일 서울시교육감 선거에서 우리는 0교시 수업을 없애는 성과를 얻을 수 있고, 그럼으로써 처음 촛불을 들고 거리에 나선 여학생들에게 보답할 수 있다"는 낙관론을 피력했지만, 유감스럽게도 결과는 반대로 나타났다. 김종엽, 「촛불이 갈 길」(2008), 258-62쪽 참조. 물론 그러한 선거 결과 하나를 놓고 쉽사리 낙담할 필요는 없지만, 08촛불에 대한 지나친 낙관 및 과도한 평가는 자칫 극도의 실망과 함께 정치적 무관심 또는 패배주의로 귀결될 수 있다는 점에서, 08촛불에 대한 보다 신중한 접근방식이 요구된다.

있음을 환기시켜 주었다.

그렇다면 이러한 실태는 이념과 이해관계의 틀을 통해 어떻게 설명될 수 있는가? 이에 대해 간략히 답해 본다면, 현시점에서 08촛불은 이념에 의한 이해관계가 규제되기는 했으나 그것의 지속성과 방향성이 규정되어 계속적으로 촛불의 동력원으로서 작동해 나가는 수준에 이를 정도로 이해관계가 이념에 의해 철저하게 조정되지는 못했다고 봐야 할 것이다. 이는 또한 이념에 의해 통어되지 못할 정도로, 개인적 이해관계를 추구하고자 하는 사적 욕망이 촛불 주체들의 의식구조를 그만큼 강력하게 장악하고 있었다고 볼 수도 있을 것이다.[36] 공통의 이해관계가 아닌 계급적 · 계층적 지위나 신분에 따라 각기 상이하게 드러나는 사적 이해관계의 추구에서 차이가 나고 분열이 일어나고 있었던 것이다.

결국 한편에서는 이념과 이해관계의 내적 연계가 이루어지고 있었으나 전자에 의해 후자가 적절히 통어되지 못했으며, 다른 한편에서는 사회적 공공성에 부합하는 이해관계와 사적 욕망으로 분출되는 이해관계가 상호 혼재되어 촛불 주체들에 내재되어 있었던바, 그에 따라 이해관계의 공통성이 강할 경우에는 그것이 외견상 하나의 연대적 힘으로 드러났지만, 그렇지 못한 경우, 즉 공통성이 서로 상반되는 경우에는 밀집된 추동력으로 표출되지 못한 채, 전혀 반대의 양상을 보여주었던 것이다.

실상이 이와 같다면, 이번 08촛불은 이해관계와 이념 사이의 내적 연계성에 있어서 그 밀도나 이념적 자각화의 정도가 아직은 심화되지 못했으며, 이해관계 추구를 우선시하고 그것의 관철을 지향하는 사적 욕망이 이념적 의식화에 앞서 있다고 봐야 할 것이다. 이는 이후 촛불의 미래와 그 성공 여부가 보다 철저한 이념적 통찰과 계몽에 달려 있다는 것을 말해 준다.

---

36. 이에 관한 보다 구체적인 언급으로는 하승우, 「촛불의 아름다움과 대안의 삶」, 『프레시안』 (2008년 6월 5일자) 참조.

5. 맺는 말: 이념/이해관계 간 상호 결합 및 내적 규정에 기초한 촛불의 발전적 진화 가능성

지금까지 이념/이해관계의 이원적 개념틀에 입각하여 살펴본 바와 같이, 08촛불은 비경제적·비물질적 이해관계의 치명적 훼손에 대한 염려와 공포, 아울러 그러한 기본적 이해관계를 보장해 주어야 할 책무가 있는 정부의 무책임한 대처에 대한 불만과 분노감에서 비롯되었지만, 차츰 지속적인 자기성찰과 자기비판을 통해 이해관계가 이념에 의해 적절히 조정·제어되면서 이념적으로 계몽된 촛불로 전환되어 나갔다. 물론 그렇다고 해서, 촛불에의 참여 주체들 모두가 이념적 각성을 통해 자각된 주체로 거듭 태어난 것은 아니었다.[37] 곧 이제껏 지속된 촛불의 한편에는 이해관계의 즉자적 관철을 욕망하는 — 따라서 지배계급에 의해 쉽사리 조종·통제되는 — 수동적 대중의 양상이 여전히 끈질기게 잔존해 있는가 하면, 다른 한편에는 그러한 욕망을 이념적 성찰을 통해 적절히 통어하면서 사회적 공동선의 이념에 부합하는 방향으로 촛불을 추동시키고자 진력하는 자율적 실천적 민중의 양태가 자리하고 있기도 하다. 이처럼 08촛불에는 대중의 수동성과 민중의 능동성이 동시에 내재되어 있다.[38]

---

[37] 이와 관련하여, 가령 이진경은, 08촛불의 주체는 접속과 소통, 공유에 의해 작동하는 대중적 지성으로서, 기존의 전문가지성을 능가하는 주체적 자율적 역량을 지닌 주체이며 이들이 "근대적 정치를 넘어 자신의 사유와 행동으로 자신의 삶을 만들어가는 정치의 장을 활짝 열었다"고 극찬하고 있다. 이진경, 「촛불은 '근대의 벽'을 넘는 과정」(『한겨레』, 2008년 8월 8일자). 하지만 이러한 관점은 08촛불을 주도하는 주체의 양면성 가운데 지나치게 긍정성에만 초점을 맞춘 것으로서, 주체의 부정성과 한계는 시야에서 놓치고 있다.

[38] 이러한 사실을 고려할 때, 08촛불에 대해 다양한 해석 가운데 금번 촛불에 대해 지나치다 할 만큼 이념적으로 각성되고 계몽된 촛불로서 해석 평가하는 시도는 촛불의 긍정적 측면과 성과를 보여주는 데는 나름의 탁월성을 발휘할 수 있으나, 촛불에 내재되어 있는 욕망이나 탐욕과 같은 부정적인 요인을 드러내 보이는 데에는 결정적 한계가 있다고 생각된다. 그에 따라 그러한 접근방식은 이후의 촛불 전망에 대해서도 지나치게 낙관론적 견해를 보이기 쉽다.

그러므로 현재 잠시 숨을 고르고 있는 08촛불은, 이념적 각성과 계몽적 의식화가 어느 수준까지 이루어질 수 있는가, 그럼으로써 이념이 이해관계를 성공적으로 제어하고 이끌어 나갈 수 있는가에 따라 그것의 지속적 전개와 애초 설정된 목표에의 도달 여부가 궁극적으로 결정될 것으로 보인다. 여기서 이념적 성찰과 계몽적 성숙이 결정적이라는 것은, 그것이야말로 사적 이해관계의 관철에 대한 (유사) 본능적 욕망의 수준을 뛰어넘어 공적 이해관계의 중요성을 인식하게 해줄 뿐 아니라, 그것의 훼손을 방지하고 보장해 줄 것을 정부에 적극적으로 요구하는 과정에서 빚어질지도 모를 민주주의의 퇴행을 비판적으로 인식하도록 해주며, 나아가 민주주의를 온전히 지켜내려는 실천적 투쟁력을 지속적으로 담보해 주는 역할까지 수행하기 때문이다.

이렇듯 08촛불은, 이후에 민생 민주주의적 요구사항이 만족스럽게 충족될 뿐 아니라 탈권위주의적·실질적 민주화가 차질 없이 진척되는 그러한 사회를 향한 '운동의 정치'로서 자신의 역할을 차질 없이 완수해 내기 위해서는, 무엇보다 촛불에의 참여 주체가 그러한 운동을 주도적으로 이끌어 나갈 수 있는 자각되고 성숙된 자율적 실천주체로의 전환이 보다 강도 높게 이루어져야만 할 것이다. 이것이 제대로 이루어지지 못할 경우, 촛불에의 참여 주체들은 사안에 따라 사회공동의 이익에 대립하는 사적 이해관계의 충족 및 관철에 안주하는 수동적 개인에 머무름으로써, 실천적 시민운동으로서 촛불은 사회적 공동선의 실현이 보장되는 보다 정의롭고 건강한 민주사회를 향한 발전적 궤도로부터 쉽사리 이탈할 수 있을 것이다.

말할 것도 없이 08촛불은 이와 같은 내적 계기에 의해서만 재차 발화되거나 또는 중도에 잠잠해져 버리고 하는 것은 아니다. 거기에는 내적 요인이 작용하도록 자극하는 외적 조건과 요인이 또한 존재하고 있다. 그렇다면 이 시점에서, 08촛불이 다시 타오르거나 보다 더 거센 촛불로 번질 수 있도록 만드는 외적 상황이나 조건으로는 어떤 것을 생각해 볼 수 있는가?

　　우선, "민주주의가 도대체 먹고 사는데 뭘 해주었느냐?"라는 일반 시민들의 푸념 및 조소에서 드러나는, 구성원 개개인의 생존과 직결된 민생 민주주의적 요구사항들이 만족스럽게 충족되지 못한 상황에서 소수 기득권층과 부유층의 이해관계를 주로 대변·고수하는 정책을 정부가 강행하면서, 다수의 빈곤 및 서민 계층의 기본적 이익과 생활적 어려움을 제대로 배려하지 못한 채 방임하거나 방치하는 경우를 떠올려 볼 수 있다. 이러한 상황은, 곧바로 사회적 약자계층을 비롯한 다수의 구성원들에게 기본적 욕망 충족의 좌절(감)을 안겨주어 정부 및 정부 시책에 대한 극도의 실망 및 불신을 초래함과 동시에 그에 따른 계급적 계층적 의식의 차원에서의 이념적 각성과 비판적 성찰이 이루어지도록 하는 계기로 작용함으로써 그 어느 경우보다 치열한 저항적 촛불로서 발화할 가능성이 크다.

　　다음으로, "먹고 사는 문제 못지않게 살아가면서 소중한 것이, 소신껏 말하고 비판하며 양심에 따라 결단하고 행동할 수 있는 개인의 기본적 권리 및 자유 아니겠는가?"라는 반문에서 읽혀지는, 필수적이며 기본적인 민주주의적 요구사항들이 개별 구성원들을 충분히 만족시킬 정도로 실질적 민주화의 수준이 지속적으로 유지되거나 진척되지 못하는 상황이나 그러기는커녕 반대로 민주주의의 퇴행이나 후퇴를 초래하는 사태로 인해 — 먹고 살기 힘든 데서 오는 생활적 불편함 이외에도, 자신의 기본적 권리와 자유가 제약됨으로써 오는 — 삶의 불편함을 절실하게 느끼고 비판적으로 인식하게 되는 경우를 또한 들 수 있다. 이러한 경우에도 촛불은 이념적 자각이나 성찰적 자기비판에 의한 문제의식의 확산을 통해 그 어느 때보다도 한층 더 강화된 적극적인 참여 민주주의적 촛불로 재발화되어 걷잡을 수 없는 들불로 번져나갈 가능성이 매우 높다 할 것이다.

　　물론 이때 촛불의 크기나 세기, 지속성과 설정된 목표점에의 귀착

여부 등은 이념과 이해관계, 양자 간의 상호 보완성의 정도 그리고 이념에 의한 이해관계의 제어 및 조정 수준, 즉 이념적 각성 및 계몽의 수준에 달려 있다. 요컨대, 한편으로는 공적 이익에 반하는 사적 이해관계의 관철 욕망을 적절히 통어하고 사회적 공동선 및 사회정의의 이념에 부합하는 방향으로 촛불을 이끌어 나가는 역할을 이념이 제대로 수행하고, 다른 한편으로는 애초 의도된 지향점이나 방향을 향해 촛불이 차질 없이 나가도록 하는 데 있어서 이념에 의해 조정되는 이해관계가 그 동력원의 기능을 원활하게 수행하는 경우에 한해서, 08촛불은 — 지금까지 보여준 성과 및 강점에도 불구하고 그것이 지닌 한계로 인해 잠정 결과 되었던 — 미완의 상태로부터 벗어나 보다 완결적 형태의 촛불로 거듭날 수 있을 것이다. 동시에 이념과 이해관계가 각각에 부여된 역할과 기능을 제대로 이행하지 못할 경우에는, 그 반대의 결과가 초래될 수 있을 것이다.

사정이 이와 같으므로, 08촛불의 의의와 성과는 마땅히 평가해 주어야 하지만 촛불에 대한 지나친 낙관과 기대는 지양될 필요가 있는 것이다. 현재 08촛불에 대해서는 다양한 해석과 평가가 난립하고 있지만, 전반적으로는 긍정적 평가를 넘어 지나치다 할 만큼 우호적이며 낙관적인 기대가 주조를 이루고 있다. 분명히 08촛불은 그러한 평가를 받을 자격을 갖추고 있다고 보인다. 하지만 향후 촛불의 행로에 대해 지나치게 낙관적으로 전망하고 기대하는 것은 보다 신중할 필요가 있다. 08촛불은 무한한 가능성을 내포하고 있지만, 분명 그 한계 또한 내장하고 있기 때문이다.

참고 문헌

강내희, 「촛불정국과 신자유주의 — 한국 좌파의 과제와 선택」, 『문화과학』 55호, 문화과학사, 2008.

경향닷컴 촛불팀, 『촛불, 그 65일의 기록』, 경향신문사, 2008.

김상곤, 「촛불 정국의 역사적 성격과 위상」, 권지희 외, 『촛불이 민주주의다』, 해피스토리, 2008.

김종배, 「'반MB 정서'는 그림의 떡」, 『프레시안』(2008년 7월 31일).

김종엽, 「촛불이 갈 길」, 권지희 외, 『촛불이 민주주의다』, 해피스토리, 2008.

김종엽, 「촛불항쟁에 대한 중간고찰」, 『프레시안』(2008년 6월 11일).

김형배, 「로또냐 민주주의냐」, 『한겨레』(2008년 8월 26일).

김효진, 「"'미친 소'는 문제가 아니다"」, 『프레시안』(2008년 6월 16일).

들뢰즈, 질/가타리, 펠릭스, 『천 개의 고원』(김재인 역), 새물결, 2003.

박영균, 「촛불의 이념, '민주공화국'은 우리에게 무엇을 보여주는가」, 남구현 외, 『2008 촛불의 정치 — 대한민국은 민주공화국이다?』, 메이데이, 2008.

레이몽, 윌리엄, 『독소: 죽음을 부르는 만찬』, 랜덤하우스, 2008.

윤여일, 「촛불, 자신과의 승부로 접어들다」, 권지희 외, 『촛불이 민주주의다』, 해피스토리, 2008.

이광일, 「촛불 정치와 민주주의, 공화국의 미래」, 남구현 외, 『2008 촛불의 정치 — 대한민국은 민주공화국이다?』, 메이데이, 2008.

이득재, 「촛불집회의 주체는 누구인가」, 『문화과학』 55호, 문화과학사, 2008.

이병천, 「이명박 정부와 촛불집회」, 권지희 외, 『촛불이 민주주의다』, 해피스토리, 2008.

이승원, 「대한민국 진실의 순간, '기륭'의 투쟁」, 『프레시안』(2008년 8월 8일).

이재영, 「지금은 계속운동이다」, 권지희 외, 『촛불이 민주주의다』, 해피스토리, 2008.

이진경, 「촛불은 '근대의 벽'을 넘는 과정」, 『한겨레』(2008년 8월 8일).

장은성, 『프리온 — 광우병의 정체』, 한국학술정보, 2008.

전경갑, 『욕망의 통제와 탈주』, 한길사, 1999.

정대화, 「촛불항쟁과 현단계 한국민주주의의 과제」, 권지희 외, 『촛불이 민주주의다』, 해피스토리, 2008.

조갑제, 「반정부좌익폭동으로 규정하고 진압해야」, 『기자 조갑제의 세계』(2008년 6

월 29일).

조갑제, 「유모차 부모들이 읽어야 할 '어린이 헌장'」, 『기자 조갑제의 세계』(2008년 7월 28일).

콜부룩, 클레어, 『들뢰즈 이해하기』(한정헌 옮김), 그린비, 2007.

하승우, 「촛불의 아름다움과 대안의 삶」, 『프레시안』(2008년 6월 5일).

Schlosser, E./Wilson, C., *Chew on This*, Penguin Books, 2006.

Weber, M., *Die Wirtschaftsethik der Weltreligionen, Gesammelte Aufsätze zur Religionssoziologie* 1, J. C. Mohr, 1988.

Whitter, N, "Meaning and Structure in Social Movements," D.S. Meyer/N. Whitter/B. Robnet (eds.), *Social Movements: Identity, Culture, and the State*, Oxford University Press, 2002

Singer, P./Mason, J., *The Ethics of What We eat: Why Our Food Choices Matter*, Rodale, 2006.

2008 촛불은 진정 우리 사회의 민주적인 변혁과 자기성찰을 이끌 힘인가?

대의민주주의의 위기와 대중의 자발적인 주권의식의 고양을 중심으로

임경석

한양대학교

임경석 한양대 및 홍익대 철학 강사. 독일 튀빙겐대학에서 철학박사학위를 받았으며, 주요 논문으로는 「세계화 시대의 국가철학의 원리: 보조성」, 「한나 아렌트, 탈정치화와 삶의 형태로서 정치」, 「세계화 시대의 정의 ─ 분배정의와 전지구적 법질서를 중심으로」, 「마르크스와 엥겔스가 남긴 지적 유산의 전승역사」 등이 있음.

1.

이 글의 목적은 우선 현재 진행형인 2008촛불[1]에 대한 예비적인 평가와 더불어 기존의 촛불운동들과 구분되는 그 고유한 특성과 상징적인 성과들을 자리매김해 보려는 것이다. 아울러 본고는 향후 이 촛불이 우리 사회의 보다 긍정적인 사회구조 틀의 변혁과 사회구성원들 모두가 성숙한 민주시민으로서 자기성찰을 위한 지속적인 추동력이 되기 위해서는 어떤 핵심적인 요소들이 보완되어야 하며, 더불어 미처 예상하지 못했던 문제점들에 대한 대안과 극복의 노력이 요구되어야 하는지도 함께 살펴볼 것이다.

주지하다시피 한미 FTA 협상을 둘러싼 첨예한 찬반 논쟁 가운데, 지난해 4월 17일 한미 FTA의 선결조건으로 타결된 쇠고기 협상에 따라 미국산 쇠고기의 수입 중단 조치는 철회되었다. 현재 원한다면 누구나 수많은 대형점포들에서 미국산 쇠고기를 구입할 수 있다. 그렇다면 미국산 쇠고기에 대한 수입 반대로 불타올랐던 2008촛불은 결국 아무런 성과물도 없이 실패한 사건인가? 단도직입적으로 말해 나의 답변은 '아니다' 이다. 왜냐하면 지난 5월 2일 청계광장에서 처음 타오른 촛불은 그 외적인 규모에서 분명 축소되었지만, 우리 모두의 의식 속에는 그 열기가 지금도 여전히 뜨겁게 타오르고 있고 앞으로도 유사한 사회문제들이 불행히도 등장하게 된다면 대항하는 대응모델로 지속적으로 불타오를 것이기 때문이다. '광우병'[2]과 관련해 미국산 쇠고기 수입 반대로 시

---

1. 2008촛불은 촛불문화제, 촛불집회, 촛불시위, 촛불봉기 및 촛불혁명 등 다양한 명칭으로 불리면서 변화해 왔다. 이하 '2008촛불 혹은 촛불집회' 로 통칭할 것임.
2. 2008년 12월 현재 인간 광우병 환자는 영국 164명, 프랑스 23명, 스페인 5명, 아일랜드 4명,

작되었던 2008촛불은, 그 구호와 요구사항뿐만 아니라 전개과정에서 변모되고 확장된 의제들로 미루어볼 때, 과거의 촛불집회들과 달리 진화론적인 성격이 강할 뿐만 아니라 돌연변이적인 특성도 지닌 자생적인 운동인 것이다. 특히 이번 촛불은 식생활과 건강권 수호처럼 개별 시민들의 일상생활과 밀착된 생활세계적인 문제의식과 더불어 자신과 가족의 식품안전과 예방보호라는 본원적인 이기심과 연관된 생존권으로서의 권리의식 그리고 무엇보다도 이명박 정부의 일방적인 의사결정과 굴욕적인 외교협상에 분노해 대항한 민주시민의 주권의식 등과 같은 의제들이 중첩된 집회다. 뿐만 아니라, 집회참가자들의 성격도 대단히 흥미롭다. 최초 주체로서 재기 넘친 자기발언을 주도했던 10대 중·고등학생들, 여러 동호회회원들과 주부들의 장바구니부대나 유모차부대,[3] 대학생들, 직장인 넥타이부대, 노동계, 종교계 및 각개 시민운동권 진영 등 실로 다채로운 구성원들이 함께 어우러진 이번 집회의 주체는 그렇다면 과연 누구인가? 대중인가, 다중인가, 아니면 폭민인가?[4] 이 밖에도 이번 집회는 아래와 같은 많은 의문들에 대한 답변들이 요구된다. 만일 2008촛불집회의 실질적인 주체세력이 불명확하다면, 이 집회를 지속적으로 진행시킬 수 있었던 자발적인 추동력은 무엇인지도 살펴보아야 할 것이다. 또한 얼핏 그 표면적인 투쟁목적의 실패에도 불구하고, 이번 촛불이 지닌 구체적인 성과가 무엇이며 향후 보다 성숙된 민주적인 시민사회의 형성에 어떤 교훈과 반성이 요구되고 있는지 살펴볼 필요가 있다. 끝으로 과연 이번 촛불은 한국 민주주의의 지속적인 발전에 있어 87년 6월 민주항쟁의 연속선상에서 바라볼 수 있는 "이정표적인 사건"[5]

미국 3명, 네덜란드와 포르투갈 각각 2명, 일본, 이탈리아, 캐나다, 사우디아라비아에서 각각 1명이 발생한 상태이다(http://www.eurocjd.ed.ac.uk/vcjdworldeuro.htm).

3. http://cafe.daum.net/Umom.

4. 이득재, 「촛불집회의 주체는 누구인가」, 『문화/과학』 55, 2008 가을, 98-105쪽; 정인경, 「새로운 주체성에 대한 탐구: 빠올로 비르노의 '다중' 개념을 중심으로」, 『진보평론』 37, 2008년 가을, 10-22쪽.

인가? 만일 그렇다고 한다면, 어떤 점들이 그러한 주장에 힘을 실어줄 수 있으며, 어떤 요소들과 양상들이 그러한 주장의 무게감을 상실케 하는지 함께 논해 볼 필요가 있다.

2.

2008촛불집회에 대한 진보진영과 보수진영 간의 평가는 극명하게 대립하고 있다. 최근 뉴라이트로 대변되는 보수진영의 일각에서는 이번 집회가 일부 과격단체나 반정부 인사들의 배후조종에 의해 거짓과 선동 그리고 불법과 폭력이 난무하는 거리시위에 불과하며, 조정력과 협상력마저 결여한 사회적 배제집단이 현 정권에 대항하려는 불순한 의도를 지닌 정치적인 불장난쯤으로 치부하고 있다. 무엇보다 보수진영은 불법적인 폭력시위에 따른 직·간접적인 사회적 비용의 증가 및 국가 이미지의 대외적 실추 그리고 주요 국책과제의 지연 등[6]으로 인해 막대한 손실을 입고 있다고 강조하고 있다. 이 점과 관련해, 현 정부는 2008촛불에 대해 시종일관 크게 세 가지 점에서 평가하고 있다. 그 입장을 요약하면 다음과 같다.

우선 현 정부는 이번 집회의 근본적인 발생원인과 현행 정국불안의 근원적인 책임을 이전 정부의 무능 탓으로 돌린다. 이러한 소위 '미루기론'을 통해, 이명박 정부는 시종일관 미국산 쇠고기 수입의 멍에를 노무현 정부가 해결 수습하는 대신 뒤처리만 자신들에게 들씌웠다고 주장한다. 지난 10년 동안 집권했던 두 정권들은 한미 FTA와 관련된 통상교섭의 마무리를 의도적으로 회피했고, 그에 따라 현 실용주의 정부

5. 최장집, 「한국 민주주의의 과제」, 『경향신문』, 2008. 6. 16.
6. 한국경제연구원(keri), 『촛불시위의 사회적 비용』, 한국경제연구원, 2008. 9-13쪽.

는 단지 설거지만 하고 있을 뿐이라는 것이다. 한편, 이명박 대통령은 취임 얼마 뒤에 미국을 방문한 자리에서 기존 대통령들과 달리 부시의 휴가지에서 그와 함께 골프용 카트를 타며 친밀성을 과시하는 등 파격적인 대접을 받았다. 하지만 현 정권은 그에 대해서는 홍보에 열을 올리면서도 정작 미국산 쇠고기 수입과 관련해서는 국민들의 합의를 얻기 위한 설득과 토론 과정을 무시함으로써 대내외 협상능력 부재와 굴욕외교라는 국민들의 성난 비판에 직면하게 되었다. 따라서 현 정권은 '잃어버린 10년' 운운하며 국정파행에 대해 책임을 회피하기보다 진정한 자기반성부터 먼저 수행해야 할 것이다.[7] 2007년 12월 대선과 2008년 4월 총선의 결과는 지난 잃어버린 10년에 대한 국민의 정치적 심판일 수 있을 뿐, 결단코 현 정부가 보여준 오만과 실책에 대한 변명이나 용서의 구실일 수 없다.[8]

둘째, 현 정부는 이번 2008촛불의 정치적인 의미확대의 근본 원인이 언론을 통한 허위사실 유포나 '인터넷 괴담' 때문이라고 주장하고 있다. 무엇보다 정부는 MBC 〈PD수첩〉에 방영된 다우너 소에 대한 공포 이미지와 '크로이츠펠트 야콥병(CJD)'과 '변종 크로이츠펠트 야콥병 (vCJD. 소위 인간광우병)'의 의학적 차이에 대한 의도적 눈감음이 있었음을 시종일관 부각시켜 왔다. 더불어 방송물에 대한 사법적인 고소와 고발은 현재 공영방송물에 대한 자체 검증시스템을 묵살하고 검찰을 통한 처벌과 감시라는 새로운 사회이슈를 등장시키고 있다. 또 다른 주목할 점은 이러한 사태와 관련해 파생된 일련의 주장들이 광우병의 위험에 대한 사실보도 차원의 규명을 넘어 보수와 진보 양 진영 간에 자료조작과 악의적인 허위사실 유포라는 비생산적이고 본질에서 벗어난 소

---

7. '5월 22일 첫 번째 대국민 사과'와 '6월 19일 두 번째 대국민 사과' 그리고 여러 차례에 걸친 대통령의 대국민 사과는 도대체 왜 필요한 것인가?
8. 6월 31일 서울시교육감 선거에서 공정택 후보가 당선된 것은 현 정부의 공교육 개혁요구를 서울시민들이 승인한 것으로 보아야 할 것인가?

모적인 말싸움만을 부추겼다는 점이다. 하지만 분명한 사실은 광우병 쇠고기가 매우 위험하며, 미국산 쇠고기가 결단코 이러한 위험으로부터 안전하지 않고, 현 정부의 예방 조치들 또한 미흡하고 허점투성이라는 점이다. 이번 집회에서 "뇌송송 구멍숭숭"이라는 패러디된 구호가 등장했던 것은 단지 불온한 허위사실의 유포에서만 비롯된 것이 결코 아니다.

한 여중생은 자유발언대 앞에서 집회 참석 이유를 "나는 내가 사랑하는 연예인이 광우병에 걸리는 것을 결단코 막기 위해"라고 밝혔다고 한다. 하지만 누구도 이 여학생의 사적인 외침을 2008촛불의 시발점으로 삼아 폄하하려 해서는 안 될 것이다. 만일 누군가가 유사한 예들을 제시함으로써, 이번 집회가 허위보도에 현혹된 10대들의 비합리적이고 충동적인 돌출행동일 뿐이며 더 나아가 불법적이고 폭력적인 시위를 주도하려는 불순한 세력들에 현혹된 현상일 뿐이라고 주장하려 한다면, 그는 이번 촛불이 지닌 새로운 운동으로서의 성격과 특성을 왜곡하고 그것의 파급효과와 추동력의 심각성을 우롱하는 우를 범하는 것이다. 그런데 이명박 대통령의 "소비자가 사먹지 않으면 된다"는 대국민 발언이나 여당 국회의원의 "광우병에 걸린 소도 안전하다"는 발언은 도대체 무슨 우스갯소리인가? 분명, 광우병은 인체에 치명적이며, 현재 잠복기가 오랜 질병으로서 적극적인 예방 정책이 요구되는 것이다. 따라서 국민들의 건강과 안전한 식생활의 확립을 위해서는 그에 대한 정책입안자들의 근본적인 인식과 처방으로서 '예방의 원칙'이 요구된다는 점을 명심할 필요가 있다. 아울러 언론 역시 공중보건이라는 공적인 틀 속에서 올바른 정보공개에 힘쓰고 공기公器로서 '공지성의 원칙 principle of publicity'[9]을 준수해야만 할 것이다. 그럼에도 불구하고 이번에 발생한 일련의 미국산 쇠고기 수입과 관련된 사태들은 정부와 그 내부

---

9. J. Habermas, *Strukturwandel der Öffentlichkeit*, 178-95쪽.

의 소수 외교정책입안자들 그리고 언론 간의 결탁과 정보 독점과 같은 파행국면을 초래함으로써 권력의 상호견제 혹은 권력 분립을 통한 대화와 타협의 가능성에 대해 심대한 우려와 회의를 증폭시켰다. 무엇보다 유언비어 유포라는 현 정부의 억지 비판은 역으로 지식과 정보를 독점한 정부가 국민의 알권리와 '공지성의 원칙'을 철두철미 무시했고, 여론형성과 합의를 통해 민의를 수렴하려는 기본적인 업무수행의 원칙마저도 무시한 것이다. 향후 중요한 국가정책이나 의제들과 관련해 이처럼 기본적인 원칙이 받아들여지지 않는다면, 과연 현 정부가 지난 정권을 비난할 자격이 있는지 의심스러울 뿐이며 일방통행적인 업무수행을 빗대어 언급한 잃어버린 10년에 대한 타산지석은 무엇이란 말인가?

셋째, 현 정부는 이번 촛불을 친북용공세력에 의한 폭력사태로 몰아가며 억압하려는 구태의연한 모습마저 보이고 있다. 얼마 전 조계사를 나온 광우병 대책위원회에 속한 5인에 대해 체포와 구금 및 법률적 처벌과 관련하여 불법집회주동자로 해석한 것은 과연 현 정권이 헌법 제21조에 명시되어 있는 국민의 기본권인 "집회와 시위 그리고 표현의 자유와 사상의 자유"와 관련해 어떤 시각과 의도를 지니고 있는지 심히 암울할 따름이다. 결국 2008촛불은, 현 정부의 표현에 따르면, 좌파성향의 이데올로기적 사회불만 세력들과 소수의 노숙자, 무직자, 전과자들 그리고 비정규직의 일시적인 분노와 부화뇌동일 따름이다. 필자는 공안정국과 관련한 향후 문제점들과 이에 따른 검찰과 정부정책의 편협성에 대해 기회가 있다면 다른 자리에서 논하도록 하겠다.

현 정부는 '경제 살리기'는커녕 연 7% 성장, 1인당 국민소득 4만 달러 시대, 세계 7대 강국으로의 도약이라는 소위 '747공약'을 폐기하더니, 급기야 과거의 공안정국을 조장하는 태도로 급선회하고 있다. 그러면서 1,000명이 넘는 촛불참가자들에게 불법시위라는 명목으로 100만 원에서 500만 원까지 벌금폭탄을 부과할 것으로 예상되고 있으며, 평화적인 촛불집회를 불법집회나 시위로 규정해 진압할 수 있는 1,700명 규

모의 특수 '경찰 기동대'의 발족, 검찰을 동원한 〈PD수첩〉 강압조사와
징계, 인터넷포털 다음Daum에 대한 세무감사와 벌금부과, 조·중·동
불매운동을 전개한 네티즌들에 대한 수사와 출국금지, 국정원, 감사원,
검찰, 국세청, 방송통신위원회 등 주요 권력기관을 총동원한 정연주
KBS 사장 해임, 공기업선진화추진위원회를 통한 공기업의 대안 없는 민
영화, 금산분리 완화, 출자총액제한제도 폐지, 종부세 및 부동산세제정
책과 관련된 입법의 전면적인 폐지, 자율화라는 미명 아래 경쟁을 부추
기는 교육 정책 도입 등 수많은 영역에서 민주적이고 자유로운 의사소
통과 토론을 대신해 획일적인 명령과 강압적인 감시의 후진정치로 퇴
행 중이다.

요약하면, 앞서 언급한 정부의 이러한 세 가지 평가방식에 저항하
는 사람들은 2008촛불집회를 현 정부의 비민주적인 의사결정과 굴욕외
교에 대항한 민주시민의 공적이면서도 자발적인 권리, 즉 시민 불복종
혹은 저항권으로 평가한다. 다시 말해, 이번 촛불의 참여자나 옹호자들
은 그 출발점과 목표점을 다름 아닌 시민들 스스로 건강권, 생존권, 자
주권 그리고 넓은 의미의 삶의 자율권을 수호하려는 자발적인 참여민
주주의 운동의 일환으로 평가한다. 그렇다면 이번 집회의 참여주체에
대한 성격규명과 계속해서 진화하고 있는 다양한 촛불주제들의 전개방
식 그리고 촛불이 계속 진행될 것인지에 대해 주목하면서 이러한 평가
를 좀 더 자세히 살펴보도록 하자.

3.

2008촛불 집회는 분명 몇 가지 점에서 기존의 시민운동과 구분되는
몇 가지 고유한 특징들을 지니고 있다. 우선, 이번 촛불은 실질적인 집

회의 주체나 지도부 그리고 준비된 운동의 일정한 형식이나 의제가 부재했다는 점이 주목될 수 있다. 지난 5월 8일 여러 시민단체들과 인터넷 커뮤니티로 구성된 소위 '광우병위험미국산쇠고기전면수입을 반대하는 국민대책위원회'가 꾸려졌고, 이 위원회가 형식적인 지도부로서 희생적인 활동을 수행했지만 결코 실질적인 지도부는 아니었다. 특히 촛불집회의 시동을 걸었던 미국산 쇠고기 수입 문제는 곧바로 2MB 정권의 공교육 자율화정책, 한반도 대운하 건설, 공공재인 물, 가스, 전기와 의료의 민영화 그리고 공기업의 민영화, 조·중·동 광고거부운동과 KBS 사장 해임 및 YTN 낙하산 인사 등 현 정부의 언론장악 음모 저지라는 다양한 의제들로 확산되었다. 바로 이러한 점들 때문에, 이번 촛불의 향후 진행방향은 새로운 의제들의 계속적인 출현가능성과 함께 그 종결시점을 누구도 섣불리 예상할 수 없는 것이다. 다만 신속하고 지속적인 운동의 전개차원에서 보다 조직적인 운영과 관련된 중심의 부재가 과연 바람직한 것인지에 대해서는 다른 자리에서 좀 더 깊이 논의하고 숙고할 필요가 있다.

둘째, 2008촛불은 한국 사회의 새로운 생활밀착형 시민정치의 실험장으로 출현했다는 점에서 특별한 주목이 요구된다. 무엇보다도 이번 집회는 죽음과 비장한 희생을 무릅써야 했던 과거의 정치집회들(60년 4.19혁명, 80년 5.18민주화운동, 87년 6월 항쟁 등)과 달리 독재나 반민주적인 억압에 대한 저항의 상징물들인 돌과 화염병 같은 처절하고 결연한 분위기를 거부하였다.[10] 대신 이번 집회는 국민복지와 건강한 삶의 질을 향상시키려는 사회적 의제와 국민적 자긍심을 전면에 부각시키면서 다양한 이해집단들이 참신하게 자신들의 목소리를 분출시켰다. 물론 이번 촛불에도 고 이병렬 씨의 분신사망이나 경찰과 참가자들 간의

---

10. 이 점은 아래의 여러 피켓구호들에서 짐작할 수 있다. "밥 좀 먹자! 잠 좀 자자!," "미친 소, 너나 먹어," "MB OUT, 명박 퇴장," "가다 막히면 돌아가면 되고," 닭장차 행렬에 "주차위반 스티커," "닭장차 투어," "내가 주동자다" 등.

수많은 충돌과 부상, 명박산성과 물대포 및 공권력의 유혈 진압이 없었던 것은 아니다. 그럼에도 불구하고 이번 집회의 참가자들은 대부분 공권력이라는 이름으로 자행되는 상대의 불법과 폭력에만 대응하려는 자제력과 불법과 폭력에 대한 쉼 없는 자기감시를 잘 견지했으며, 향후 생활정치영역의 정착과 활성화의 주체로서 이질적이고 창의적인 대중지성이 지니는 힘의 결집가능성을 열었다는 점에서 비폭력적인 시위문화로 높이 평가되어야 마땅하다.

셋째, 이번 집회는 2002월드컵 응원집회처럼 광장문화적인 축제의 분위기를 지향했다. 특히 과거 권위주의 군사문화시대에 저항의 상징물로 타올랐던 횃불이나 화염병을 든 투사들의 영웅적인 등대불 밝히기를 자처하는 대신, 자기 스스로를 남김없이 태움으로써 함께 은은하게 세상을 밝히려는 무수한 촛불들이 모여 작은 것이 위대하고 아름답다는 다함께의 미학을 몸소 실천했다. 물론 이러한 축제 분위기의 촛불도, 흔히 경기장에서 볼 수 있는 것처럼 축제를 망치려는 경찰로 구성된 난동 홀리건이 등장하였을 때는 단번에 저항하는 분노의 촛불로 바뀌었다. 이런 점에서 이번 촛불은 정치문화적 축제임을 명심할 필요가 있다.

넷째, 2008촛불집회는 과거 촛불집회들[11]과 달리 집회의 지도양상에서도 근본적인 변화를 보여주고 있다. 이전의 집회들은 중앙의 지도부를 중심으로 상위의 주최세력이 대중을 동원하는 방식이었다. 이에 반해, 금번 집회는 시민들의 아래로부터의 자율적인 참여를 기반으로 수평적이고 자유로운 의사표현과 응집력을 통해 우리 사회의 반권위주의적인 정치에 대한 저항의 열망과 시민들의 자발적인 참여민주주의에 대한 해방의 의지를 천명하고 있다. 무엇보다도 인터넷 커뮤니티와 이동통신과 같은 전자매체의 보급을 통한 자율기자의 실시간 방송과 1인

---

11. 2002년 12월 31일 미군 장갑차 희생자 고 신효순·심미선양 추모집회, 2003년 이라크 파병 반대, 2004년 탄핵반대 등.

미디어, 진보신당 칼라TV, 아프리카 등과 같은 새로운 집회보도문화의 발전은 기존의 조·중·동이나 지상파방송언론을 능가하는 생동감, 쌍방향성, 신속성을 보여주었다. 아울러 향후 소규모 대안 미디어의 활성화 가능성과 개인 블로그를 통한 주요 사회의제들에 대한 의사소통과 표현의 무한한 가능성도 보여주었다. 또한 이번 촛불토론과 대안 미디어의 급작스런 등장은 기존 언론이 공기로서 지녀야 할 당연한 태도인 알권리와 보도권의 공정성 그리고 언론인이 지녀야 할 덕목으로서의 용기에 대한 다각적인 자기반성의 기회도 제공했다고 본다.

끝으로 2008촛불집회는 일반 시민들에게 정체된 기성정치문화의 현주소에 대한 무관심을 넘어 견제와 비판 그리고 정치적 해방의 적극적인 시도로서 국민주권의 고양을 통한 진정한 참여민주주의의 실현에 대한 자각과 실천으로서의 연대감이라는 희망의 가능성도 제공했다. 특히 이번 집회는 자율적인 의사표현과 관련해, 입시지옥에서 희생당하고 있는 10대 청소년들에게도 학교 급식문제뿐만 아니라, 권위적이고 위계적인 기성문화에 언제나 일침을 가할 수 있는 자기발언의 기회와 참여의 가능성을 보여주었다. 더불어 이번 집회는 시민들에게 정략적인 직업정치인들의 당리당략에 따른 립서비스에 대해 분노를 표하고 의무와 책임을 방기한 정치인들의 무능력에 대해 꾸짖을 수 있는 새로운 정치적 발언대였다. 무엇보다도 "정치인들은 국회로 돌아가라"는 발언은 민생과 직결된 여러 급박한 현안문제들에 대한 의원들의 성실하고도 조속한 본연의 임무망각에 대한 경고성 일침이었다. 더불어 〈헌법 제1조〉로 대변되는 국민주권의 확인과 요청은 정부의 대외 협상능력의 기본자세와 밀실협상 그리고 굴욕외교에 대한 국민들의 단호한 저항을 통해 올바른 정책결정에의 연대적이고 자주적인 참여의지도 보여준 것이라 하겠다.

4.

그렇다면 2008촛불집회가 지속적으로 지닐 역사적 무게와 사회발전의 동력 요소들은 무엇일까? 분명 우리가 촛불이라는 사회운동에 대한 평가에서 과대평가 혹은 과소평가의 치우침 없이 적절한 자기반성을 통해 합리적인 비판과 대안을 모색하려면, 이번 촛불이 지향하는 목표와 동시에 한계점을 비판적인 자기성찰의 관점에서 살펴보아야 할 것이다. 이러한 입장을 간략히 요약하면 다음과 같다.

첫째, 2008촛불은 국민주권에 기반을 둔 실천적이며 비판적인 주인의식의 명료성과 항구성을 확인시켰고 아울러 고취시켰다. 잘 알려진 것처럼, "대한민국은 민주공화국이다. 대한민국의 모든 권력은 국민으로부터 나온다"는 〈헌법 제1조〉의 노래가사로 상징되는 시민들의 자발적인 참여의식은 현 정부가 국민의 여론을 수렴하는 기본적인 책무를 결코 배제해서는 안 된다는 자명한 사실을 재확인시켜 주었다. 무엇보다도 이 점은 향후 우리 사회의 중대한 공공정책의 사안들(예를 들면, 공교육포기, 한반도대운하사업, 공영방송과 언론장악, 국민의료보험과 수도 · 전기 · 가스와 같은 공공재들의 민영화계획, 부동산정책과 행정수도이전문제 등)의 논의과정에서 정부가 민의수렴 과정을 호도하고 차단하는 경우, 정권 퇴진과 국민소환 같은 시민들의 연대적인 외침과 저항을 면키 어려우리라는 점을 분명히 보여주었다.

둘째, 2008촛불은 진보세력을 대선과 총선에서 참패시켰던 대의민주주의의 허점에 조종을 울리고 현 정권의 연이은 실정과 밀실정치로 대변되는 중심부 정당정치에 도전하는 깃발 없는 대중의 참여민주주의적인 실천 사이에 등장한 미묘한 상보적 외침이라 할 수 있다. 판에 박힌 기성 정치인들의 허울뿐인 립서비스나 공허한 정치적 선거공약에 대한 불만을 해소하고 더 나아가 정부의 외교적 굴욕이나 무력한 협상

능력을 실질적으로 보완하기 위해서는 대중들의 주인의식과 자발적인 참여문화가 유지되어야 한다. 예를 들어, 독도문제처럼 비록 소수일지라도 의식 있는 시민들의 지속적이고 자발적인 관심과 참여야말로 정부의 역할을 넘어 세상을 밝히려는 촛불의 진정한 의미를 더 한층 되새겨보게 한다. 이처럼 2008촛불은 협의적인 관점에서 볼 때, 쇠고기의 안전과 관련된 국민들의 분노와 혐오 그리고 외교적인 굴욕에 대한 저항으로만 바라볼 수 있다. 그러나 보다 광의적인 관점에서 본다면, 이번 집회는 아직도 잔존하는 구시대적인 권위주의 통치와 독단적인 행정부에 대항하는 성숙한 시민불복종 문화의 정착인 것이다. 무엇보다도 이 집회는 시간적인 전개과정에서 각계 운동권들이 10대 여중고생들이 주도한 것에 뒤늦게 편승했는데, 이는 향후 한국 풀뿌리민주정치의 밝은 미래를 보여준 하나의 이정표인 셈이다. 비록 여러 면에서 미성숙한 10대들이지만, 그들도 우리 사회문제에 대해 지대한 관심을 지닐 수 있으며, 공적인 업무에도 실천적으로 행동할 수 있음을 보여주었다. 그리고 그 점은, 분명 낡고 해묵은 기성정치의 새로운 변화를 약속할 수 있다면, 젊은 세대의 낮은 선거참여율로 상징되었던 신세대의 탈정치화 현상에 대한 회의와 불안감을 동시에 떨쳐버릴 수 있는 귀중한 미래정치의 청신호를 의미하는 것이다.

셋째, 2008촛불은 기존의 촛불집회들과 달리 결집된 의제나 목표설정을 거부한 자발적인 운동이었다. 그러나 이번 촛불은 동시에 주도적인 지도부나 슬로건의 부재로 인해 무수한 이익집단들 간의 이해관심의 충돌에 따른 불화를 조정하는 데 실패하는 한계점도 드러내고 있다. 무엇보다도 이번 집회에서 불교, 개신교, 천주교 등 기성종교계의 뒤늦은 등장은 부분적으로 공권력의 폭력과 탄압에 대항한 완충망으로서 긍정적인 역할도 수행했다. 하지만 이번 집회와 관련한 상호 이질적인 접근 배경과 신앙적 차원의 현실인식 및 입장표명의 잠재적인 배타주의의 가능성과 조짐들은 특히 이번 촛불이 밝히려는 정부의 과오에 대해 상이한 평가방식을 통해 나타나고 있다. 더 나아가 지도부가 부재하는 현 상황에서, 촛불집회와 종교들 간의 만남은 향후 운동의 새로운 의제발전이나 방향설정과 관련해 다분히 부정적인 요소로 작용할 소지가 크다. 실제로 최근 진보진영들은 촛불의 향후 진로와 운동의 전개여부와 관련해 커다란 고민에 봉착해 있다. 무엇보다 1) 촛불을 계속 유지할 것인지의 여부, 2) 촛불을 광우병대책과 관련된 의제로만 국한할지 아니면 여타 의제들로 확장할지의 여부, 3) 새 지도조직의 틀짜기가 필요한지 등등에 대해 소위 광우병국민대책회의와 여타 촛불대책위원회들 그리고 여타 참여카페들 사이의 대립도 심상치 않다. 바로 이 점이야말로 지난 10년 동안 우리 사회에 민주화와 개혁의 기회가 있었음에도 불구하고 진보와 민주를 자처했던 여러 좌파세력들이 내부적인 연대와 소통을 등한시함으로써 그 기회를 상실한 것에 대한 자기반성과 성찰이 뼈저리게 요구되는 이유이다. 이제 한국의 진보적인 좌파를 표명하는 세력들은 과연 2008촛불에서 어떤 교훈을 얻을 것인지를 진지하게 반성하고 숙고할 필요가 있다.

넷째, 2008촛불은 국민주권과 건강권을 둘러싼 생활형 민주주의의 외침이며, 동시에 전지구적 차원의 일방적 신자유주의로 대변되는 경제적 세계화에 대항해 주변인의 목소리를 대변한 자랑스러운 집회이다. 특히 이번 촛불은 국내뿐만 아니라 대외적으로도 타국의 시민들에게 큰 영향력을 행사했다. 예를 들어, 이번 촛불은 냉전체제의 종식 이후 유일무이한 제국으로 남은 미국으로 하여금 자국산 쇠고기의 안전강화와 동물성사료 금지조처뿐만 아니라 미국인들에게도 자국 쇠고기의 안전성과 검역체계를 문제 삼도록 하는 계기가 되었다. 아울러 광우병 쇠고기 문제와 관련해, 지구촌의 식구들이 안전과 생명 그리고 익숙한 기존의 음식문화를 넘어 보다 근본적인 돌봄의 식생활과 라이프스타일의 필요성에 대한 의식적인 사유전환의 절박성을 인식하게 했다.

마지막으로 이번 2008촛불에서 가장 아쉬운 점은 의제설정과 관련해서 촛불참가자들이 연이은 FTA 체결과 농산물 시장의 개방과 관련해 직접적인 타격을 받고 있는 농어민들의 생계와 지원책에 대해 무관심과 불충분한 연대의식을 노정했을 뿐이라는 사실이다. 최근 농어민들은 생존권을 위협받는 절박한 상황에 처해 있다.이런 상황에서 서방 선진국처럼 농어민들에게 지급되는 보조금의 유연화를 위한 정책 선진화와 예산 확보 그리고 체계적이고 경쟁력 있는 경영방식의 도입과 같은 실질적이고 연대적인 보완책 마련은 시급한 의제이다.

5.

그렇다면 과연 2008촛불을 통해 우리 사회의 진보세력들은 어떤 교훈을 얻어야 할 것인가? 우선 10대 여중생들의 외침에 뒤늦게 참여한 진보진영들은 현행 정국에 대해 수동적인 방어태세보다 적극적이고 능동적인 지적 상상력 발휘와 실현 가능한 대안들의 제안과 현안 대체를 위한 참여가 요구된다. 무엇보다 이번 촛불이 밝은 미래진행형이 되기 위해서는 어떤 의제들이 확장되어야 할지 숙고해 볼 필요가 있다. 현재 지구촌은 신자유주의 정책의 실패를 상징하는 미국발 세계금융위기, 오바마 미 대통령의 정책추이, 국내 환율변동과 지속적인 대내외 경기침체의 여파 등에 대해 어떤 대응책들이 적절한 지에 대해 의견이 분분하다.

그럼에도 불구하고 분명한 점은 지난 1년에 걸쳐 '고소영' '강부자' 내각을 중심으로 초라한 성적표를 받아든 이명박 정부가 지난 과오에 대한 철저한 반성을 통해 새로운 거국내각을 구성함으로써 국민화합을 이루는 것이 절실히 요구된다는 것이다. 대선 당시 BBK스캔들에도 불구하고 국민들이 이명박 후보를 선출했던 이유는 MB노믹스를 통해 '경제 살리기'를 바랐기 때문이다. 하지만 유권자의 바람을 부추겼던 '747공약'은 현재 안 되면 말고가 되었을 뿐이다. 또한 한반도 대운하 건설도 국민의 반대 여론에 밀려 일단 자취를 감추었으며, 야심차게 공약했던 공기업의 민영화나 공공개혁정책도 제 식구 챙기기와 함께 후퇴만 하고 있을 뿐이다. 이러한 제반 상황 속에서 2008촛불은 현 정부가 향후 어떤 정치적 선택을 하든지 간에 그에 대한 한 가지 교훈은 분명하게 보여주었다. 만일 정부가 시종일관 소수 기득권자들과 초국적 자본의 이익만을 대변하려든다면, 무수한 대중결집의 상징인 촛불은 권력에 대한 감시와 저항을 통해 권력의 부당한 행위에 대해 결단코 침묵하지 않을 것이라는 사실이다. 바로 이 경고야 말로 이번 집회가 보여준 가장 큰 성과이며 결실이라고 할 수 있다.

지난해 6월 10일 정점에 올랐던 2008촛불집회는 대중지성의 합의에 따른 건강권과 절차민주주의의 확립 그리고 국민적 자긍심의 확립을 요구하며 현재 시즌 2로 접어들었다. 비록 현재 촛불집회는 광장에서 물러났지만, 여전히 1인 시위나 YTN의 낙하산 인선에 대한 출입저지투쟁, 비정규직 문제로 장기농성 중인 기륭전자에 이르기까지 다양한 형태들 속에서 현재진행형으로 지속되고 있다.

이와 연관해, 2008촛불이 진정 우리 사회의 민주적인 변혁과 통합 그리고 새롭게 국민주권을 바탕으로 한 자기성찰을 이끌 수 있는 힘이 되기 위해서는 적어도 몇 가지 현실적인 과제들의 극복과 이와 연계된 적극적인 실천이 요구된다.

1) 인간 광우병에 대한 대책에서 우선적으로 요구된 것처럼 공중보건과 관련한 철저한 홍보와 예방책 및 다각적인 대책위원회를 통한 정부의 정보공유와 공지성의 의무의 확립이 절실히 요구된다.
2) 한미 FTA의 본질인 정글자본주의에 대한 진보진영의 연대와 견제, 노동자·농어민의 생존권 그리고 보편적인 인권보장을 위한 적극적

보호조치가 강구되어야 한다.

3) 무조건적인 민영화가 아니라 공공선을 우선하는 교육, 의료, 공공재 등 국민의 기본권과 관련된 부문에 대한 공동소유권과 연대의식의 확장이 필요하다.

4) 정부정책과 의사결정 절차에 대한 언론과 개별 시민들의 지속적인 관심과 감시체계 그리고 조직적인 힘의 결집이 요구된다.

5) 정부와 비정부기구들 상호 간의 활발한 의사소통과 타협을 토대로 한 상호보완적이고 민주적인 정치토론문화가 구축되어야 한다.

6) 도시 노동자와 농어민들, 여성, 비정규직과 같은 사회적 배제자의 권익에 대한 인정과 관용의 정치문화를 구축해야 한다.

7) 사상과 양심, 언론과 출판, 집회와 결사 및 표현의 자유 등 기본권의 보장과 더불어 인터넷 토론공간의 개방과 개인정보 및 프라이버시의 보호가 절실하다.

8) 시대착오적인 반공이데올로기나 색깔론, 세대차이 그리고 지역감정의 정치적인 악용이나 남용과 같은 후진적이며 구시대적인 권위주의적 공안정국과 정치풍토는 타파하고 종식시켜야 한다.

이제 2008촛불이 대의민주주의의 결함을 보완하며 미래진행형의 운동으로 전개될 수 있기 위해서는 바로 이러한 자양분들이 지속적으로 공급되어야만 할 것이다. 더불어 이러한 희망은 2008촛불이 보여준 진보적이고 자율적인 시민의 의식적인 참여가 함께 지속될 때에만 비로소 지속가능한 것으로 타오를 수 있을 것이다.

참고문헌

이득재, 「촛불집회의 주체는 누구인가」, 『문화과학』 55호, 2008 가을.

정인경, 「새로운 주체성에 대한 탐구: 빠올로 비르노의 '다중' 개념을 중심으로」, 『진보평론』 37호, 2008년 가을.

최장집, 「한국 민주주의의 과제」, 『경향신문』, 2008. 6. 16.

한국경제연구원(keri), 『촛불시위의 사회적 비용』, 한국경제연구원, 2008.

Habermas, Jürgen, *Strukturwandel der Öffentlichkeit: Untersuchungen zu einer Kategorie der bürgerlichen Gesellschaft*, Frankfurt am Main, 1993. (한승완 역, 『공론장의 구조 변동: 부르주아 사회의 한 범주에 관한 연구』, 나남, 2001)

http://cafe.daum.net/Umom.

http://www.eurocjd.ed.ac.uk/vcjdworldeuro.htm.

'무자년 촛불 항쟁'과 다중성 시민, 그리고 농성권력

체제 내파와 권력 방치의 변태생식

홍윤기

동국대학교

홍윤기 동국대학교 철학과 교수. 베를린자유대학교에서 철학박사학위를 받았으며, 주요 저서와 논문으로는 *Dialektik-Kritik und Dialektik-Entwurf*, 「철학의 변혁을 향하여: 아펠 철학의 쟁점」(공저), 「한국 도덕·윤리 교육 백서」(공저), 「새로운 헌법 필요한가」(공저), 「사회질서와 사회능력」, 「정보화 사회의 생활세계」, 「철학의 위기와 한국사회」, 「하버마스의 언어철학」, 「시민은 어떻게 애국하는가」 등이 있고, 역서로는 「이론과 실천」, 「아름답고 새로운 노동세계」, 「힌두교와 불교」, 「의사소통의 철학」 등이 있음.

1. '무자년 촛불 항쟁,' 그 파장의 형상: 국가내 준내전, 지구적 사건, 그리고 타자에 대한 개혁의 여진

(1) 국가 대 시민의 준내전적 갈등과 대결: 도심과 사이버 공간

2008년 4월 17일에 타결된 한미 쇠고기 수입 협상안에 항의하는 이 나라 시민들의 의지를 촛불로 상징하면서, 5월 2일 청계광장의 1차 집회에서 8월 15일의 100차 집회까지 청계천, 광화문, 그리고 시청 앞 광장을 중심으로 한 서울시 일원과 전국 주요 도시들을 무대로 감행되었던 이명박 정권에 대한 항의 운동 — 필자가 '무자년戊子年 촛불 항쟁抗 爭' 이라는 조금은 생소한 명칭으로 부르고자 하는 이 운동은 당연히 그 것이 이루어졌던 현장에서 체험되었다. 필자는 직접적인 시위행위로는 이 운동의 오프라인 직접 행동에 딱 한 차례 참여했을 뿐이다. 즉, 이 운 동이 가장 큰 규모로 나타났던 2008년 6월 10일 오후, 일찌감치 저녁을 먹은 뒤 필자는 동참하기로 한 일행들과 같이 남대문에서부터 시청 앞 광장, 그리고 이른바 명박산성이 세워져 있던 광화문 광장을 거쳐 청계 천과 안국동을 지나 최종적으로는 자정을 넘긴 새벽 2시에 서소문에서 현장을 떠날 때까지 현장 전체를 도보로 누벼 보았다. 그러나 촛불 항쟁 은 이 오프라인에 국한되어 있지 않았다. 누구나 그랬겠지만 이 항쟁 기 간에는 오프라인 현장에 나와 있던 이들보다 훨씬 많은 숫자의 이 국가 시민들이 자기 책상 위에 놓인 PC 또는 노트북 화면을 통해 시위 행렬 을 따라다니고 현장을 체험하고 의견을 표명하였다. 실제로 항쟁의 발 단은 오프라인의 조직들organizations이 아니라 온라인 네트워크상에서 우발적으로 결성된 모임들meetings에서 제안되고 기획되고 결정되고 실행되었다. 5월 2일 청계천 소라광장에서 열린 제1차 촛불 집회와 쇠고기 협상과 관련된 MB정권, 미국 정부, 그리고 다중 시민들의 의견이 확실하게 드러난 뒤 본격적 갈등 국면을 드러내는 구실을 한 5월 24일의 제1차 가두시위 등은 실행되기 전에 모두, 인터넷, 웹2.0, 모바일 통신 등으로 조성되었던 사이버 공간에서 자연발생적이지만 확고하게 기획되었다. 배후에 숨은 주모자는 아무도 없었지만 전면에 떠오른 주동자는 수없이 많은 아주 특이한 형태의 집단운동이 오프-온-라인-공간을 자유자재로 오가면서 결성되었고, 이들은 국가기구와 거의 준※내전적 대립 의지를 그대로 현출시켰다.

(2) 지구적 사건: 유럽의 주목

필자가 독일 정치교육 연수 여행을 떠난 것은 8.15 100차 집회를 계기로 슬슬 가을바람이 불면서 옥외집회 참여 인원이 현격하게 수그러진 9월 21일이었다.[1] 일단 본에 있는 독일사회민주당 계열의 프리드리히-에버트 재단 방문 일정을 마친 연수단 일행은 베를린으로 날아가 9월 24일 아침 일찍 브란덴부르크문 옆의 독일연방의회를 방문하여 사민당 소속으로서 한독의원친선협회 부회장을 맡고 있는 요하네스 플룩 Johannes Pflug 의원과 한 시간의 조찬회동을 가졌다. 일행과 수인사를 나눈 플룩 의원이 간단하게 환영의 말을 마치자마자 툭 한마디를 던졌다.

"지난여름 한창이던 한국의 촛불 시위는 지금 어떻게 되었습니까?"

13명이나 되는 일행들이 누가 대답해야 할지 몰라 머뭇거리다가 결국 어쩌다가 플룩 의원 바로 앞자리에 앉아 있던 필자가 어쩔 수 없이 입을 떼게 되었다.

"촛불 시위를 직접 체험하셨나요?"

---

1. 이 연수단의 연수 결과에 대해서는 민주화운동기념사업회 독일 연구단(2008) 참조.

"예, 지난 6월 평양을 방문하고 북경을 거쳐 밤에 한국 상공에 도착했는데, 비행기에서 내려다본 서울 한복판이 온통 불바다였습니다. 굉장히 무섭고 언짢은 기분이 들었습니다. 그것은 앞으로 계속 될 것 같은가요?"

"그렇지는 않을 것입니다. 이제 지난여름 같은 대규모 시위는 열릴수 없지요. 하지만 아주 죽은 것은 아니고, 뭐랄까요, 경우에 따라서는 언제든지 다시 불타오를 수 있는 힘은 있습니다. 말하자면, 일종의 잠복 상태에 들어갔다고 할 수 있습니다."

당시는 이미 한국 사회가 광우병 쇠고기 국면에서 금융 위기 국면으로 바뀌기 시작하던 때였으므로, 곧이어 화제는 독일의 환란 대처 방안으로 넘어갔다. 하지만 분명한 것은 그 어떤 나라도 한국이 급격한 정치 불안에 빠지는 것을 원치 않는다는 것이었다. 그리고 독일-중국 친선협회 부회장이기도 한 플룩 의원은 남북관계가 급격하게 경색되거나 불안해지는 것도 바라지 않았다. 어쨌든 한국 정세는 유럽도 끊임없이 관심을 갖고 상시적으로 모니터링 한다는 것을 분명히 알 수 있었으며, 한국을 살필 때 단지 정권뿐만 아니라 시민사회도 중요한 변수로 점검 한다는 것을 확인하는 순간이었다. 무자년 촛불 항쟁은 사실상 국제적으로 주목 받는 지구적 사건으로 전화되고 있었다.

(3) 타자 개혁의 여파: 2009년 3월 미국 또는 앉은뱅이 소의 도축 전면 금지.

이번에는 필자가 여태껏 가본 적이 전혀 없는 미국에서 날아온 소식이다. 2009년 3월 14일 "버락 오바마 대통령은 '다우너 소(앉은뱅이 소)'에 대한 도축과 유통을 전면 금지하는 등 미국 내 식품안전체계에 대한 대대적인 개혁을 예고했다. 오바마 대통령은 이날 주례 라디오 및 인터넷 연설을 통해 신임 식품의약청(FDA) 청장에 마가렛 햄버그(53) 전 뉴

욕시 보건국장을 내정했다고 밝히면서 이같이 밝혔다. 오바마 대통령의 이 같은 발언에 따라 앞으로는 추가검사에서 다우너 소로 판정된 소의 도축을 허용하던 예외조항까지 폐지돼 광우병 등 질병 감염 위험에 노출됐던 다우너 소의 도축이나 유통이 사라지게 될 전망이다. 이에 앞서 미국 농무부도 병에 걸려 걸을 수 없는 소에 대한 도축을 일체 허용하지 않도록 하겠다는 결론을 내렸다고 밝혔다."[2]

　이 소식이 특별한 감회를 주는 것은 한국에서는 이 미국의 다우너소들이 "광우병 등 질병 감염 위험에 노출"됐다고 보도한 MBC의 〈PD수첩〉이 이미 법적으로 상당한 제재를 받고 있었기 때문이다. 이 보도는 MB정권이 장악한 한국 정부에 의해 다우너 소가 곧 광우병에 걸린 소라고 주장한 것으로 취급되어 그 보도가 야기한 엄청난 사회적, 정치적 파장에 원인 제공을 한 것으로 단정되었다. 그런데 정작 미국에서는 정권이 바뀌면서 다우너 소 그 자체에 일체의 예외를 두지 않는 조처가 국가적 의지와 결합하였다. 2008년 항쟁 기간 내내 미국 언론은 한국의 촛불 항쟁을 상세하게 보도해 왔다. 그리고 '미국소비자연맹'의 수석과학자인 마이클 핸슨은 2008년 8월 4일 국회에서 열린 가축전염병 예방법 일부개정법률안 특별위원회(위원장 최인기 의원) 공청회에 증인으로 참석하여 미국의 광우병 위험은 예측불가이며 쇠고기 협상은 미국에 굉장히 유리하다고 증언하기도 하였다. 핸슨 박사는 이날 공청회에서 "감독, 검사, 캐나다산 소의 수입, 사료금지조치 등에서 광우병 예방을 위한 미국의 조치는 공공보건을 보호하기에는 역부족"이라며 "이를 고려했을 때, 미국 내 광우병의 위험은 예측할 수 없는 수준이며, 당기관(소비자연맹)은 현 상황 개선을 위해 보다 엄격한 조치를 촉구했다"고 밝혔다. 그는 특히 "미국은 지나치게 많은 위험물질이 사료로 사용되는

---

2. 우준혁 기자, 「'다우너 소' 도축 및 유통 전면 금지」, 『유코피아』(2009. 3. 15). http://www.ukopia.com/ukoAmericaSociety/?page_code=read&sid=11&sub=1&review=best&uid=125336, 강조 필자.

것을 허용하고 있다"고 강조했다.[3] 오바마 대통령의 조처는 핸슨 박사가 소개한 미국소비자연맹의 급진적 요구에 정확하게 부합하는 것으로서, 거기에는 미국산 쇠고기에 대한 한국 소비자 대중, 네티즌 다중의 불신까지 염두에 둔 흔적이 역력하다. 이제 국내에서 거의 화석화된 듯이 보이는 촛불항쟁은 이렇게 국외의 타자, 강한 국가에 자체 개혁 도입을 압박하는 여진餘震으로 계속 진동하고 있다. 아직 진원은 소멸되지 않았다.

2008년 늦봄에 시작되어 늦여름에 잦아든 일련의 대규모 대중 동원, 즉 이 글에서 필자가 '무자년 촛불 항쟁'이라고 부르는 것은, 2008년 4월 17일에 타결된 한미 쇠고기 협상안에 항의하는 이 나라 시민들의 의지를 촛불로 상징하면서, 5월 2일 청계광장의 1차 집회에서 8월 15일의 100차 집회까지 청계천, 광화문, 그리고 시청 앞 광장을 중심으로 한 서울시 일원과 전국 주요 도시들을 무대로 감행되었던 이명박 정권에 대한 항의 운동을 가리킨다. 앞에서 소묘하였듯이, 이 항쟁은 표출된 담론내용으로만 보면 일차적으로 '국가와 시민의 준내전적 대립'이었다. 그러나 그것은 한국 정치를 실시간으로 모니터링 하는 지구상의 모든 정치체의 주목을 받는 '지구적 사건'으로 발전하였다. 그리고 진앙지에서의 진동이 완전히 소멸된 듯이 보이는 2009년 3월 현재 바로 그 항쟁에서 요구되었던 제안들은 그 항쟁에 애초의 원인들을 제공했던 미국의 축산 정책에 일대 혁신을 가져올 정책에서 그대로 재현되어 '타자 개혁의 여진'으로 계속 존립한다.

---

3. 황방열 기자, 「미 과학자 "미국 광우병 위험은 예측불가"」, 『오마이뉴스』(2008. 8. 5). http://www.ohmynews.com/nws_web/view/at_pg.aspx?CNTN_CD=A0000958336.

2. '무자년 촛불 항쟁' 인식의 초점: 역사적 대상화와 현재화

　　이 항쟁 기간 동안 일어난 중심사건들의 진행 과정은 이미 항쟁이 정점에 도달한 직후에 경향신문사가 자사 기사와 논설, 그리고 사진들을 중심으로 정리했었다.[4] 항쟁의 발생에서부터 그 현격한 잠복에 이르는 120일간의 사태 경과는 촛불 정국이 환란 국면으로 거의 완전히 교체된 듯이 보이는 2008년 연말에 압축적으로 요약되고 해설되었다.[5] 이제 그 사건이 시발된 지 거의 1년이 되어가는 2009년 3월 현재는 앞으로 역사에서 존립할 이 항쟁의 현출 양태가 거의 그려져 하나의 역사적 사건으로서 대상화할 수 있는 시점이라고 보인다.

　　어떤 경우에도 이 사건은 아직 완결되거나 종료되었다고 볼 수 없는 조건들이 엄존한다. 하지만 2009년 3월 현재만 두고 보면 2009년 바로 직전이었던 2008년에 그런 사건이 있었고 또 그 사건의 연속선 위에 우리가 살고 있다는 느낌은 전혀 들지 않는다. "작년"의 촛불 항쟁의 여진은 국내에서는 같은 해 9월부터 닥치기 시작했던 전 지구적 금융위기에 압도적으로 차단당하고, 2009년 1월 용산 폭거의 황당한 잔혹함에 상대화되었으며, 집권 1년이 훌쩍 넘어간 집권 세력의 누적된 무능과 무감각에 흡수되었다. 그 항쟁의 '생생함'과 그럼에도 불구하고 그 항쟁 덕분에 얻은 것이 거의 없다는 '막막함'이 묘하게 복합되면서 마치 시간 속에 정지된 듯이 보이는 2008년 그 사건의 잔영은 더 생생하게 윤곽을 드러낸다. 필자가 "작년"에 우연치 않게 외국에 나갔다가 겪었던 항쟁의 진폭이 마치 컴퓨터단층(CT) 촬영의 조사선照査線처럼 그 사건의 본체를 아주 리얼하게 목격할 수 있었던 드문 경험과 함께. 그래서

---

4. 경향닷컴 촛불팀(2008. 8).
5. 참여연대/참여사회연구소/〈한겨레〉사진부(2008. 12).

필자는 2008년의 그 사건이 너무나 낯설게 물화된 현재의 느낌, 그렇지
만 그때 그 자리에서 그 사건이 분명히 있었다는 존재감을 분명히 표현
하기 위해 '서기 2008년'의 또 다른 이름이고 우리의 전통적 관습이기
도 하지만 지금은 우리에게 아주 낯설게 된 연도의 호칭인 '무자년戊子
年'이라는 연호를 그 사건의 호칭에 적용하기로 하였다 — '무자년 촛
불 항쟁'이라고. 이제 이렇게 역사적으로 대상화된 사건에 대해 우리는
역사적 질문을 던져 보기로 하자.

— '무자년 촛불 항쟁'은 그것이 발생했던 인과연관으로 볼 때 어떤 차
  원의 사건이었나?
— '무자년 촛불 항쟁'은 어떤 성격의 사건이었나? 그것은 단순한 시위
  였던가? 아니면 반란? 아니면 저항? 아니면 혁명의 징후였던가? 누가
  그 사건을 만들었나?
— '무자년 촛불 항쟁'은 우리 삶에, 나아가 그것이 영향을 미친 정치체
  들에게, 장차 어떤 의미를 가질 것인가?

3. 발단과 항쟁에의 '현대주의적' 동기화: 생활세계에서 '생명-불안'의 전면화와 국가에 의한 '시민적' 양식의 유린과 '전前-국가적 상태'로의 내몰림

   이제 그 어떤 이들의 추억 속에서나 남을 것 같은 '무자년 촛불 항
쟁'의 모습을 크로키 해보자. 분명한 것은 그 항쟁이 그 어떤 다른 사건
들보다도 항쟁 참여자들의 능동적 체험 속에서 만들어졌다는 것이다.
즉, 이 사건은 그 발단을 제외하고는 그 수많은 항쟁 참여자들 개개인이
거의 남김없이 전 과정에 자율적 통제권을 행사하면서 자기 나름대로

각자, 자기참여의 기起, 승承, 전轉, 결結을 구성해 나간 아주 드문 사례이다. 여기서 이 사건을 특이하게 만든 결정적 요인은 항쟁 참여자들로 하여금 극히 의식적으로 이 항쟁의 결단을 감행하게 만든 그 발단의 양상이다.

(1) 배경요인: 생활부담과 시민적 불만의 급속한 누적

2007년 12월 19일 대한민국 제17대 대통령에 당선된 뒤 취임 준비 과정에서부터 취임 직후에 이르기까지 튀어나왔던 그 무감각하고 무능한 정책 감각들이 국민 사이에 야기한 정치심리적 경악감은 4.17 협상으로 항쟁이 폭발하게 되는 토양으로 작용하였다. 비록 포기되기는 했지만 사교육을 부추기는 영어몰입교육의 발상, '학교자율화 추진 계획,' 한반도 대운하, 공기업 및 의료보험 민영화 등 시민의 일상생활에 엄청난 부담을 지우는 정책들이 2월 취임 후 4월까지 두 달 동안 정신 없이 발표되었다.

(2) 발단요인 1: 불합리성에 대한 의아함

하지만 그야말로 아주 보통의 시민들이 자신들이 평소 생각지도 않았던 항의, 저항 또는 이의 제기를 집단적으로 해야겠다고 마음먹게 만든 가장 직접적인 계기는 일단 새 대통령의 방미 기간 중이었던 2008년 4월 17일 타결된 미국산 쇠고기 수입 재개 협상이었다. 그 내용은 "미국의 요구, 정확하게는 미국 축산업계의 요구를 고스란히 받아들인 것"으로서, "월령 30개월 이상의 소뿐만 아니라 30개월 미만 소의 뇌, 머리뼈, 척수 등 광우병 위험물질(SRM)을 포함한, 사실상 미국산 쇠고기의 전면개방"이었다.

이 결과를 접한 이 나라의 보통 사람들이 느낀 첫 번째 감정은 그

불합리성에 대한 "의아함"이었다. 왜냐하면 이 쇠고기 협상은 예전 노무현 정권 시절, 미국에서 수입된 쇠고기에서, 지금 보면 하찮기 짝이 없는 뼛조각 한 점이 발견되어 미국산 쇠고기 수입이 전면 중단된 데에 따라 이루어진 재협상이었기 때문이었다.[6] 뼛조각 한 점 때문에 거부한 미국산 쇠고기를 아예 통째로 다시 수입한다는 것은, 그 사이 있었던 정권 교체와 연관된 정책 변경이라는 변수를 감안하더라도, 수용 가능한 논리적 진폭의 합리적 한계선을 넘어선, 악화된 결정이었다. 이 결정에 대해 아주 논리적인 차원에서 " '굴욕협상' '검역주권 포기' '100% 퍼주기 협상' 등의 비판"이 쏟아졌다.[7]

(3) 발단요인 2: '시장 독재' 또는 '시장전체주의'의 몰염치성과 '국가감정'의 상실

사람들의 합리성 감각에 상당한 진통을 준 뒤 이명박 대통령과 민동찬 협상 수석대표의 언동은 듣는 이들의 감정을 전혀 고려하지 않은 몰지각한 파렴치성에다 그 안에 그대로 드러난 일방적 상인근성으로 인해 한마디로 " '실소'와 '냉소'를 자아내게" 했고 "이 가운데 몇몇 발언은 국민들의 분노를 이끌어내기도 했다."[8]

— 미국 방문을 마치고 일본을 방문 중이었던 이 대통령은 "값싸고 질 좋은 미국산 소고기를 서민들에게 먹이겠다. 먹기 싫으면 안 먹으면

---

6. 4.17 재협상의 경과와 결과에 대한 이상의 인용들과 기술은 윤형근, 「전조. 예정된 분노, 그리고 성찰의 시간」, 위의 책, 13쪽 참조.

7. 김성덕 기자, 「 " "먹기 싫으면 안 사먹으면 되고♬" … '이명박 되고송' 화제」, 『고뉴스』(www.gonews.co.kr, 2008. 4. 28). http://kr.news.yahoo.com/service/news/shellview.htm?linkid=20&fid=457&articleid=2008042 8165207664a3

8. 문용필 기자, 「말로 짚어보는 MB 100일 "주옥(?)같네…" [MB 취임 100일②] 마늘값 챙기면서 美 쇠고기 먹기 싫으면 말라?」, 『데일리서프라이즈』, 2008. 6. 3. http://www.dailyseop.com/section/article_view.aspx?at_id=81873&gb=da

그만이다"라고 하면서[9] "개방하면 민간이 알아서 하는 것"이라고 덧
붙였다.[10]

— 민동석 협상 수석대표는 "복어의 독을 빼듯 광우병 특정 위험 물질
　만 제거하면 99.9% 안전하다"고 협상 성과를 부각시켰다.[11]

— 들끓는 민심을 진정시키고 정부의 입장을 설득하기 위해 6월 6일 연
　세대에서 〈대학생들과의 시국 토론회〉를 자청한 한승수 국무총리는
　미국산 쇠고기 수입 전면 개방과 관련하여 "소비자 주권은 시장경제
　에서 가장 중요한 것이고, 쉽게 말해 안사면 그만이다. 물론 이런 얘
　기를 함부로 쓸 수 없는 시대가 돼 버렸지만 말이다"라고 주장하였
　다.[12]

　대통령을 비롯한 정책추진 핵심세력들의 이런 언사들은 '시장 만
능주의,' 더 정확하게 말해 '시장 독재market dictatorship' 또는 '시장 전체
주의market totalitarianism'로 압축되는 MB정권의 이데올로기적 핵심을 가
장 적나라하게 노출한 것으로 받아들여졌다. 화계사 주지인 수경 스님
은 자신이 체험한 MB정권의 속성을 다음과 같이 요약하였다.

　설마 모든 국민을 '부자'로 만들어 준다는 구호에 속아서 다수의 국민이
　이명박 대통령을 찍지는 않았을 것입니다. 그 말은 모두를 1등 시켜주겠다
　는 것만큼이나 공허하니까요. 하지만 '경제 살리기'에 대한 기대는 있었을
　것입니다. 그래서 그는 대통령이 되었습니다. 그리고 이명박 대통령은 나

---

9. 문용필 기자, 위의 글; 김찬식, 「이명박은 사태의 본질을 모릅니다」, http://www.seoprise.
　　com/board/view.php?table=seoprise_11&uid=94408.

10. 김성덕 기자, 앞의 글.

11. 윤형근, 앞의 글, 14쪽.

12. 송주민 기자, 「"토론회장 박차고 나가고 싶었다." 한 총리와의 대화에 나선 대학생들… "촛
　　불 집회나 갑시다"」, 『오마이뉴스』(2008. 6. 6). http://www.ohmynews.com/nws_web/view/
　　at_pg.aspx?CNTN_CD=A0000920592

름대로 경제를 살리기 위해 '최선'을 다하고 있습니다. 그런데 문제는 이
명박 대통령의 방식이 대다수 국민의 기대를 배반한다는 것입니다.

　　이명박 대통령은 자신의 모든 권능을 경쟁만을 지고의 가치로 섬기는
'시장'에 넘겨 버렸습니다. 이런 시장에서는 부동산 투기를 하든 뭐를 하
든 누구나 부자가 될 '가능성'은 열려 있습니다. 따라서 '주식회사 대한민
국'의 최고경영자(CEO) 이명박은 자신의 약속을 충실히 이행하고 있는 셈
입니다. 당연한 얘기가 되겠지만 경영자 이명박은 국민을 자신의 직원으로
여기고, 시장은 국민을 '소비자'로만 봅니다. 그러니 태연하게 "미국산 쇠고기
먹기 싫으면 안 먹으면 그만"이라고 얘기하는 것입니다. 이명박 대통령의 국정
동반자는 여당도 야당도 물론 국민 대중도 아닙니다. 시장입니다. 더 구체적으
로는 '돈'입니다.[13]

　　그런데 '돈'은 누구나 바라는 것이기 때문에 MB정권이 돈을 국정
동반자로 삼는다는 사실은 국민들에게 그다지 큰 문제가 되지 않는다.
진짜 문제는 이 돈을 벌기 위해 생명까지도 돈과 교환해도 좋다고 보고
있다는 점을 눈치 채었을 때의 전율이다. 일본에서 인터넷을 통해 고국
에서 벌어지는 미국산 쇠고기 수입 개방 파동을 꾸준히 지켜봐 왔던 한
네티즌은 MB정권의 핵심 세력들의 언동에서 단순한 시장 만능주의가
아니라 돈에 최우선 가치를 부여하는 시장 최우선주의, 시장 독재를 목
격한다. 대학생들을 상대로 한 한승수 총리의 언동에 이 네티즌은 이렇
게 반문한다.

　　자유무역협정은 필요하다 하셨지요. 우리나라는 수출을 하는데 수입을 막
는다면 자유무역협정에 어긋나는 일이라 하셨지요. 맞습니다. 그렇지요.

---

13. 수경 스님, 「칼럼. 불꽃 속에 핀 연꽃, 촛불집회」, 『경향신문』(2008. 5. 9), 강조 필자. http://
　　media.daum.net/cplist/view.html?cateid=1009&cpid=11&newsid=20080509182208208&cp
　　=khan

나만 팔아먹고 상대방 물건을 사주지 않는 건 예의상에도 어긋나지요. 그러면 마약도 수입하면 되겠네요. 생명과 건강과 관계없이 자유롭게 수출입해야 한다면 국민건강에 치명적인 것들도 자유롭게 들여와야 하고 그렇게 하라고 미국에서 강요하겠군요. 얼마든지 핑계가 좋지 않습니까?[14]

우리나라 사람들은 살기 위해서 돈을 달라고 요구했는데, 이제 MB 정권은 돈을 위해서 우리의 목숨을 걸어도 좋다고 생각하는 정권으로 비쳐지게 된다. 경희대 NGO대학원의 김상준 교수는 촛불항쟁이 눈덩이처럼 커나감에도 불구하고 재협상 불가를 고수하는 MB세력 측의 본심을 다음과 같이 분석해 냈다.

여기서 잊지 말아야 할 사실은 촛불대열에는 박근혜, 이회창 지지자들도 상당수 가담했다는 사실이다. 보수정치 세력 속에서 족보 없는 '신참'에 속하는 이명박 대통령의 입지나 지분이란 사실은 그다지 확고한 것이 아니다. 대선에서 이명박 후보의 기반이란 반노무현 정서로 뭉친 반사적인 '묻지마' 표였지, 이명박 자신에 대한 오래된 믿음은 아니었다. 그래서 '이명박 찍었다'는 사람들이 촛불집회장에는 유독 많았다. 어쨌거나 이러한 취약한 상황을 돌파할 계기로라도 '재협상'을 고려할만한 정치적 이유는 충분했던 것으로 보인다. 그럼에도 그런 발상조차 나오지 못했던 이유가 무엇일까? 그것이 오히려 궁금한 일이다.

집권초기 첫 단추를 뜻대로 못 끼우면 모든 게 틀어진다는 전략적 판단도 물론 있었을 것이다. 그러나 우리가 보기에 더 중요한 이유는 정부 측에서 완강하게 품고 있던 나름의 '진실'과 '본심'이 있었기 때문이 아니었겠나 싶다. 정운천 농림수산식품부장관이 뭘 먹어도 위험은 다 있다, 왜 미국

---

14. 최상미(starprin), 「한승수 총리께서는 이명박 정부의 총리셨죠? 혹시나 하는 기대를 하는 게 아니었는데…」, 『오마이뉴스』(2008. 6. 6). http://www.ohmynews.com/nws_web/ view/at_pg.aspx?CNTN_CD=A0000920498

산 쇠고기만 문제냐고 정말로 흥분했던 데서도 그런 걸 읽을 수 있다. 이명
박 정부의 진짜 본심이란 '위험은 있다, 그러나 더 큰 이익을 위해 그 위험
을 먹자(감수하자)' 라는 데 있었을 것이다(그러나 정부는 공식적으로는 이
렇게 솔직히 말하지 않았다). 그 본심의 바닥에 더 내려가 보면 '먹다 죽은
귀신은 땟깔도 좋다더라' 는 배고픔의 시대의 격언이 있을 터이다. '조선
사람은 못 먹어서 문제가 아니었던가… 솔직히 언감생심 조선 사람이 미
국 쇠고기 없어서 못 먹었지 언제부터 주는 데 못 먹겠다 하나….' 이런 식
의 보릿고개 시절의 철학이 바탕에 놓여 있었던 것 아닌가. 그런 생각이 현
정권 핵심의 본심에 있었기에 그들은 촛불집회를 애당초부터 '진실로' 이
해할 수 없었던 것이 아닌가 싶다.

이 철학에서는 배고픔만이 진실(위험)이다. 못 먹어서가 아니라, 먹어서 생
기는 위험이란 사치나 거짓이다. 그런 문제로 '말썽' 을 부리는 자들이란 배
고픔을 모르는 철부지들이거나, 진실함이란 전혀 없이 그저 이 기회를 정
치적으로 이용해 정부를 흔들어 보려는 '좌우익(즉 박근혜, 이회창 지지자
포함)' 기회주의자, 선동꾼들일 뿐이다. 그러나 안타깝게도 이러한 '배고
픔 시대의 진심' 이란 현 시대의 생생한 흐름들과는 너무나도 동떨어진 것
이었다. '마인드' 의 문화격차가 너무나도 컸던 것이다.[15]

이 배고픔의 철학은 한 세대 전인 1960년대～70년대에 세계시장 특
히 미국 시장에 내다팔 수 있는 것은 모두 팔아서 달러를 벌어들였던
수출지상주의, 무역지상주의의 기본적인 추동력이었다. 먹지 않고 수출
하여 달러를 벌어들여 찬란하게 성공했다는 그 추억은 노무현 정권에
이어 MB정권으로 하여금 '한미FTA' 에 모든 것을 걸게 만들었다. '한미
FTA' 는 21세기 대한민국을 맡은 모든 정권이 지향하는 시장최우선주의
의 완성점으로 부각되었다. 따라서 '한미FTA' 만 획득할 수 있다면 국민

---

15. 김상준(2008), 315-7쪽. 강조 필자.

몇 명 정도가 광우병에 걸리는 정도는 충분히 감수할 수 있다는 계산이 사람들 앞에 그대로 노출되었다. 그런데 이것은 MB측의 명백한 착각이 었다. 즉, 국민이 바랐던 것은 '돈'이었지 '먹을 것'이 아니었을 뿐더러, '돈'도 돈 그 자체를 위해서라기보다 더 안정되게 더 잘 살아야 할 '나와 우리 가족의 다양하고도 풍요로운 삶'을 위해서 필요한 것이었다.

본래 한미FTA에 앞서 진행되던 한미 쇠고기 수입 협상에 대한 관심은 값싼 수입 쇠고기로 당장 타격을 받을 것으로 예상되던 축산 농가들의 '이해관계'에 국한되어 있었다. 따라서 쇠고기 수입 반대 여론이나 운동은 결코 전 국민적 양상을 띠지 않았었다. 그러나 대한민국 국가 통치세력의 통치 원칙이 극적으로 천명되고 MB정권 하의 국가기구가 시장독재에 침윤되는 것이 체감되면서, 우선 MB정권은 국민을 정서적으로 포괄하는 '국가 감성'을 상실하게 되었다. 그러면서 쟁점선은 단지 농민에 국한되지 않고 전 국민의 '생명'과 '건강'을 초점으로 한 '국민-정부-대립선'으로 비화되었다.

(4) 발단요인 3: 공적 논변에 있어 국가 지성의 붕괴와 현안에 대한 정권 차원의 무지 노정

단발적으로 던져지는 집권세력의 무책임한 언변이 그 국가 감성의 결핍을 보여주었다고 한다면 대중매체인 언론기관을 무대로 한 공적 논변public discourse에서 MB정권과 그에 의해 장악된 대한민국 관료층은 '국가 지성'의 붕괴를 그대로 보여주었다. 미국산 쇠고기 수입 전면 재개에 동의한 4.17 협상안은 국가의 검역 주권을 완전히 포기한 것이라고 하여 국가 시민들의 권리감정을 현격하게 손상시킨 결과를 가져왔다. 그러나 4월 29일 MBC 〈PD 수첩〉에서 방영한 〈긴급취재. 미국산 쇠고기, 과연 광우병에 안전한가?〉는 검역 주권을 포기한 것처럼 보이는 집권 세력에 대한 '불만discontent' 차원에 시민들 자신의 생명과 건강의

안전에 대한, 근거 있는 '불안anxiety'을 보태는 데 결정적 역할을 하였
다.

사태가 심상치 않게 돌아가자 쇠고기 수입 관련 정책을 수립하고
집행하는 일선 관료와 찬성자들은 5월 8일 〈100분토론. 미국산 쇠고기
안전한가〉에 참여하여 다수의 시청자 앞에서 국민 전체에 대한 공개적
설득을 시도하였다.[16] 그런데 필자도 직접 3시간 동안 시청한 이 토론
프로그램에서 정부측 패널들은 쟁점에 관해 그다지 설득력 있는 주장
을 펼치지 못했다. 단지 이들은 미국민도 수입하려는 것과 동일한 조건
의 자국산 쇠고기를 안심하고 먹는다는 것, 이런 쇠고기를 먹고 죽을 확
률은 "떡을 먹거나 담배 피우다가 죽을 확률"보다 "훨씬 낮으며," "광우
병 쇠고기를 먹고 광우병에 걸릴 확률은 로또에 당첨 되어서 바꾸러 가
다가 벼락에 맞아 죽을 확률 정도"라는 것, 그리고 "미국을 믿지 않으면
믿을 나라가 없다"는 점 등의 확률론, 미국 신뢰론 등을 제시하면서 대
체로 논점을 이탈하거나 잘못된 비유를 적용하고, 권위와 위세에 호소
하는 오류추리의 자세로 일관하였다.

하지만 이날 토론회에서 가장 눈길을 끈 건 양쪽이 벌인 공방이 아
니었다. 자신을 미국 애틀랜타에 거주한다고 밝힌 이선영 씨가 전화로
연결되어 방송에 출연하던 순간이었다. 이 씨는 차분한 말투로 "일부
한인단체가 기자회견에서 미국산 쇠고기는 안전하다고 말해 미국 한인
사회에서 적지 않은 파장이 일었다"며, "그들이 250만 한인 교민을 대
표하지도 않고, 그들의 회견 내용은 교민 대다수 의견과 동떨어져 있
다"고 밝혔다. 이어 이 씨는 "그 기자회견 이후 미국의 평범한 한인 주
부들도 가만히 있을 수 없어서 성명서를 발표했다"며 "미국에 거주하

---

16. 이 토론회에서 미국산 쇠고기 전면 수입을 찬성하는 패널들로는 이상길 농림수산식품부
    축산정책단장, 이태호 외교통상부 다자통상국장, 정인교 인하대 경제학부 교수, 권준욱 질
    병관리본부 팀장이 나왔다. 반대 패널로는 송기호 국제통상전문 변호사, 박상표 건강을위
    한수의사연대 정책국장, 우석균 보건의료단체연합 정책국장, 진중권 중앙대 겸임교수가
    출연했다.

는 한인들도 안전하게 미국산 쇠고기를 먹는다는 정부 쪽 말은 사실과
다르다"고 말했다. 이 씨의 발언이 나오자 이상길 농림부 축산정책단장
을 비롯해 미국산 쇠고기 찬성쪽 인사들의 얼굴에는 순식간에 긴장감
이 퍼졌다. 전화로 연결된 이 씨는 발언을 이어 나갔다.

> 미국에서 유통되는 미국산 쇠고기의 95%는 24개월 미만이다. 따라서 한국
> 정부의 논리가 맞지 않다. 미국의 한인들은 24개월 소조차도 안전하지 않
> 다고 해서 풀 뜯어 먹고 자란 소만 구입하려 노력한다. 그런데 30개월 이상
> 된 소를 전면 수입하면서, 미국과 똑같이 안전하다고 주장하는 정부 쪽 주
> 장은 당혹스럽다.

이에 이태호 외교통상부 다자통상국장이 "미국 한인들은 미국산
쇠고기를 전혀 안 먹느냐"고 따져 물었다. 이 씨는 "먹는다"고 전제한
뒤 "우리가 프리온 검사를 할 수 있는 전문가는 아니다, 그래서 비교적
안전하다고 알려진 풀을 먹고 자란 쇠고기를 구입하려 노력한다"고 답
했다. 이 발언에 대해 이태호 다자통상국장은 "일부 한인단체에서 미국
산 쇠고기가 별 문제 없다고 기자회견을 한 건 일반적인 (안전성을) 이
야기한 것이다"며 이 씨의 발언이 일반적이지 못한 것이라 반박했다.[17]
하지만 이 씨는 물러서지 않았다. 이 씨는 "한국은 30개월 이상 쇠고기
도 전면적으로 수입한다고 하는데, 미국에서는 30개월 이상 된 쇠고기
를 거의 소비하지 않고 있다"며 "24개월 이하의 쇠고기에 대해서도 불
안해하는데, 30개월 이상 된 쇠고기를 두고 (소비자) 선택의 문제라고
하면 납득하기 어렵다"고 밝혔다.

---

17. 여기서 인용한 이선영 씨 발언을 포함하여 바로 앞 단락에서 위의 단락까지의 세 단락은
박상규 기자, 「"떡 먹다가 죽을 확률보다 위험 낮아" MBC〈100분 토론〉3시간 넘게 토론…
미 교포 "우리도 30개월 소 안먹어"」, 『오마이뉴스』(2008. 5. 9)에서 그대로 전재. http://
www.ohmynews.com/nws_web/view/at_pg.aspx?CNTN_CD=A0000896641

이렇게 자신들의 주장 자체가 현지의 한국 주부에 의해 바로 공박
당하고, 또 관련 협정문의 쟁점 규정에 대한 영어 번역 자체도 반대 뜻
으로 오역하고 있다는 것이 드러나면서, MB정권에는 '국가 지성' 그
자체가 부재하다는 점이 그대로 드러났다.

이런 일련의 체험들에서 MB정권이 장악한 대한민국의 국가기구는
그 국가시민에게 보여줘야 할 국가 감성과 국가 지성을 사실상 방기하
였다. 이때 시민들을 국가로부터 그 어떤 따뜻한 온정이나 배려, 나아가
유용한 정보와 지식 또는 처방을 기대할 수 없다는, 마치 대한민국이 없
기라도 한 듯한 상태에 빠진 자기 자신을 발견한다. 2008년 4월 하순경
에 대한민국 시민들은 국가가 없는 '전前-국가 상태pre-state state'에서 시
장 만능주의에 절어 시민들의 심리에 무감각하고 시민들의 처지에 무
지한 일종의 냉소적 권력체로 국가를 전락시킨 MB정권을 상대로 일종
의 국가수복운동을 전개한 셈이었다.

이 상태는 참으로 역설적인 형태를 갖는데, 시민들이 감행한 항쟁
은 단지 광우병 위험에 노출된 미국산 쇠고기 수입 정책의 전면 철폐와
재협상 차원을 넘어 정권 퇴진 운동의 양상까지 띠게 되는데, 바로 이
국가에 대한 준내전적 대립 국면을 통해 시민들이 궁극적으로 바랐던
것은 대한민국이 국가다운 국가로 회복되는 것이었다. 광장과 거리로
이루어진 도심 공간에서나 PC 윈도우 상의 사이버 공간에서나 시민들
의 언사와 행위의 최종 근거는 대한민국 헌법 제1조, "대한민국은 민주
공화국이다"였다.

결국 무자년 촛불 항쟁에 나타난 시민행동의 근본적 동기는 지극히
현대주의적이었다. 즉, 2008년 무자년 대한민국은 현대 국가의 시민으
로서 국가에 기대할 수 있는 지극히 합당한 국가 감성과 국가 지성을
배신하였다. 그러면서 현대 국가로서는 결코 건드려서는 안 될 최후선
을 건드렸다. 즉, 시민생활의 가장 근본적이고 일차적 토대인 신체적 생

명을 엄청나게 불확실한 상황으로 몰아넣으면서 '생명–불안'을 급격하게 확산시켰다. 바로 이 때문에 항쟁의 참여자는 생활 전선 전반에서 거의 본능적인 반발을 자연발생적으로 감행하는 양상을 띠게 되었는데, 이 모습은 현대 사회의 정연한 조직 행동과는 아무 상관없는, '지극히 탈현대적인' 양상을 띠게 되었다.

4. 촛불 항쟁의 '지극히 탈현대주의적' 전개, 발전, 그리고 소강: 리좀적인 다중 양상의 전면화

아주 특이하게도 4.17 협상안이 타결되고 정권측의 어리석은 언행이 계속되고 나서 5월 2일 청계광장에서 첫 촛불집회가 있었고, 토요일인 바로 그 다음날 5월 3일 1차 때보다 훨씬 규모가 커진 2차 집회가 소집되는 그 짧은 기간 동안 앞으로 항쟁으로 발전할 이 시민행동을 일관되게 기획한 주모자는 전혀 없었다. 그리고 현대 사회에서 벌어지는 온갖 정치적 행동의 전형인 운동 조직체도 전혀 없었다.

행동의 '진앙'은 아무 조직이랄 것도 없는 사이버 공간에서 '안단테'라는 닉네임을 쓰는 단지 한 개인이 조건반사적으로 구축해 놓은 MB탄핵 사이트였지만 행동 참여자들의 '동원'은 이런 진앙지의 통제나 개입을 전혀 받지 않고 또 그러리라고는 전혀 예측할 수 없었던 사이트들이 마치 구근식물의 땅밑 뿌리들처럼 얽혀가면서 세포의 핵분열처럼 확산되었다.

21세기 현재 한국 지식계에서 일반화되어 있는 탈현대적 용어법에 따르면 어떤 활동체의 이런 식의 존립 양상을 보통 '리좀'이라고 부르는데, 일단 형상화되고 나서 보면 이 리좀체는 '단 하나the One'의 숙주의 하위뿌리인 것같이 보이긴 하지만 이 숙주가 없어지면 그 매듭 하나

하나가 전부 새로운 숙주로 생장할 가능태를 내포하고 있기 때문에 숙
주의 또 다른 변형일 뿐 그 자체로서는 숙주의 생명에 의존하지 않는
자립적 생명체이다.

　이 비유를 그대로 2008년 4월 쇠고기 협상 직후의 한국 시민사회에
적용해 보면, 4.17 협상안에 대한 시민사회 내부의 반응자들은 이 협상
안이 그들이 애초에 생산해 왔던 것과는 무관하게 자신들이 앞으로 누
려 마땅한 인간으로서의 그 어떤 특출한 미래, "스스로를 생산하고 재
생산할 수 있는 잠재가능성"에 대한 위해라고 받아들였다. 이것은 명백
하게 비르노가 규정한 '다중multitude'의 존립요건에 맞아떨어진다.[18] 지
식기반사회를 사는 시민들은 단지 직장에서 일하는 시간 동안만 직장
인으로서의 정체성을 누리다가 퇴근하면 아무 정체성이 없는 탈정체적
대중mass으로 살지 않는다. 그(녀)는 직장 말고도 자기의 정체성을 구현
할 여러 생활영역을 갖고 있으며, 각종 정보기술과 문화산업은 이런 다
多-생활영역들을 구체적으로 구현할 수 있는 각종 사이버공간을 넘치
도록 공급하고 있다. 따라서 지식정보사회의 개인들은 각자의 '나' 안
에 다중정체성multi-Idemtity, '여러-나Multi-I' 들을 구현하며, 그 각각의 나
들에게 다양한 삶의 양식을 살아보도록 할 수 있다.

　이들의 삶 전체는 항상 살아져야 하는 '생노동live labor'으로서 그
자체 상품 같지 않은 상품으로서 분할되지 않는 상품이다.[19] 지식정보사
회의 생활인으로서 이들이 수행하는 가장 중요한 활동은 각각의 활동
시민 자신이 "스크린 위에 있는 모니터 기호"를 매개로, 자기가 아는 지
식과 정보들을 퍼뜨리고 자기가 알고 싶어 하는 지식이나 정보들을 능
동적으로 받아들이면서, 스스로 지식정보 생산과 교환의 거점존재로
성장해 가는 것이다. 이런 식으로 PC 앞에서 현대의 지식정보 상황에 실
시간으로 적응하고 창조적으로 대응하면서 그들 개개인 한 명 한 명이

---

18. 루뜨링거(2004), 23쪽.
19. 위의 글, 같은 쪽.

'자기가치'를 높여간다.

　중요한 것은 현대 사회에서 일어나는 사회적 변동이다. 즉, 현대적 생산과정에서 생산된 한 대 한 대의 PC나 노트북마다 이렇게 개개인의 '자기가치'를 높여가면서, 이 개인들은 그들의 자기가치 증식을 가능하게 만들어준 현대적 생산과정을 넘어서는 각자의 안목과 비전을 가진 새로운 실존체로 변모해 간다는 것이다. 비르노는 이렇게 정보기술체와 문화상품을 토대로 하여 독립된 지식 및 정보의 소통체로 발전적으로 변모해 가는 개개의 실존체들을 '다중'이라고 개념화한다. 대량으로 생산된 "상품들이 단순한 대상에서 기호로 변신하면서 낳은 부산물이 '소비자 계급'이듯이" 현대적 "생산과정에서 일어난 기술적 변동의 부산물"이 다중이다.[20]

　한국에서는 2천만 대 넘게 보급된 PC를 비롯해 각종 정보기기들이 국가, 사회, 시장 등 도처의 생활영역에 널려 있으며, 이를 통해 1990년대 초반부터 약 20년 기간 동안 이런 양태의 다중들이 사방에서 자생적으로 양성되어 왔다. 사이버 공간은 의식하지 않고 바로 이런 다중이 되어버린 시민들의 리좀적 접속현장이 되어 왔는데, 이 접속의 양상은 인격적인 성격의 것에서부터 비인격적(인터넷 비즈니스), 탈인격적(범죄), 초인격적 성격의 것 등 다종다양한 양상을 띠게 되었다. 그리고 이런 다중은 지식과 정보의 생산, 교환, 소비뿐만 아니라, 정치적으로 아주 중요하게도, 사회의 각종 쟁점에 관한 각자의 의견들opinions을 명확하게 정립하여 발화하고 논쟁하고 교정하는 일종의 의지형성체body of will-formation로 진화해 오면서 한국 정치사에 중요한 변수로 등장하였다. 다시 말해 '다중'이란 정보사회의 기술적 가능성을 토대로 하여 지식, 정보 그리고 의견을 생산하고 교환하여 그 자체 소통의 주체로서 존립하면서 사회적으로 인정받을 수 있는 자기가치를 정신적으로 높여가는 시민적 독립

---

20. 위의 글, 같은 쪽. 필자의 이해에 따라 번역문에 약간의 변형을 가하였다.

실존체들의 집합을 총칭하는 말이다.

　한국 시민사회에서 생성된 이런 독립실존체들의 다중적 형성은 철학사적으로 촛불 항쟁의 성격을 이중적으로 규정한다.

　우선 이 다중개인은 지극히 현대주의적인 이성 개념에 따라 사태를 판단한다. 4.17 협상안 이후 국면에서 MB정권이 정신적으로 공황 상태에 빠진 일차적 원인은 그 무책임한 언동을 통해 국가 감성을 방기한 데 있지만 그 직접적 원인은 미국산 쇠고기가 과연 광우병에 안전한가에 대해 건전하고도 합리적인 논변을 수행하는 데 철저하게 실패함으로써 국가 지성의 수준을 완전히 파탄에 빠트렸다는 데 있다. 따라서 국가와 정권에 대한 한국 시민들의 대응은 철저하게 현대적인 합리성 기준에 따라 평가된 MB정권의 지적 무능과 감성적 방기라는 평가에 따라 이루어졌다.

　그러나 이 현대적 이성에 충실한 한국 '시민 다중'의 행동양태는 아주 발랄하게 탈현대적이었다. 이들은 사회적으로 잘 짜여 있는 기존 조직이나 정당을 전적으로 무시하고 자율적 증식을 통해 참여자들을 확산시켜 나갔다. 즉, 무자년 촛불 항쟁의 행위양식은 철저하게 탈현대적으로 이루어졌고, 기존의 시민단체들이나 정파들도 바로 이 선에 맞추어 자신들의 행위 양식을 조정해야 했다. 이 점은 항쟁을 오프라인으로 확산시키는 데 결정적 계기가 된 5월 2일과 3일의 촛불집회에 참여자를 유동화시킴에 있어서 아주 중요한 역할을 했다고 평가받는 — 결코 '연예인들'이 아니라 — '연예인 팬클럽들'의 인터넷 격문들을 보면 분명히 드러난다. 5월 2일 집회를 명시한 '소녀시대'와 'FT아일랜드,' 그리고 5월 3일 집회의 참석을 독려한 '동방신기,' '보아,' '빅뱅,' '신화,' '엘프,' '원더걸스,' '핑클,' 'SES,' 'The Grace Girls,' 'tripleS' 등에서는 이들 아이돌 스타들이 광우병 쇠고기를 알게 모르게 먹게 되면 자기들의 우상이 사라진다는, 다소는 엉뚱한 절박감이 전면에 넘쳐 흐르고 있다.

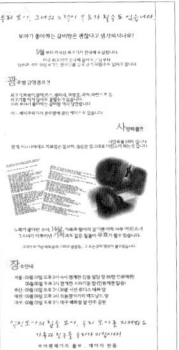

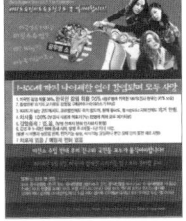

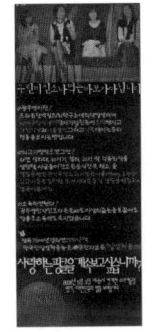

그림1. '연예인 팬클럽들'의 인터넷 격문

5. 다중 — 시민

따라서 이런 '다중-시민'의 출현을 제대로 인지하지 못한 채 '무자년 촛불 항쟁'의 주체와 행위양식을 파악하고 설명하려고 하면 엄청난 지적 혼란에 빠진다. 바로 이런 의미에서 항쟁의 진행과정과 그 이후에 쏟아져 나온 각종 평가와 논설들의 목록을 작성하는 작업은 다른 주제를 다룰 때와는 아주 다른 특별한 의미를 지닌다.[21] 왜냐하면 항쟁 과정 및 그 이후에 나온 모든 분석과 평가들이 촛불 항쟁의 주체를 정확하게 그려내고 그 대응 방식을 합당하게 설명하면서 향후의 전망을 제시하는 데 모두 실패하고 있고, 바로 그 때문에 모두 실패한 분석과 엉뚱한 전망의 극치들을 나름대로 보여주고 있기 때문이다. 그 원인은 이렇게 엄청난 규모의 항쟁을 가능하게 했던 한국 시민사회의 저력이 민주화와 1997년 환란 이후 어떤 양상과 규모로 축적되고 변모되었는지를 아직 정확하게 파악하지 못했다는 데 있다. 바로 그 때문에 항쟁이 절정에 달했을 때는 직접민주주의나 급진적 변혁에 대한 근거 없는 낙관주의에 들떴는가 하면, 항쟁이 완전히 소멸된 것 같은 2009년 3월 현재에는 항쟁이 아예 실패하고 좌절한 것으로 단정지어버리는 판단이[22] 고개를 든다.

중요한 것은 한국 시민의 자체 변화가 그 자신들도 가늠하지 못할 정도로 다양하고도 심오한 양상으로 수행되는 급변기에 우리가 서 있다는 것이다. 분명히 새로이 변화된 결과로서 사회 전반에 출현하기 시작한 다중-시민은 정치적으로 아직 미성숙체이다. 이들은 아직 이 국가를 전면적으로 운영할 수 있을 정도의 자율적 연대형태를 창출하지 못

---

21. 이 글의 '참고문헌'에 수록된 각종 문헌 참조.
22. 당대비평 기획위원회(2009) 참조.

했으며, 오프라인상의 국가권력을 제압할 정도까지 아직 훈련받지 못했다. 그러나 무자년 여름철의 한국 다중-시민은 퇴행성 수구권력을 명박산성 안에 자기유폐시키는 데까지는 성공했으며, 항쟁 이후 산성 안에 유폐된 권력의 잔혹한 보복이 시작되었을 때도 그 보복의 강도를 체제 변질까지는 넘보지 못하게 하는 수준의 위력을 발휘하였다.

결국 무자년 촛불 항쟁의 추진력으로 등장했던 다중-시민은 거짓된 자기욕망에 자기기만된 국민 대중들이 선출한 부실민주주의의 결정체인 MB정권을 일종의 농성정권으로 변질시키는 성과를 올리면서 시장독재로 흘러갈 것 같은 정권의 예봉을 꺾음으로써 바로 들이닥친 금융위기에 완전 붕괴될 위기에 처해 있던 대한민국 경제의 신자유주의적 개혁의 추진을 그 직전에 주저앉혔다. 아직 누구도 정확하게 인지하지 못하겠지만, MB정권 출범 초기의 그 '거침없이 하이킥'하는 기세로 한국의 산업은행이 리먼-브라더스 인수를 강행했거나 기타 금산분리 철폐 정책을 밀어붙이도록 방치했다면 무자년 위기는 우리에게 훨씬 다른 파국적 모습으로 다가왔을 것이다. 무자년 촛불 항쟁으로 인해 '이른바 신자유주의적 개혁'의 추진력이 날아가고 MB정권이 주춤하는 사이, 그 사이비개혁으로 인해 뚫렸을지도 모를 이 나라 국가 경제의 조종탑이 온전하게 보존될 수 있었다는 것은 그 어떤 순간에도 잊지 말아야 할 '무자년 촛불 항쟁'의 혁혁한 공로이다.

참고문헌

강내희,「촛불정국과 신자유주의 ─ 한국 좌파의 과제와 선택」,『문화과학』, 2008 가
    을, 55호(서울: 문화과학사, 2008), 66-89쪽.

강수돌/하이데, 홀거,『자본을 넘어, 노동을 넘어. 자본의 내면화에서 벗어나기』(서
    울: 이후, 2009).

경향닷컴 촛불팀,『촛불 그 65일의 기록』(서울: 경향신문사, 2008).

고길섶,「공포정치, 촛불항쟁, 그리고 다시 민주주의는?」,『문화과학』, 2008 가을, 55
    호(서울: 문화과학사, 2008), 130-49쪽.

고병권 · 김세균 · 박영균 · 원용진,「특집좌담. 좌파, 2008년 촛불집회를 말하다」,
    『문화과학』, 2008 가을, 55호(서울: 문화과학사, 2008), 15-65쪽.

고원,「촛불에 남겨진 뜨거운 감자, 정당정치」, 참여사회연구소,『시민과 세계』, 2008
    하반기, 14호(서울: 사회평론, 2008), 165-74쪽.

골드스미스, 잭/우, 팀,『인터넷 권력 전쟁』(서울: NEWRUN, 2006).

권성현 · 김순천 · 진재연 엮음,『우리의 소박한 꿈을 응원해 줘. 이랜드 노동자 이
    야기』(서울: 후마니타스, 2008).

권지희 외(20인),『촛불이 민주주의다』(서울: 해피스토리, 2008).

김상배,「행위원리의 결단과 사실」, 철학문화연구소,『계간 철학과 현실』, 2008 가을,
    78호(서울: 철학과현실사, 2008), 120-4쪽.

김상준,「2008년 촛불과 한국 민주주의의 새로운 가능성」, 참여사회연구소,『시민과
    세계』, 2008 하반기, 14호(서울: 사회평론, 2008.), 313-31쪽.

김서중,「촛불시위와 미디어」,『진보평론』, 2008년 가을, 제37호(서울: 도서출판 메
    이데이, 2008), 144-58쪽.

김선욱,「촛불 광장에서 아렌트를 만나다」, 참여사회연구소,『시민과 세계』, 2008 하
    반기, 14호(서울: 사회평론, 2008), 404-20쪽.

김수진(Pianiste),「여성들이 뿔났다. 인터넷 광장에서 타오르는 촛불 이야기. 아고라
    와 82cook 네티즌이 말하다」,『창작과 비평』, 2008 가을, 통권 141호(파주: 창비,
    2008), 102-7쪽.

김종엽,「촛불항쟁과 87년 체제」,『창작과 비평』, 2008 가을, 통권 141호(파주: 창비,
    2008), 36-59쪽.

김종철,「저항으로서의 축제, 촛불집회의 아름다움」,『녹색평론』, 2008년 7-8월, 통권

제101호(대구: 녹색평론사, 2008), 2-18쪽.

金哲洙, 「한국에 가서 '촛불'을 보다」, 『녹색평론』, 2008년 7-8월, 통권 제101호(대구: 녹색평론사, 2008), 70-7쪽.

김태근, 「시민사회운동, 발상의 전환이 필요하다 ─ 2010 대응을 중심으로」, 참여사회연구소, 『시민과 세계』, 2008 하반기, 14호(서울: 사회평론, 2008), 376-86쪽.

김형수·김희정·손지연·박지원, 「길이 끝나는 곳에서 길은 시작되고. [좌담] 2008년 촛불 광장에서」, 『녹색평론』, 2008년 7-8월, 통권 제101호(대구: 녹색평론사, 2008), 19-69쪽.

나명수(권태로운 창), 「이것이 아고라다. 인터넷 광장에서 타오르는 촛불 이야기. 아고라와 82cook 네티즌이 말하다」, 『창작과 비평』, 2008 가을, 통권 141호(파주: 창비, 2008), 94-101쪽.

남구연 외(6인), 『대한민국은 민주공화국이다? 2008 촛불의 정치』(서울: 메이데이, 2008).

네그리, 안토니오/하트, 마이클, 『제국』, 윤수종 옮김(서울: 이학사, 2001).

네그리, 안토니오/하트, 마이클, 『다중』, 조정환·정남현·서창현 옮김(서울: 세종서적, 2008). 원서: Michael Hardt/Antonio Negri, *Multitude*, 2004.

당대비평 기획위원회, 『그대는 왜 촛불을 끄셨나요 ─ 폭력과 추방의 시대, 촛불의 민주주의를 다시 묻는다』(서울: 산책자, 2009).

레비, 피에르, 『집단지성. 사이버 공간의 인류학을 위하여』, 권수정 옮김(서울: 문학과지성사, 2002).

로뜨링거, 실베르, 「우리, 다중」, 비르노(2004), 9-36쪽.

류근일, 「'촛불' vs. 이명박/철학의 과잉 vs 철학의 빈곤」, 철학문화연구소, 『계간 철학과 현실』, 2008 가을, 78호(서울: 철학과현실사, 2008), 103-19쪽.

문재훈, 「기륭전자 노동자 투쟁의 풍경들」, 『진보평론』, 2008년 가을, 제37호(서울: 도서출판 메이데이, 2008), 158-73쪽.

모스, 조지 L., 『대중의 국민화. 독일 대중은 어떻게 히틀러의 국민이 되었는가?』, 임지현·김지혜 옮김(서울: 소나무, 2008).

민주주의와 사회운동 연구소, 『축제에서 저항으로?: 〈촛불집회〉의 정치적·사회적 의미』, 2008년 6월 〈민/운/연 '촛불' 토론회〉(서울: 2008. 6. 7)

민주화운동기념사업회, 『사회발전을 위한 해외시민교육기관 초청 국제행사. 시민교육의 성과와 과제. 2008 시민교육 국제회의』(서울: 국가인권위원회 11층 배움터, 2008. 6. 7).

민주화운동기념사업회, 『2008년 촛불집회와 한국사회. 집담회』(서울: 2008. 7. 25).

민주화운동기념사업회 독일 연수단 엮음, 『독일정치교육의 현장을 가다. 독일 정치
    교육기관 탐방/연방정치교육원 연수보고서』(서울: 민주화운동기념사업회,
    2008. 12).

박래군, 「촛불항쟁의 전개과정과 직접민주주의: 진보적 인권운동의 관점에서 본 촛
    불항쟁」, 『진보평론』, 2008년 가을, 제37호(서울: 도서출판 메이데이, 2008), 129-
    43쪽.

박성인, 「상상력에 '계급'을: '2008년 촛불항쟁'과 좌파의 정치」, 『진보평론』, 2008
    년 가을, 제37호(서울: 도서출판 메이데이, 2008), 62-72쪽.

박승옥, 「촛불, 민주주의, 석유문명」, 『녹색평론』, 2008년 7-8월, 통권 제101호(대구:
    녹색평론사, 2008), 78-93쪽.

박영균, 「촛불집회를 보는 두 가지 시각: 대중의 두 얼굴과 좌파의 정치학」, 제4회
    맑스코뮤날레 3차 워크숍(http://communale.net), 『촛불집회를 보는 두 가지 시
    각』(서울대 의대 함춘회관, 2008. 6. 27).

박영균, 「촛불의 정치경제학적 배경과 정치학적 미래」, 『진보평론』, 2008년 가을, 제
    37호(서울: 도서출판 메이데이, 2008), 41-61쪽.

비르노, 빠올로, 『多衆. 현대의 삶 형태에 관한 분석을 위하여』, 김상운 옮김(서울:
    갈무리, 2004). 원서: *Grammatika della moltitudine*, 2001.

사회와철학연구회 2008년 하계심포지엄, 『촛불, 어떻게 볼 것인가?』(동국대학교 만
    해관 B158호, 2008. 8. 27).

서로워키, 제임스, 『대중의 지혜. 시장과 사회를 움직이는 힘』, 홍대운 · 이창근 옮김
    (서울: 랜덤하우스, 2005).

송경재, 「촛불 시민운동과 네트워크 군중」, 민주화운동기념사업회, 『2008년 촛불집
    회와 한국사회. 집담회』(서울: 2008. 7. 25).

송경재, 「2008년 촛불과 네트워크형 시민운동 전망」, 참여사회연구소, 『시민과 세
    계』, 2008 하반기, 14호(서울: 사회평론, 2008), 138-64쪽.

신승철, 「촛불집회와 분열분석」, 『진보평론』, 2008년 가을, 제37호(서울: 도서출판
    메이데이, 2008), 23-40쪽.

신재성, 「촛불정국, 대학생들이 욕망하는 것」, 『진보평론』, 2008년 가을, 제37호(서
    울: 도서출판 메이데이, 2008), 79-85쪽.

신중섭, 「촛불집회와 '민주화'의 종언」, 철학문화연구소, 『계간 철학과 현실』, 2008 가을, 78호(서울: 철학과현실사, 2008), 176-92쪽.

신진욱, 「낡은 정치와 새로운 저항의 주기 ― '촛불 시민사회'의 정치적 함의」, 민주화운동기념사업회, 『2008년 촛불집회와 한국사회. 집담회』(서울: 2008. 7. 25).

심광현, 「촛불 시위로 열린 "제3공간"의 키잡이, "민중의 집 운동"」, 『문화과학』, 2008 가을, 55호(서울: 문화과학사, 2008), 223-41쪽.

아고라 폐인들 엮음, 『대한민국 상식사전 아고라』(서울: 여우와두루미, 2008).

Aleksis, 「"왔노라, 보았노라, 딴지 걸었노라": 촛불집회에 나온 아수나로 이야기」, 『진보평론』, 2008년 가을, 제37호(서울: 도서출판 메이데이, 2008), 62-72쪽.

안진걸, 「촛불 이후, 시민사회운동의 혁신과 활성화를 위한 제언」, 참여사회연구소, 『시민과 세계』, 2008 하반기, 14호(서울: 사회평론, 2008), 354-75쪽.

양현아, 「2008 촛불집회의 'duyjd'들이란 무엇을 의미하는가: 그 오해와 이해」, 민주화운동기념사업회, 『2008년 촛불집회와 한국사회. 집담회』(서울: 2008. 7. 25).

오건호, 「시장권력에 맞서 공공성 연대운동으로」, 참여사회연구소, 『시민과 세계』, 2008 하반기, 14호 (서울: 사회평론, 2008), 148-55쪽.

오주환, 「촛불과 건강」, 『진보평론』, 2008년 가을, 제37호(서울: 도서출판 메이데이, 2008), 110-28쪽.

오현철, 「촛불이 민주주의다」, 참여사회연구소, 『시민과 세계』, 2008 하반기, 14호(서울: 사회평론, 2008), 138-47쪽.

유인경, 「이제 주부들이 나설 때다! 독자 요청 긴급 기고」, 『레이디 경향』, 2008년 6월호, 통권 409호(서울: 경향신문사, 2008), 478-81쪽.

윤현희, 「우리는 이렇게 소통한다」, 『진보평론』, 2008년 가을, 제37호(서울: 도서출판 메이데이, 2008), 73-8쪽.

이광일, 「신자유주의, 이명박 정권과 민주주의 ― 위임민주주의와 파시즘 사이」, 참여사회연구소, 『시민과 세계』, 2008 하반기, 14호(서울: 사회평론, 2008), 333-53쪽.

이동연, 「촛불집회와 스타일의 정치」, 『문화과학』, 2008년 가을, 55호(서울: 문화과학사, 2008), 150-67쪽.

이득재, 「촛불 집회의 주체는 누구인가」, 『문화과학』, 2008 가을, 55호(서울: 문화과학사, 2008), 90-109쪽.

이득재, 「촛불의 역사적 의미」, 『진보평론』, 2008년 가을, 제37호(서울: 도서출판 메이데이, 2008), 294-306쪽.

이로사 · 유정민 · 오동근 기자, 「고비마다 촛불 이끈 '아마조네스 부대.' '우리는
　　왜 촛불을 들었는가' 여성연대 토론회」, 『경향신문』, 2008년 7월 9일, 11면.

이명원, 「농민공동체와 직접행동 민주주의」, 『녹색평론』, 2008년 7-8월, 통권 제101
　　호(대구: 녹색평론사, 2008), 109-24쪽.

이일영, 「촛불의 경제학. 한반도경제의 미시적 기초」, 『창작과 비평』, 2008 가을, 통
　　권 141호(파주: 창비, 2008), 60-76쪽.

이창곤, 「이명박 정부의 의료정책, 무엇이 문제인가」, 『창작과 비평』, 2008 가을, 통
　　권 141호(파주: 창비, 2008), 108-22쪽.

전규찬, 「촛불집회, 민주적 · 자율적 대중교통의 빅뱅」, 『문화과학』, 2008 가을, 55호
　　(서울: 문화과학사, 2008), 110-29쪽.

정상호, 「촛불의 과제: 대의민주주의와 직접민주주의의 소통」, 민주화운동기념사
　　업회, 『2008년 촛불집회와 한국사회. 집담회』(서울: 2008. 7. 25).

정상호, 「패배한 서울시 교육감 선거에서 희망의 '길'을 찾다」, 참여사회연구소,
　　『시민과 세계』, 2008 하반기, 14호(서울: 사회평론, 2008), 175-84쪽.

정인경, 「새로운 주체성에 대한 탐구: 빠올로 비르노의 '다중' 개념을 중심으로」,
　　『진보평론』, 2008년 가을, 제37호(서울: 도서출판 메이데이, 2008), 10-22쪽.

조정환, 『제국기계 비판』(서울: 갈무리, 2005).

조정환, 「2008년 촛불봉기: 다중이 그려내는 새로운 유형의 혁명」, 제4회 맑스코뮤
　　날레 3차 워크숍(http://communale.net), 『촛불집회를 보는 두 가지 시각』(서울
　　대 의대 함춘회관, 2008. 6. 27).

지승호, 『아! 대한민국 저들의 공화국』(서울: 시대의창, 2008).

집단지성 편저, 『MBC, MB氏를 부탁해』(서울: 프레시안북, 2008).

진중권, 「개인방송의 현상학」, 『문화과학』, 2008 가을, 55호(서울: 문화과학사, 2008),
　　170-81쪽.

참여연대/참여사회연구소/〈한겨레〉 사진부, 『어둠은 빛을 이길 수 없습니다. 2008
　　촛불의 기록』(서울: 한겨레출판, 2008).

천정환, 『대중지성의 시대. 새로운 지식문화사를 위하여』(서울: 푸른역사, 2008).

철도노조 KTX열차승무지부 지음, 『그대들을 희망의 이름으로 기억하리라』, 민족문
　　학작가회의 자유실천위원회 엮음(서울: 갈무리, 2006).

최장집, 『한국 민주주의 무엇이 문제인가』(서울: 생각의 나무, 2008).

최장집 · 이정우 · 최영기 · 장하준 · 임동원 · 도정일 · 김우창, 『우리는 무엇을 할 것인가. 민주화 20년, 한국 사회를 돌아본다』 (서울: 프레시안북, 2008).

하쎄머, 빈프리트, 『정치와 헌법. 입헌민주주의의 기초』, 이상돈 · 주현경 역(서울: 세창출판사, 2006).

하승수, 「이명박정부의 지역개발전략과 민주주의」, 『창작과 비평』, 2008 가을, 통권 141호(파주: 창비, 2008), 77-93쪽.

하승우, 「삶으로서의 민주주의 — 자급과 공생의 정치」, 『녹색평론』, 2008년 7-8월, 통권 제101호(대구: 녹색평론사, 2008), 94-108쪽.

하트, 마이클, 『네그리 사상의 진화』, 정남영 · 박서현 옮김(서울: 갈무리, 2008).

한홍구, 「현대 한국의 저항운동과 촛불」, 『창작과 비평』, 2008 가을, 통권 141호(파주: 창비, 2008), 12-35쪽.

한홍구 · 강수돌 · 김진숙 · 이철기 · 배경내 · 윤구병, 『1%의 대한민국. 열심히 사는데 우린 왜 행복하지 않을까?』(서울: 철수와영희, 2008).

허영구, 「노동자와 촛불시위」, 『진보평론』, 2008년 가을, 제37호(서울: 도서출판 메이데이, 2008), 86-90쪽.

허우성, 「촛불유감」, 철학문화연구소, 『계간 철학과 현실』, 2008 가을, 78호(서울: 철학과현실사, 2008), 104-12쪽.

홍성일, 「촛불 이미지의 반복과 변주: 자존, 공포, 저항, 그리고 미국」, 『문화과학』, 2008 가을, 55호(서울: 문화과학사, 2008), 182-95쪽.

홍성태, 「위험사회와 새로운 정치의 가능성」, 참여사회연구소, 『시민과 세계』, 2008 하반기, 14호(서울: 사회평론, 2008), 129-37쪽.

홍성태, 『민주화의 민주화. 노무현과 이명박을 넘어서』(서울: 현실문화, 2009).

홍윤기, 「시민은 어떻게 애국하는가? 민족과 인류의 실천적 매개자로서의 '시민'과 그(녀)의 경계관통적 실존 양식」, 사회와 철학 연구회, 『사회와 철학 7』(서울: 이학사, 2004), 263-311쪽.

Hardt, Michael/Negri, Antonio, *Empire*(Harvard University Press, 2000).